NHK BOOKS
1270

ハイデガー
『存在と時間』を解き明かす

ikeda takashi
池田 喬

NHK出版

序　なぜ『存在と時間』についてなおも書くのか

一九二二年、三十三歳になる年、マルティン・ハイデガー（一八八九―一九七六）は、南ドイツのいわゆる「黒い森《シュバルツバルト》」のトートナウベルクという地に、わずか三部屋からなる山小屋を建てた。彼は晩年までこの山小屋に好んで滞在し、ここで執筆した。一九三三年に、ドイツ最大の都市にあるベルリン大学から二度目の招聘を受けたときにも応じなかった。その年の秋、ハイデガーはラジオ講演「なぜわれらは田舎に留まるか？」でこう語った。「冬の真夜中に、激しい雪嵐が小屋の周りに吹き荒れて、すべてを覆い尽くすとき、そのときが哲学の絶頂期である」（WB: 10/129頁）、と。

ハイデガーの主著『存在と時間』は、彼がこの山小屋を建ててから五年後、このラジオ講演から六年前の一九二七年に出版された。その後二十世紀最大の哲学書という名声を得ることになったこの本は、「存在の意味とは何か」という巨大な問いに取り組むものだ。世界を見渡してみれば、人間、動物、植物、人工物、天空、大地など、実にさまざまなものが存在している。存在の意味を問うためには、存在者の領域の一部を探究するのではなく、およそ何かが何かとして存在するとはどういうことかを全面的に探究しなくてはならない。この大規模な思考は、「存在者の存在についての学」としての「存在論」と呼ばれもする(SZ: 12, 37)。

『存在と時間』はなぜ難解と言われながらも、読者を獲得し続けているのか。『存在と時間』は、抽象的で大規模な存在論の思考を、各自が世界の内に存在する具体的なあり方に密着して展開する。工具を用いて家を補修したり、自室で机に座り何かを書き留めたり、台風が来ると聞いてそのときに備えたり、ニュースで他人の死について見聞して自分の死を恐れたり、日が暮れると仕事をやめて家に帰ったり、自分はどのようにありうるのかを問いながらこれまでの自分を振り返ったり……。これらはどれも本書で取り上げる『存在と時間』の具体例だ。ハイデガーは、私たちが存在する基本的なあり方は「世界内存在」だとしたが、その際、それは世界の内に「住まう」とか「滞在する」という意味で言われている。山小屋を愛したハイデガーは、存在論を、アカデミズムの概念遊戯から、あるいは大学という限定された空間から、日々の暮らしのただなかに引きずり出した。それは、存在の意味への問いという途方もない問いを、存在への問いを忘却してしまった現代の読者のなかに呼び覚まそうとする『存在と時間』の戦略の一部だった——。

『存在と時間』の難解さと親しみやすさ

存在とは何か。『存在と時間』のこの問いは、ほとんどの人が一度も問わずに死んでいくような、荘厳《そうごん》な(?)哲学的問いの典型だろう。この問いに比べれば、「心とは何か」とか「正しい行為とは何か」といった問いのほうが身近に感じられるかもしれない。他方で、『存在と時間』

を読み進めてみると、誰もが過ごしているような身近な日常生活が細やかに観察され分析されていることに気がつく。さらに、多くの人が生きていくなかで抱く切実な関心事が正面から論じられていることに、強い印象を受けるはずだ。心のあり方を行動主義とか心脳同一説といった言葉で説明する哲学や、道徳的行為について功利主義とか義務論とかいった枠組で論じる哲学よりも、多くの読者が『存在と時間』に独特な親近感を覚えてきた。次のことを考えてみてほしい。

○存在の意味とは何か。このような問いに頭を悩ませるのは、普通の人には無縁な知的ゲームのように聞こえるかもしれない。しかし、あなたが存在することにとって、あなた自身の存在は重要で大切なことがらである。あなたの存在はあなた自身のものであり、誰のものにも代えは利かない。このように言われたらどうだろうか。（このような仕方で存在するあり方をハイデガーは「実存」と呼ぶ。）

○個々に存在しているものではなく、世界それ自体は存在しているのか。こう問われれば、とてつもなく抽象的で現実から浮遊した問いだと思うかもしれない。しかし、人は不安に襲われるとき、何もかもが――つまり、個々の存在者ではなく世界が全体として――疑わしくなり、世界がまったく無意味になる、と言われたらどうだろうか。

○伝統的な存在論における、実体、性質、様相といった用語は、普通の生活で使われる語彙からはあまりにも隔たっていると感じるだろう。では、実存、不安、存在の重荷、死への先駆、良心の呼び声といった言葉遣いについてはどうだろうか。

『存在と時間』には、難解で抽象的と言われる面と、身近で具体的と言われる面が同居している。だからだろう。『存在と時間』は、出版以来ずっと、世界各地の哲学者の深い読解の対象になると同時に、哲学の専門家ではない幅広い読者にとっても気になる書物であり続けている。

この二面性は何よりも出版事情によく現れている。一方で毎年のように専門的な研究書が出版され、論文も数多く公刊されている。（私はフランスのハイデガー専門誌『*Bulletin Heideggérien*』に二〇一一年の創刊以来、毎年、日本で出版されたハイデガー関連の学術論文と書籍のリストを作成して提供してきたが、提出時期が近づくと気が重くなる。作業量が多すぎるのだ。）他方で、一般読者向けの入門書も次々に刊行されている。日本では同じ出版社の同じシリーズに少しだけタイトルを違えた『存在と時間』入門書が複数あるくらいだ。もっとも、入門書の豊富さということはカントについても言えるかもしれない。だが、圧倒的なのは翻訳書の量であり、『存在と時間』の日本語の翻訳書は十冊を超える。また最近の翻訳書のなかには、全パートについて詳細な解説を加えた、注釈書（コメンタリー）に近いスタイルのものも複数ある。『存在と時間』を学びたいのであれば、そのための情報源はすでに読み切れないくらいある。

なぜ、なおも『存在と時間』について書くのか

本書もまた『存在と時間』への一つの入門書であろうとしている。いったい、入門書のすでに十分に長いリストをさらに長くする必要があるのか。なぜそんなことをしようとするのか。簡潔に言えば、『存在と時間』を開いて少し読めば、あるいは、『存在と時間』について見聞きしたときに自然と湧き上がるような疑問に、きちんと答えていきたいと思うからである。たとえば、『存在と時間』は大工がハンマーで釘を打つ場面の分析を長々としているが、なぜそのようなことが存在論をやっていることになるのか、なぜ『存在と時間』の言葉遣いはかくもほかの哲学書と違うのか、『存在と時間』は倫理について何を言えるのか、未完の『存在と時間』は結局何をどこまで成し遂げたのか、などなど……。もちろん、数ある入門書はどれも質が高く、これらの疑問にそれぞれの仕方で答えているであろう。だが、本書がほかの入門書と違うのは、こうした疑問が章のタイトルを構成し、疑問を解き明かすことを通してテキストを読解する、という点である。とはいえ、それらの疑問はランダムに並んでいるのではなく、『存在と時間』の章立ての順序におおよそ従っている。その結果として、『存在と時間』の重要概念をかなりの範囲にわたってカバーし、全体像を明らかにしている。

「問い」から始めるというやり方は、哲学や倫理学の授業をそれなりの間担当してきたなかで自然と身についてきたものだ。最初は、たとえば哲学概論であれば、教科書的に（というより、実際に教科書を使って）、プラトンから始まって徐々に時代が新しくなって最後は現代哲学で終わるといった順序の授業をしていた。あるいは、倫理学概論であれば、これも教科書的に、功利主義、義務論、徳の倫理学といった代表的な学説を順次解説していく、といった授業をしていた。ところが、もしかするとこうしたやり方は「入門」にはあまり向いていないのではないかと思い始めた。なぜなら、このやり方は、代表的な哲学者や主義主張がどういうものであるかを私が解説し始める前から、受講者があらかじめそれらに対して関心をもっていることを前提しており、それゆえある意味ではすでに「入門済み」の人を対象にしているように思えたからである。それ以降、たとえば、「死刑は認められるか」という問いをベースにして、義務論や功利主義の立場に言及し、結果的に、全体として倫理学の代表的学説をカバーする、というやりかたを目指し始めた。『存在と時間』という一冊の本への入門においても、この本について少し見聞きしたくらいの人でも共有できる問いから始めて、個別の概念や議論に触れていく、という順序で話をするほうが効果的であるように思えたし、そう考えると、そういうタイプの入門書は案外ないことに気がついたのである。

ただし、本書は、『存在と時間』の概念と議論を完全に網羅しようとはしていない。これは簡単な決断ではない。研究者は、ほとんど強迫的に、一切の漏れなく網羅的に解説しなければと思うものだからだ。しかし、本書において私は、禁欲的であろうとした。なぜなら、もしこの欲求を本当に満たそうとするならば、その本は、各節について順次注釈をつけるようなコメンタリーになる以外にないと思うからである。幸いすでに、詳細なコメンタリーが全編にわたって付けられた翻訳書もある。* また、最近、ハイデガーの概念のほぼ完全網羅を目指したハイデガー事典も出版された。[**]だから、完全網羅を本書で目指す必然性は感じない。
また、多くの入門書がそうしているように、『存在と時間』の章立てに沿って順次解説を加えるというやり方もしていない（この路線を突き詰めると注釈付き翻訳に近くなると思う）。自然に生じる疑問に答えるという目的のなかで、『存在と時間』の大部分の概念をだいたい『存在と時間』の流れに沿ってカバーする、というあたりを狙う。この本が目指しているのは、『存在と時間』にさまざまな角度からアクセスし、その内部に入り込み、内部を動き回る――そういう意味での「入門」である。大学キャンパスのように、内部に通じる門は大小さまざまに色々なところにある、というイメージだ。

これは一見、奇異なアプローチのように聞こえるかもしれないが、そうではない。思い浮かべてみてほしい。本を最後まで音読せよと言われれば、私たちは最初から最後まで順番に読んでいく。けれども、本を理解せよと言われれば、私たちはそのように進むのではなく、先をめくったり、前に戻ったり、冒頭の箇所は特に念入りに読んだりと、ムラのある読み方をする。それは、理解するという行為は、テキストをそのまま再現することが目的なのではなく、その議論の筋道を自分自身で見出し、その中身を自分自身で言い直せるように努めるものだからである。例えば、

＊　『存在と時間（一―四）』熊野純彦訳、岩波書店、二〇一三年。『存在と時間（一―八）』中山元訳、光文社、二〇一五―二〇年。
＊＊　ハイデガー・フォーラム編『ハイデガー事典』、昭和堂、二〇二一年

『存在と時間』の冒頭で「存在の意味への問い」がこの書のテーマとして提示されるが、本気で理解しようとするなら、「存在」や「問い」という言葉でハイデガーが何を言わんとしているのかだけでなく、「意味」とはなんのことかも気になるはずだ。ところが、存在や問いについては『存在と時間』の最初の二節でそれなりに説明されるが、「意味」については中盤の第三十二節に至るまで明確には説明されない。この本をきちんと読んだことのある人なら誰でも、『存在と時間』冒頭部を理解するためには、第三十二節の意味の規定が不可欠であることを知っている。そういう、読みの道筋を、まだこの本を読んだことのない（あるいは、今後も読むことはないが大体の内容を知りたい）読者に提示するのは、専門家が入門書でなすべき重要な仕事だと思う。意味とは何かについてのハイデガーの考えを知るのに、本を音読する時のように中盤まで待っている必要はない。むしろ、森の内部を探検することで、森の全体を自分の身体でもって徐々に把握していくように、『存在と時間』の内部を探検することで、その全体像を自分の頭によって切り開いていくことが重要だ。

『存在と時間』以外の資料の活用について

二十世紀の終わり頃から、『存在と時間』だけを読んで『存在と時間』を論じる研究者はほとんどいなくなった。なかでも、ハイデガーが亡くなる一年前から刊行の始まった『ハイデガー全集』には、『存在と時間』出版以前に行った講義の記録や未公刊資料が収められており、これらが『存在と時間』の成立の経緯をかなり明らかにしているからである。

多くの研究者が、これらの新資料に基づいて『存在と時間』を新たな角度から照らし出すことに注力している。私自身、そういう研究をしてもきた。しかし本書ではそれらの情報に触れることには禁欲的になり、『存在と時間』という一つの作品の内部にとどまって、この本を読むことにこそ集中したいと思う。というのも、『存在と時間』の舞台裏を『存在と時間』以外の資料から暴露するという（ジャーナリスティックとも言える）やり方は、実際のところ、『存在と時間』を読むという、当然の行為の重要性から目を逸《そ》らしていると感じるからである。舞台裏を見たからといってその作品を理解したことにはならない。作品自体をじっくりと見なくてはならないのだ。

それに、こうした暴露的アプローチは、『存在と時間』を読むだけでも骨が折れるのに、『存在と時間』を理解するには『存在と時間』を読むだけでは足りない、というメッセージを読者に伝えてしまう。しかしこれは、『存在と時間』を理解するにはハイデガーの専門的研究者になるしかないと言っているのに等しく、ハイデガー研究者がこういうメッセージを発するときには『存在と時間』へのアクセス権を自分たちで独占するという効果が生じてしまう。

逆に、『存在と時間』以外の資料から得られる重要な情報にまったく触れないというのも、今度は、ハイデガー哲学の研究成果を専門家内で占有するという結果につながりかねない。

こうしたアンビバレントな判断ゆえに、本書は次の方針をとる――『存在と時間』を読むという第一目的から離れないように、『存在と時間』本文との関連づけが容易かつ十分にできる場合だけ、『存在と時間』以外からの情報を活用する。『存在と時間』の軌道から外れないように、『存在と時間』以外の内容には深入りしない——。『存在と時間』以外の公刊著作や講義録については邦訳も含めて書誌情報を凡例に記した。読者がそれらの文献を手にとるきっかけになれば幸いだ。

一見斬新なスタイルをもつ『存在と時間』はもともとアリストテレスのテキスト解釈（という地味な〔?〕狙い）の書として構想され、ハイデガーのジャーゴンと言われてきた特徴的な用語の多くが実は彼の独創ではなく古代ギリシャ語からのドイツ語への翻訳によって獲得されていること。「住まう」こととしての世界内存在の分析は、四半世紀後に行われた有名な講演「建てること、住むこと、考えること」のような後期思想とも接続できること——。本書で述べるこれらの事実は、『存在と時間』を、「天才の独創的書物」として神秘化することなく、この書物をそれにふさわしい哲学史的文脈へと置き直すことに貢献するだろう。そして、『存在と時間』は完成品ではなくその後の思索の流れに引き継がれるべき一つの通過点として現れてくるに違いない。

それでは『存在と時間』の内部を動き始めよう。

目次

校　閲　髙松完子
ＤＴＰ　㈲緑舎

凡例

一、本書ではハイデガーの著作を引用・参照する際には以下に示す略号を使用し、略号とページ数を記して指示する。邦訳のあるものについてはそのページ数も並記するが、『存在と時間』については数多くの翻訳があり、そのいずれにも原著の該当ページが欄外に記されていて照合は容易なため、原著のページ数のみを記す（§は節を、nは注を示す）。訳出にあたっては既存の翻訳を参照したが、本書内部での訳語の統一などのために訳し直した部分が多いため、本書での翻訳と既存の翻訳は完全には一致していない。

A: »Andenken«, In *Erläuterungen zu Hölderlins Dichtung*, Gesamtausgabe Bd. 4, Vittorio Klostermann, 1981.（『ヘルダーリンの詩作の解明』濱田恂子・イーリス ブフハイム訳、創文社、一九九七年）

BH: Brief über den Humanismus (1946), In *Wegmarken*, Gesamtausgabe Bd. 9, Vittorio Klostermann, 1976.（『「ヒューマニズム」について——パリのジャン・ボーフレに宛てた書簡』渡邊二郎訳、筑摩書房、一九九七年）

BWD: Bauen Wohnen Denken (1951), In *Vorträge und Aufsätze*, Gesamtausgabe Bd. 7, Vittorio Klostermann, 2000.（「建てること、住むこと、考えること」、『技術とは何だろうか——三つの講演』森一郎編訳、講談社、二〇一九年）

EP: *Einfühlung in die phänomenologische Forschung*, Gesamtausgabe Bd. 17, Vittorio Klostermann, 1994.（『現象学的研究への入門』加藤精司・アロイス ハルダー訳、創文社、二〇〇一年）

GM: *Grundbegriffe der Metaphysik: Welt-Endlichkeit-Einsamkeit*, Gesamtausgabe Bd. 29/30, 2. Auflage, Vittorio Klostermann, 1992.（『形而上学の根本諸概念——世界－有限性－孤独』川原栄峰・セヴェリン ミュラー訳、創文社、一九九八年）

GPP: *Grundprobleme der Phänomenologie*, Gesamtausgabe Bd. 24, 2. Auflage, 1989.（『現象学の根本諸問題』溝口兢一・松本長彦・杉野祥一・セヴェリン ミュラー訳、創文社、二〇〇一年）

H: *Heraklit*, Gesamtausgabe Bd. 55, 3. Auflage, 1994.（『ヘラクレイトス』辻村誠三・岡田道程・アルフレド グッツオーニ訳、創文社、一九九〇年）

MP: Mein Weg in die Phänomenologie (1963), In *Zur Sache des Denkens*, Gesamtausgabe Bd. 11, 2007.（「現象学へ入って行った私の道」、『思索の事柄へ』辻村公一・ハルトムート ブフナー訳、筑摩書房、一九七三年）

OVM: Die onto-theo-logische Verfassung der Metaphysik (1956/57), In *Identität und Differenz*, Gesamtausgabe Bd. 11, 2006.（「形而上学の存在－神－論的様態」、『同一性と差異性』大江精志郎訳、理想社、一九六〇年）

SZ: *Sein und Zeit*, 19. Auflage, Max Niemeyer, 2006.

WB: Schöpferische Landschaft: Warum bleiben Wir in der Provinz? (1933), In *Aus der Erfahrung des Denkens*, Gesamtausgabe Bd. 13, Vittorio Klostermann, 1983.（「なぜわれらは田舎に留まるか？」、『30年代の危機と哲学』清水多吉・手川誠士郎編訳、平凡社、一九九九年）

一、引用文中で傍点などで強調してある箇所は、特にことわりがない場合は、原著者自身がイタリック体などで強調している箇所である。また、引用文中の〔……〕は原文の一部を省略していることを表し、亀甲括弧〔　〕は訳者による補足箇所を表している。

第一部

『存在と時間』の基本

第一章
なぜ存在の意味を問うのに自分自身を問わねばならないのか

今日の私たちが問いかけられている

『存在と時間』を開くと、目次の後、本文が始まる前に一ページほどの文章（以下、「前文」）が挟まっていることに気がつく。そこにはこの本の企図がコンパクトにまとまっている。言葉遣いは難しくない。そのまま読んでみよう。

〈存在する〉という語で、私たちは本当のところ何を言わんとしているのか。この問いに対する何らかの答えを、今日《こんにち》、私たちはもっているだろうか。決してもっていない。だからこそ、存在の意味への問いをあらためて設定することが肝心なのだ。ということは、私たちは今日せめて、〈存在〉という表現を理解できないことに困惑しているのだろうか。まったく困惑もしていない。だからこそ何よりもまず、この問いの意味への理解を何よりふたたび目覚めさせることが肝心である。〈存在〉の意味への問いを具体的に仕上げることが、以下の論究の狙いである。(SZ: 1)

この「前文」の文章で問われているのは存在の意味である。このことは明らかだ。しかしそれだけではない。ここでは、今日の私たちが問いかけられている、あるいは問いただされている。このことに気がついただろうか。

存在という語で私たちは何を意味しているのか。まず、私たちはこの問いに対する答えをもっていない。次に、存在の意味への問いの答えがないからといって、そこにまずさを感じないし、そのことを一大事のように語る人の神経もわからない。存在の意味を問うということの意味がピンとこない。『存在と時間』が出版された当時から百年近く経った今でも、「私たち」のこの事情は変わらない。

存在の意味への問いに対する無関心が「今日」の特徴なのであれば、では、存在の意味への問いに答えをもっていた者もかつてはいたのか。少なくとも答えがないことに困惑するくらいは存在の意味を問うことの意味をわかっていた人もいた、ということだろうか。

第一の点については否である。歴史のなかで誰か傑出した人物が存在の意味への問いに決定的な答えを与えたなどという認識は、ハイデガーはもっていなかった。このことは驚くべきことではない。生きる意味であれ、心とは何かであれ、哲学的な問いの多くは、Yes／Noで答えられるように設定されたアンケート項目のような問いではない。これらはどれも係争中であり、世界中の哲学者が議論を続けている。およそ何かが存在するということ、その存在の意味についても、答えが定まっていないことはむしろ当然である。

第二の点は正しい。ハイデガーは、「前文」でプラトン『ソピステス』からの次の引用を掲げている（SZ: 1）。

あなた方が〈あるい〉ということを口にされるとき、そもそも何を指し示そうと望んでおられるのかを〔われわれに対して充分に明らかにしていただきたいのです〕。なぜなら明らかに、あなた方のほうはこうした事柄を、とっくのむかしから知っておられるのに対して、われわれは、以前には知っていると思っていたのに、いまはまったく困惑に行き詰まっているのですから。*

ハイデガーは、本文第一節が始まってすぐに、プラトンやアリストテレスは存在の意味への問いを「息つく暇もなく」（SZ: 2）研究した、と言う。引用文中の「われわれ」と今日の「私たち」はともに、存在の意味への問いに対する答えをもっていないが、しかし、西洋哲学の幕開けとなった古代ギリシャでは哲学者はそのことに「困惑」していた。この点が、「私たち」とは決定的に異なっている。この意味で、古代ギリシャ人と私たちのあいだには断絶があるわけである。『ソピステス』の該当箇所を確認すると、引用文中で「あなた方」と呼ばれているのは、存在についてミュートス（おとぎ話）で語ってきた人たちであり、これに対して、この語を前に困惑して哲学的に問い直す人々（エレアからの客人とその対話相手であるテアイテトス）が「われわれ」であることがわかる。西洋で哲学が始まった――ミュートスからロゴスへ――とされるそのとき、哲学者たちは、存在の意味への問いに答えが欠けていることに対して無感覚であったどころか、そのことに大いに困惑した。だから、存在とは何かが哲学的に問われた。それに対して、「私たち」はどうなっているのか、とハイデガーは問いかけている。

私たちは、自分が存在するとか、手にしている本が存在することを前提し、その上で、生活しており、あるいは、自分らしさとは何だろう、と問うたり、最近の研究ではこんなことがわかったといった情報に敏感に反応したりしている。大学ではこうしたテーマについて多数の講義が開かれている。それで問題なく社会は機能している。あえて存在とは何かを問う必要など感じない。だが、これは一大事ではないだろうか。私自身を含めたさまざまな存在者が存在するということは、それなしには日常生活も悩みも学問もありえないはずの、最もベーシックな事態である。存在とは、私たちが何であれ物事を理解するときには前提しているものである。それにもかかわ

＊　プラトン『プラトン全集　ソピステス　ポリティコス（政治家）』藤沢令夫・水野有庸訳、岩波書店、一九七六年、86頁。

らず、存在について実はわかっていないのであれば、私たちの生活や学問が拠《よ》って立つ基盤はあまりに脆弱だということになる。だが、私たちは、この無根拠さに慄《おのの》いたり、眩暈《めまい》を覚えたりしない。むしろ、存在とは何かという問いに心を占められているなどと言えば、なぜそんな奇怪なことをしているのかという（嫌疑のこもった）質問に対して、弁明を迫られるくらいだ。哲学者もまた哲学者で、答えを与えやすくアレンジされた問いにあけくれるようになり（典型的には、「〇〇論か反〇〇論か」といった問い）、哲学の始まりにおいて問われた、「存在とは何か」のようなスケールの大きな問いは次第に哲学の中心問題ではなくなった。

存在への問いと名指された問いは、今日では忘却されている。（SZ: 2）

『存在と時間』の本文第一節の最初を飾るこの一文は、『存在と時間』の中心問題が、存在への問いであると同時に、この問いを前にしても何も感じずにポカンとしている私たちであることを物語っている。この問題状況は、単に個々人の感覚の鈍さによるものではなく、歴史的に醸成され深く根を張ったものである。ハイデガーは、このことをただ確認したいのではない。むしろ、この書を開いたばかりの読者——「私たち」として名指されている人々——に、「存在とは何か」という問いの喪失、あるいは「存在忘却」はこのまま放置できるようなものではないと、冒頭から熱く訴えている。哲学の最初の困惑から縁遠くなり、もはや私たちは存在とは何かという問いに答えがないということの重大さがわからなくなっている、それでいいのか、と。

『存在と時間』は、読者にこの作品の鑑賞者であることを許そうとしない。読者自身にとって存在が疑わしくなり、読者自身のなかで存在の問いが湧き上がることを意図して、周到に構成されたテキストである。読者に直接触れてくるかのような、このテキスト構成上の巧みな（好き嫌いがはっきり分かれるであろう）戦略については第二章で詳述する。

ともかくまず確認したいのは、ハイデガーの出発点は、存在の意味を問うためには、そのように問うている私たち自身の存在を問うことから始めねばならない、という点にあるということだ。まずは自分自身の存在を問え。これが『存在と時間』の原則であり、読者は自ら問いつつ問われるものへと変貌しなくてはならない。この変貌が、存在の意味を問うという『存在と時間』の根本問題の探求に並走できるかどうかの鍵を握ることになるだろう。

哲学の問いは目覚めさせる

先の「前文」でハイデガーは、存在の意味を問うとはどういうことかについての理解を、私たちに「目覚めさせる（wecken）」ことが必要だと言っていた。哲学の愛好者にはこういう比喩めいた言い方を好まない人もいる。しかし、哲学の教員をしていると、「いつ哲学に目覚めたのですか」と学生などに聞かれることがよくあり、哲学には、人がそれに「目覚める」と言うべきところがあるという直観が広く共有されているとも感じる。目覚めさせるとは何をすることなのか。

確認すると、目覚めさせられるものは眠っているものであり、つまり、目覚める可能性のあるものである。*例えば、眠っている才能は目覚めさせるべきものとして語られる。だから、目覚める可能性のあるものは無ではなく、むしろ私たちが現にすでに保持しているものだ。ということは、目覚めさせることはゼロから何かを発明することではない。

存在の意味への問いの話に戻ると、私たちはこの問いをなるほど忘却しているのかもしれない。しかし、そのとき、無を忘却しているわけではなく――そんなことは不可能である――、まさにこの問いを忘却している。その限り、私たちはこの問いにすでに何らかの仕方では関わっていた。眠っている才能のように、顕在化されていなくとも潜在的には保持されていたのである。

考えてみれば、存在の意味を私たちがまったくわかっていないということなどあるはずがない。現に、「～が存在する（～がある）」とか「～は……である」とか、存在の語をどんな人でもすでに使っている。（「～がある」と「……である」はドイツ語では存在〔Sein〕の活用形で表現される。英語で言えばbe動詞に相当する。）ハイデガーによれば、私たちはすでに「存在理解」している。けれども、このことは私たちが存在の意味への問いの意味を理解しているということを保証しない。いやむしろ、逆に、存在はあまりにも自明で当然なので、わざわざ存在の意味への問いをあらためて設定する必要などない、と感じるのだ。すると、この問いはまた眠ったままになってしまう。けれどもそのことは、繰り返せば、呼び覚まされる可能性がなおもある、ということなのである。

私たちはそのつどすでにある存在理解のなかで生きており、同時に、存在の意味は暗がりのうちに蔽《おお》われている。このことが証明するのは、〈存在〉の意味への問いを反復することが原則的に必要だということなのである。(SZ: 4)

ここでハイデガーが言っているのは突飛なことではない。類似の事情は、存在の意味への問いに限らず、各所に認められる。哲学的な問いの場合、それがはっきりと立てられたり、その重要性が理解されたりしていなくても、いざ問いが差し出されると、そのテーマが新奇なものではなく、ずっと知っていたもののように感じられることは少なくない。自分のなかで保持されていたのにずっと目覚めさせられることがなかったのだと思える、そういうどこか懐かしく、遠い記憶を蘇えらせられるような感触。こうした近くて遠い問いの立て方は哲学に特徴的なものであり、未知の新情報を貪《むさぼ》るのとは対極にあるような哲学的な問いの一種だと言える。例えば、ハイデガーの師でありて現象学の創始者とされるエトムント・フッサール(一八五九―一九三八)は、一九二八年の『内的時間意識の現象学』(このテキストの編集にはハイデガーも関わった)で時間とは何かを問うにあたって、アウグスティヌス『告白』から次の言葉を引いている。

＊ ハイデガーは『存在と時間』から数年後の講義『形而上学の根本諸概念』で、「目覚めさせることは、眠っているものを目覚めさせること、目覚めるようにさせることだ」(GM: 91/101頁)と述べてもいる。

だれも私にたずねないとき、私は知っています。しかし、たずねられて説明しようと思うと、知らないのです。*

一般に、「Xとは何か」というかたちをとる哲学的な——あるいは意味への——問いにおいて、私たちは、興味深いことに、問いに答えが与えられる前に、あるいは探究を開始する時点で、すでに答えを（曖昧なかたちではあるが）知っている。というのも、もし時間というものについてまったく無知なのであれば、「時間とは何か」という問いは生じえないし、この問いの意味を理解することもできないはずだからである。けれども、この問いにきちんと答えようとするとそれがいかに難しいかがはっきりしてくる。Xに、時間、存在、私、世界などを入れてみよう。どの場合でも、自明で当たり前のように思っていたことが大いなる謎に変貌する。

「存在への問いは今日では忘却されている」とハイデガーが言うとき、何が今日の私たちを特徴づけているかといえば、それは、存在とは何かという問いに関する動揺のなさ、困惑のなさ、関心のなさである。たしかに哲学者たちは、AかBか（例えば、実在論か観念論か）、Sか否か（例えば、神は実在するのか）といったかたちの問いを扱うのに忙しい。「Xとは何か」という、大胆に開かれた問いを前にして困惑することが哲学的に問うことの重要な特徴だとすれば、この種の問いの不在は哲学の欠乏状態を意味することになる。

問いが問う者としての私たちを呼び出す

哲学に関心のない学生に対して、哲学に関心をもつことを願う教師が、しかし関心は強制できず、自発的に生じるのでなければならない、という事実に戸惑うということがある。存在の意味を問うと言われてもピンと来ない今日の私たちに、ハイデガーは、この問いの意味の理解を目覚めさせなくてはならないと言う。どうやってそれをするのだろうか。

ハイデガーは、人々の感受性のなさを嘆いてみせたり、哲学の魅力をあの手この手を使ってアピールするといった策をとったりはしない。彼のやり方は単刀直入である。問いの意味を理解させるために、「問いの構造」を解き明かしてみせ、読者からしかるべき関心を引き出すのである。問うとは何をどうすることなのか。『存在と時間』の第二節は、問う者が自分自身の存在を問わなくてはならなくなる、その構造的な根拠を示すことを狙いとする。

まず、ハイデガーは、「問い（Frage）」があたかも実体的にあるかのように語るのをやめる。むしろ、「問い」は「問う（fragen）」という私たちの活動なしには存在しえない。誰も問うことをしなければその問いは消滅する——だから、問いの意味への無理解や無関心がはびこることは、その問いが本当に重要である場合には、大問題である。

＊　フッサール『内的時間意識の現象学』谷徹訳、筑摩書房、二〇一六年、25頁。

ハイデガーはそこで、問うという私たち自身のふるまいを分析する。それによれば、「Xとは何か」というかたちで問うことには少なくとも三つの事柄が関わっている。つまり、「問われているもの（Gefragtes）」「問い合わされるもの（Befragtes）」「問い確かめられるもの（Erfragtes）」の三つである（SZ: 5）。この分析は、ドイツ語の動詞 fragen がさまざまに活用して多様な意味を示すことに基づいているため、翻訳で読むと実に難解に思えるのだが、そんなにややこしい話ではない。順に説明していこう。

一、「Xとは何か」を問うているとき、この問いにおいて問われているのは「X」である。例えば、「動物とは何か」と問うているとき、問われているのは「動物」（という概念）である。

二、次に、「Xとは何か」という問いは抽象的ではあるが、単に頭のなかで思いを巡らせれば答えられるようなものではなく、世界のなかの一定の具体的な対象に実際に関わること、つまり問い合わせることを必要とする。「動物とは何か」と問いながら、動物の本性を知ろうとする人は、無生物でも植物でもなく、動物として特定される存在者を観察したり、あるいは実験したりする。観察や実験という仕方で、そうした一群の存在者に——いわば「どういう存在なのですか？」と——問い合わせるのだ。

三、最後に、「Xとは何か」と問うことには、この問いに「Xとは〜である」と答えること、つまり、この概念Xの意味を問い確かめることが含まれる。問い確かめられるのはXの意味であり、意味とは「Xとは何か」という問いに対する答えにほかならない。この問いに答え

問い	問われているもの	問い合わされるもの	問い確かめられるもの
動物とは何か 存在とは何か	動物（という概念） 存在（という概念）	動物（という存在者） 存在者	動物の意味 存在の意味

を与えることは、問うことを完了させることであり、探求を導くゴールである。「存在とは何か」という問いに関してもこの構造は同様である。「動物とは何か」と比較してみよう（表参照）。

存在問題に特有なトラブルは、「問い合わされるもの」の項にある。「存在とは何か」という問いも、具体的な対象に問い合わせることなく、答えられるわけではない。存在するものが何もないのではなく、存在する何かがある。だから、そもそも何かが存在するとはどういうことかが問われる。そうだとすれば、動物学者が、世界のなかでも動物をピックアップしてこれをつぶさに考察するように、存在の意味を問う者たちは、存在するもの（＝存在者）に考察の目を向けることになろう。だが、ここでの問題は、「存在者」は、例えば、無生物、動物、植物、人間といった領域の区別を超えている、ということだ。これらのすべては存在者である。

> 哲学の根本テーマとしての存在は、何らかの存在者の類ではなく、むしろどんな存在者にも関係する。この存在の〈普遍性〉は類よりも高次のものとして探し求められなくてはならない。（SZ: 38）

既定の個別領域を扱う学問と比べたとき、存在の意味を問うこの学問、つまり

「存在論（Ontologie）」に特有の課題がはっきりしてくる。存在はどんな存在者にも当てはまる。存在は、究極的なまでに〈普遍的〉であるが、しかし何の手がかりもなくこれを闇雲に問うことはできず、何らかの存在者に問い合わせなくてはならない。ではどの存在者に問い合わせればよいのか。これが存在論に特有な課題である。ハイデガーは次のように言う。

> どのような存在者に即して、存在の意味は読みとられるべきなのだろうか。〔……〕出発点は任意なのか。それとも、特定の存在者が存在の問いを仕上げる際に優位にあるのだろうか。この範例的な存在者はどれであり、その存在者はどのような意味で優位にあるのだろうか。（SZ: 7）

脱領域的な学問ゆえに、存在論には、存在者のなかから「範例的な存在者」を選び出すという課題が存在している。

範例を選び出す——存在論に特有の課題

ここで「範例（Exemplar）」という語に注目しよう。この語は標本やサンプルといった意味をもつ。範例を選び出すという行為は、数あるもののなかから「見本」を取り出すことである。確認しておきたいが、見本とは、同じものと分類されているものたちの単なる一事例ではない。見本はほかのものを理解し評価するための尺度になるからだ。例えば、店頭で見本に出ているシャツを気に入って購入するとき、開封していない別のシャツをレジで渡されることがある。開封してみたら、どこかが違うとしよう。そこで「見本と同じじゃない」と抗議する場合には、見本を尺度としてほかのシャツがどういうものかが判断されているのである。見本を選ぶことは、問題になっている存在者がどういうものかを規定することとセットなのである。

領域的学問はどれも、生物学ならば生き物を、歴史学なら歴史上の事柄を、心理学ならば人間の心的なものを、あらゆる存在者のなかから問い合わされる存在者としてすでに選び取っている。これらの場合、学問が平常通りに営まれている限り、問い合わされるものの範囲（自らの研究領域）について迷いが表明されることはないはずだ。もし迷いが生じているとすれば、つまり、問い合わせるべき存在者を選び直す事態になるとすれば、そのときには、「生物とは何か」「心的なものとは何か」などの（哲学的な）問いが同時に生じていることになる。ハイデガーによれば、根本概念に疑いが現れるこうした事態は学問の「危機」にほかならない。しかし、学問本来の「進歩」は、こうした――学問が哲学的にならざるを得なくなる瞬間としての――危機を通じて起こるとも言う（SZ: 9)。範例的存在者を「選び取る」ことは、学問にとって重要な意味をもっている。

存在論は、「存在とは何か」と問うている時点で――「Xとは何か」を問う哲学はどれもそうだが――危機的状態にあえて身を置いている。それゆえ、問い合わされる存在者を選び出すという課題を――しかも、個別領域（x）に関わる学問よりも無限定な条件で――突きつけられている。問い合わせるべき範例的存在者はどれか。この課題に際して、ハイデガーはほかでもない私たち自身を選び出す。私たちは、それ以外の存在者と代替可能な存在者の単なる一事例ではなく、存在論という営みの見本として優位しているからだ。

理由は明快である。問いは「問うこと」なしには生じえず、「問うこと」は問う者なしには生じえない。その意味で、存在の問いにとって、問うているこの存在者は特有な位置にあるからだ。私たちがそれである存在者、問うという可能性があるこの存在者を、ハイデガーは「人間」とは呼ばない。ハイデガーはこの存在者を術語的に「現存在」と名指す（SZ: 7）。

存在の意味への問いにおいて、私たちは現存在として問い合わされ、自ら問い、自ら問われ、問いのなかに巻き込まれるようになる。そのとき、しかし同時に、存在者のなかには、自分がそれである存在者とは異なった存在様式をもつもののもあることが明らかになる。自らの存在を見本に、尺度にすることで、それ以外の存在者がどう存在しているのか、その細部もよく見えるようになるはずなのだ。現存在は、自分だけでなく自分以外の存在者にもすでに広く関わっており、それらの存在についても漠然とではあれ理解しているので、存在一般の意味を問いうる、そういう存在者なのである。

少々意外に感じられるかもしれないが、領域的学問と存在論の違いをもっと明確にしようとするなら、存在論に類似した特殊な学問として数学のことを考えるのが有益だ。

存在論が、動物、植物、社会など、なんであれ一定の領域の存在者を扱う学問と根本的に違うのは、存在はこれらの何についてでも言うことができ、あらゆる領域の存在者に関わる、という点においてである。類似のことは数学にも言える。一という数は、あらゆる領域を超えており、私たちは何についても「一つ」と述べることができるが、しかし、一という数を理解するためにあらゆる領域の存在者についての知識をもっている必要はない。身の回りの物事しか知らなくても、一という数を私たちは学び、これを理解する。存在理解の場合にも、私たちは生きていくなかで存在を問題にし、存在概念を使うようになり、存在の意味を問う準備がいつのまにか整っている。つまり、個別の存在者の領域を超えているという、その卓越した知のあり方は、あらゆる領域の存在者についての知を網羅的に総合するということではないのである。存在論を成し遂げるために、全領域をカバーする物知りである必要はない一方で、すべての科学知を合わせても存在論にはならない。存在理解の鍵は、領域を形成したり拡大したりすることではなく、脱領域化して一挙に形式化するという私たちの特異な能力にある。*

もっとも存在論と数学には違いもある。数学において、何を問い合わせるべき存在者の範例にするかという問いは余計である。数を扱うときには、ひとかたまりのビー玉やマッチ棒など、均

* フッサールは領域存在論と形式存在論を区別し、それぞれが考察対象を得るやり方を「類的普遍化」と「形式化」と名づけた(フッサール『イデーンⅠ-Ⅰ』渡辺二郎訳、みすず書房、一九七九年、第一巻第一篇第一章、特に第九、十三節)。『存在と時間』でハイデガーはこの着想を借りている。

質な性質をもつ存在者がしばしば例として選ばれる。だが、ひとかたまりの人間であっても、何なら神様であってもかまわない。何でも均質に扱えるという数のはたらきにとって、私たち自身を例にとることに特別な意義はない。

他方、ハイデガーは、存在の意味への問いにおいて問い合わされるべきなのは私たち現存在であり、それ以外の存在者ではないとして、存在論的考察にとっての範例の選択を行っていた。何を見本（尺度）にするかによって、それ以外のものが「存在する」仕方も別様に見えてくるのだから、重大な選択になる。すぐ後に見るように、ハイデガーにとって、現存在以外の存在者を範例に選ぶ場合と、神を範例に選ぶ場合と、マッチ棒などの物理的対象を範例に選ぶ場合では、存在とは何かが全体としてどう理解されるかにおいて、大きな違いが生まれる。範例的存在者はどれかという問いのもつ意味は、この選択が学問の遂行にとってもつ意義を踏まえてはじめて理解可能になるだろう。

人間ではなく現存在

私たち自身が存在論において問い合わされる存在者だ。このポイントは当たり前に聞こえるかもしれないが、そうではない。ほかでもない現存在から出発する、ということの点にこそ、『存在と時間』の野心がある。

『存在と時間』第十節で現存在の分析と「人間学」の違いが論じられるところを見よう。ハイデガーの指摘では、世界をまるごと把握しようとするとき、西洋には、存在の意味を問うている私たち自身ではなく、神を中心に考える伝統がある。特に注目されるのは、創造主である神に対して、ありとあらゆる存在者が被造物として理解される、という説だ。キリスト教的・神学的人間学において、あらゆる被造物のなかでも人間は神の似姿であるなどとして、神との関係においてはじめて把握可能になる（SZ: 48-49）。

このような神学的世界観と自分は無縁だと思うかもしれない。だが、次のように言われたらどうだろうか。

あらゆる存在者はまず、生物と無生物（物質）に区別できる。そして、生物は動物と植物に区別できる。無生物と植物は例えば光合成の能力によって、植物と動物は例えば移動の能力によって区別される。ところで、人間は、無生物でも植物でもなく、動物であるが、しかし、人間とそれ以外の動物とは、例えばロゴスとか理性とか言語使用の能力によって区別される――。このような区別のやり方は自然に感じられ、受け入れやすいものだろう。だが、この分類は、人間を神の似姿として存在者の頂点に位置づける発想と無縁ではない。

理性や言語能力の欠けたものが動物であり、さらにそこから、能動的に運動するという機能が欠けたものが植物であり、さらに生命現象まで欠けると物質に過ぎなくなる、というように、理性の能力をもつ状態を頂点として、徐々に低次の存在に下降するという生命観がある。この生命観には、物質、植物、動物よりも、理性（ロゴス）をもつ動物としての人間を最も価値あるものとして捉える発想が反映されているだろう。そうであれば、完全なる神の最も近くに人間を位置づけて、それ以外の存在者と差別化する思考法から遠くない。＊ハイデガーによれば、「ロゴスをもつ動物」という西洋哲学定番の人間の定義と、神の似姿として人間を把握する神学的手引きが手と手を取り合って、伝統的人間学を形成してきたのである。

哲学的であれ神学的であれ西洋のこうした世界観は自分には関係ない――と、なおも譲らない人もいるだろう。あるいは、こうした世界観は近代以降の科学的世界観からすると古臭い、と思われるかもしれない。では、次のように言われたらどうか。

目の前の机は、単に存在しているように見えるのではなく、本当に存在しているのだろうか。この机は茶色に見えるが、光が強くあたる角度から見れば、白い。この机は真上から見れば円形に見えるが、視点を下げていくと楕円に見える。感覚的な見え方は変化するが、だからといってこの机が存在していないとは言えまい。見え方が変化している間も、この机の大きさや重さを測れば一定である。何であれ、一ミリでも一グラムでも、大きさや重さがあればそれは存在していると言えるだろう。いや、〇・〇〇〇一ミリであっても。だが、ゼロになればもはや存在しているとは言えないだろう。存在するものとは数量的に計測可能なものだ。

こうした議論の進め方であれば違和感を感じず、むしろこういうほうが「存在論っぽい」と思った人もいるだろう。しかし、ハイデガーの観点からすれば、これはまさに、存在の意味を問う存在者としての現存在から出発せよ、という問いの構造の要請を聞き飛ばすやり方である。ここで問い合わされているのは、私たちではなく、私たちに現前している物理的存在者だからである。私たち自身ではなく、私たち自身がさしあたりたいてい関わっているものが、存在論の尺度になっている。もっとも、私たち自身は物理的存在には尽きない別の何かである、と力説されるかもしれない。しかし、結局、そういう場合にこそ、存在者の範例が私たち自身でないことが明瞭になってしまう。

ハイデガーによれば、存在論の混迷は、存在者が存在することの範型を「現在化されていること」に見出す歴史的慣例に由来する（SZ: 25–26）。詳細については第十章で説明するが、今まさにありありと現前するというありようが、何かが存在するというときの典型場面として、古代ギリシャ以来（師のフッサールに至るまで）ずっと通用してきたのだという。時間論的にいえば、「現在」中心主義である。なるほど、理論的観察に対してであれ、実用的な目的に対してであれ、何かがはっきりと今現前しているというのが、何よりも何かが存在している証拠だと思えよう。すると、私たち自身は、この現前するものに居合わせ、これを眺めていたり評価していたりというあり方で捉えられ、概念化されていくことになるだろう。「世界認識」を主たる活動とする「主観」としての人間、という仕方で私たちは理解されることになる（SZ: §13）。そのとき、主観なるものの存在を捉えるために、意識にありありと直接的に何かが現前する場面に依拠しようと

＊　ここでの記述は以下の著作で「階層構造説」と呼ばれているものを参考にしている。山本信『哲学の基礎』、北樹出版、一九八八年、119–120頁。

する——内的反省と呼ばれる方法——ならば、私たち自身の存在は、(まさに自分ではない)世界内の対象の存在を把握するための典型的なやり方を転用することで理解されようとしている。さらに、何よりも今ありありと現前することが存在することの証拠なのであれば、未来や過去は、まだ/もうないという欠如性において理解され、茫漠とした何かというイメージに切り詰められてしまう。これでは、私たちの存在を、その時間的な拡がりも含めて把握する可能性については絶望的になるだろう。

ハイデガーは、フッサールの現象学的主観の考えの根をデカルトの「考えるもの」にさかのぼってつかもうとしたり、デカルトの「考えるもの」としての私は中世存在論の創造されるものの解釈の一部であることを示そうとしたり、さらには、創造に立脚したキリスト教的な世界把握を古代ギリシャ哲学における制作されたものとしての存在者という発想に結びつけたり、壮大な歴史的規模で、「存在=現在」という思考法が哲学史を支配していることを暴こうとしていた。そしてそれは、私たちに開かれるはずの存在の意味への問いを閉塞してしまうという意味で、存在忘却の歴史であるとも考えていた。

けれどもこれらの詳細についてここで立ち入ることはできないし、その歴史的再構成の是非を判断することは難しい。なぜなら、『存在と時間』第八節において「存在論の歴史の現象学的破壊」として予告されていたこのプロジェクトは『存在と時間』の内部でなされるはずだったものの、結局、書かれなかったからである。このプロジェクトの詳細を知るための多くの手がかりは、

『存在と時間』前後に行われたハイデガーの講義録にある。*

目下重要なのは次のことである。およそ何かが存在するということの意味を問うとき、まさにこのように問うている私たちの存在に問いかけよという、一見当然の要請は、西洋哲学の歴史のなかでは決して満たされることがなかった。これが、ハイデガーが突いたと信じる哲学の盲点である。だから、私たちの存在を範例にするなどというのは自己中心的な世界観で、安直でさえある、と思いそうになった人は、思いとどまって欲しい。私たちはたいてい私たちではない存在者を尺度にして私たちの存在を論じているのであり、むしろ、自分の存在を範例にして世界全体を考察することができない、というのが私たちの根本的な弱点なのだ。「私たち」が存在論の死角だというわけである。だから、神でもなく物でもなく、私たちがそれ自身である存在を出発点にするということ、それはチャレンジングな企てなのである。

言葉遣いに注意しよう。ハイデガーは「私たちがそれ自身である存在者」を現存在と呼ぶが、この言い方はニュートラルに私たちを名指している。つまり、私たちが何であるかについてはまだ何も言っていない。このことの重要さは、この存在者は人間であると言わない、という（画期

＊ ハイデガーの講義録は、個別の哲学者についての詳細な解釈を多く含んでおり、『存在と時間』よりも内容がわかりやすいものも少なくない。哲学史家としてのハイデガー（『存在と時間』を出版するよりも前、ごく若い頃のハイデガーは古代・中世哲学の研究者として名が知られていた）の姿は講義録からのほうがよくわかる。その魅力を以下はよく伝えている。木田元『ハイデガー拾い読み』、新潮社、二〇一二年。

的な）留保の内に示唆されている。『存在と時間』において、私たちは人間として名指されることがまったくない——そんな本がかつてあったのだろうか。その代わりに、私たちは「現存在」と新たに呼ばれる。現存在は人間と交換可能ではない。

現存在という規定は、もっぱら存在との関わりの点から私たちを主題化している。私たちは、存在をすでに理解し、存在の意味を問う可能性を有する存在者であるにもかかわらず、この問いの意味もわかっていない。こうした存在問題に関してのみ、私たちは問われている。

「理性をもつ動物」「二足歩行する動物」「ポリス的な動物」——。人間にはさまざまな「定義」がある。だが、現存在はそのどれに対してもオープンである。『存在と時間』は、私たちがどういう存在であるかについて、これらのどの定義にも偏らない多面的な性格づけを許す。それゆえ、『存在と時間』に豊かな人間論を見出すことも可能である（本書ではそのためのいくつかのポイントにも触れる）。*ハイデガー自身の第一の狙いは、私たちを人間として定義してきたあらゆる試みを一度棚上げして、私たちを現存在として存在論的に探究することであり、人間論としての魅力はその副次的効果だと考えるのが妥当だが、ハイデガーのプログラムの上で副次的だからといって、それゆえに人間論としての価値がない、と結論する必要はない。存在論の裏付けがあるからこそ魅力を備えた人間論もありえよう。

実存と存在

では、現存在という存在者はどういうふうに存在しているだろうか。ハイデガーは、その最小限の特徴づけを「実存」の名のもとで行う。

> 現存在があれこれの仕方でそれへと関わることができ、常に何らかの仕方で関わっている存在そのものを、私たちは実存と名づける。（SZ: 12）

先に、存在を問いうる存在者として現存在は導入されたが、存在を問いうるためには、最低限の条件としてその存在に関わることができなくてはならない。この存在への関与は、単に可能であるというだけでなく、すでに存在にとっての事実だとハイデガーは認定している。

私は存在になんて関わっていない、その証拠に私は存在の意味への問いなどこれまで考えたこともない、と言う人もいるかもしれない。だが、「関わる」といってもさまざまなあり方がある。哲学的に存在とは何かを思考することだけがその関わり方ではない（というより、これは特殊で

＊ フッサールは、『存在と時間』は存在論を「人間学」に移し入れてしまったと手沢本（しゅたくぼん）に書き込んだ（Breeur, R. "Randbemerkungen Husserls zu Heideggers Sein und Zeit und Kant und das Problem der Metaphysik," in *Husserl Studies* 11, 1994, 13）。フッサールにとってこれは批判的な意味をもつが、「人間とは何か」という伝統的な問いに対する哲学的探究という広い意味での「人間学」にハイデガーが寄与する可能性を積極的に捉える道もありうる。例えば、ハイデガーの弟子で日本でも教育学において影響力をもつオットー・ボルノー（一九〇三―九一）はハイデガーの影響のもとで、独自に哲学的人間学の構築に向かった。

最も極端な関わり方である)。ハイデガーがここで考えているのはむしろそのずっと手前のことであり、存在論にまだ従事してはいないものの問う準備はできた人たち、つまり現存在が、ごく普通に経験していることである。「この存在者(=現存在)にとっては自ら存在することにおいてこの存在自体が問題である」(SZ: 12)という事態だ。「実存の問いは存在的な〈関心事〉である」(SZ: 12)と言われるように、存在している限りは自分の存在が気がかりであり大切だという意味で問題だ、というのがポイントである。別の言い方をすれば、実存は自分が「誰か」(SZ: 45)という点で問題になっている。

私は誰か――。この問いと関わったことのない人はいないだろう。私たちは存在する(生まれる)や否やさまざまな社会関係に巻き込まれる。私は、どこそこで生まれた、誰それの子どもである。さらに、この名前、出身、役割、地位などによって、自分とは誰かの輪郭が描かれてきた。そうした自分の存在は、時に肯定的な態度で、時に否定的な態度で、あるいは単に当たり前のことという様相で、私にとっての関心事であり続ける。

「私とは誰か」という問いは「私とは何か」という問いとは異なっている。「私とは何か」という問いに対するありうる答え方を、ハイデガーは『存在と時間』第六十四節で吟味している。一つの考え方はおおよそ、「私(ドイツ語で言えばich)」は、そのつど何かを見たり聞いたり、判断したり想起したり、いろいろな経験をするけれど、そのすべての経験に居合わせ、見るとか聞くとか判断するとか思い出すとか、そういうすべての経験に関する述語の主語になる、というものだ。「私は〜を見る」「私は〜と思い出す」などという場合ごとに常に現れる「私」である。こうした「私」に対する規定は、その「私」が誰であろうとあてはまる一般性をもち、「私」は「自我（das »Ich«）」と名詞化される（それによって、多かれ少なかれ実体化を被《こうむ》る）だろう（SZ: §64）。

他方、「私とは誰か」が問われるときには必ず、その私はほかの誰かとの関係において問題になっている。自分は○○という人（親）の子どもだという理解においては、自分が誰であるかと、○○が誰であるかは、別であると同時に関連している。私と他人は異なるがゆえに関連しているのであり、その違いは一般化して解消できるものではない。このことをハイデガーは、『存在と時間』第九節において、実存には「それぞれ自分のものである」（SZ: 42）という性格が属していると表現する。

> 現存在に言及する場合には、この存在者がもっているそれぞれ自分のものであるという性格に従って、「私が存在する」「あなたが存在する」というように、常に人称代名詞と一緒に語らなければならない。（SZ: 42）

私たちの自己の存在への関心は、存在論の研究においてはじめて生まれるのではなく、存在することと自体にすでに含まれている。私たちは自分の存在に無関心ではいられず、理論的考察や傍観的認識とは違う関心事として、それぞれ自分の存在に関わっている。だからこそ、先に述べたように、存在とは何かと問われたとき、私たちは、実は、すでに曖昧にではあれ存在とは何かについて理解していることに気づかされるし、存在の意味への問いへと目覚めさせられうるのだ。以上のように、「存在」の意味への問いは「実存」の問題と一体である。『存在と時間』の存在論は「現存在の実存論的分析」(SZ: 12–13)というかたちで進められていくのだ。

その他すべての存在論がそこからはじめて現れ出うる基礎的存在論は、現存在の実存論的分析の内に探し求められなければならない。(SZ: 13)

現存在は、存在すること自体においてその存在が問題であり、すでにその存在に関わっている(実存)という点で、他の存在者に対して際立っている。その限り、存在を理解しており潜在的には存在を問いうる状態にある点でも際立っている。だがそれだけではない。問いの構造で見たように、現存在の存在にまず問い合わせなくてはならないのは、現存在を存在者の範例として存在者の存在の意味を一般的に問うためである。現存在の存在だけに関心を絞るということではない。私たちが自分自身の存在を理解することには、自分以外の存在者の存在を理解することが不可避に含まれているからである。以上は、「現存在の存在的・存在論的優位」(SZ: 84)と呼ばれる。(仮に、完全に利害関心だけで自分のあり方を問題にしているエゴの塊《かたまり》のような人がいたとして、そういう人は自分にしか関心がないように思えるかもしれないが、実際には、物質的な所有欲に駆り立てられているのであれ、社会的な名誉欲に駆り立てられているのであれ、まさに利己的であればあるほど、自分以外の物事をむしろ執拗に気にかけているものだ。)

ハイデガーは実存主義者か──サルトルへの応答

ところで、『存在と時間』の哲学は実存主義なのか、という問いに興味を覚える読者もいるだろう。(おそらく年配の読者にとっては周知のことだが)この問いにはそれなりの歴史的経緯がある。一九四六年に出版され、一般読者にも広く読まれてきた「実存主義はヒューマニズムである」で著者ジャン＝ポール・サルトル(一九〇五─八〇)が、自分自身と同じ「実存主義者」としてハイデガーに言及したのである。しかもサルトルは、実存主義のなかでも、キリスト教的実存主義と無神論的実存主義を区別し、後者に自分とハイデガーを分類したのであり、要するに、ハイデガーはサルトルと同じ戦線に立つ哲学者だとされたのである。* サルトルのこの本の知名度からして、「ハイデガーは実存主義者か?」という問いが読者のなかに生じても不思議ではない。

他方、ハイデガーの哲学を知る人は、こんな問いを一笑に付したくなるかもしれない。すでに見たように、『存在と時間』の哲学は、「現存在の実存論的分析」に基づいてはいても、何よりも

＊ サルトル「実存主義はヒューマニズムである」、『実存主義とは何か』伊吹武彦・海老坂武・石崎晴己訳、増補新装版、人文書院、一九九六年、39頁。

まず「存在論」の本であり、個々人の主体的なアンガジュマン（現実参加）を喚起するサルトルふうの実存主義と一緒くたにできるわけがない、と。たしかにそれはそうなのだが、ハイデガー自身はそれなりに丁寧にサルトルの議論を吟味し、なぜ自分が実存主義者ではないかをまさに存在論的に示していた。

『存在と時間』から二十年後、一九四七年に最初の版が出た『「ヒューマニズム」について』でハイデガーは、サルトルの実存主義の根本命題「実存は本質に先立つ」と、『存在と時間』の命題「現存在の〈本質〉は現存在の実存のうちに存する」（SZ: 42）とは、似て非なるものであることを論じている。そのポイントは、両者では「実存」の意味が異なる、という原理的な点にある。以下のようにハイデガーは説明している。

西洋哲学の伝統には、エクシステンティア（existentia）とエッセンティア（essentia）という定番の区別がある。一般的に言えば、エクシステンティアとは「現実存在」のことであり、エッセンティアとは「本質」のことである。エクシステンティアは、「単なる理念としての可能性」である本質と区別され、現実性（アクチュアリタース）を意味している。だが、ハイデガーが、現存在の「実存（Existenz：エクシステンツ）」と言うとき、問題は、現存在が現実に存在するかどうかということではない。『「ヒューマニズム」について』の言葉では「存在の真理へと立ち出でていること」が問題である（BH: 325–331/43–53頁）。

この表現はこの時期特有の言い方でわかりにくい。しかし、すでに見たように、『存在と時間』において実存が規定されたときにも明らかに、伝統的な意味での現実存在のことが言われているわけではなかった。実存は、現存在にとってそれが問題である自らの存在のことだとか、現存在とは存在をすでに理解しており存在の意味を問いうるものだとされていた。現存在の実存は、現存在は単なる現実存在という意味で存在しているのではない、ということをまさに含んでいる。このことをハイデガーは後年表現を変えて確認しているのである。

　この場合、実存は本質と対比されるものではない。ハイデガーが強調するように、「存在の真理へと立ち出でている」という意味での実存が現存在のまさに「本質」だと言われている。『存在と時間』における「現存在の〈本質〉は現存在の実存のうちに存する」をあらためて見てみよう。そこでハイデガーは、「本質」を慎重に括弧に入れ、現実存在と本質を対比させる通常の理解を留保しつつ、存在を理解しその意味を問いうる存在者たる現存在の〈本質〉は「実存のうちに存する」と述べていた。実存は、存在することにおいて自分の存在が大切であり問題になっていることである以上、現存在であることと実存することは不可分な関係にある。実存と本質は対比されたり、いずれかの優位が問題になったりするような対概念ではもはやない。

　たしかに、サルトルは、プラトン以来、西洋の伝統では「本質が実存に先立つ」とされてきたのに対して、「実存が本質に先立つ」と優位を逆転させた。それによって実存主義は人間を既定の本質から解放したように見える。だがそのとき、エクシステンティアとエッセンティアを対比し並列的に前提するという点では実は何の変化も生じていない。すると、そもそもここで問われるべきなのは、なぜ西洋の歴史においては、存在に関して現実存在と本質という区別がなされてきたかであり、区別を前提した上でどちらを優位とするかではない。『「ヒューマニズム」について』はこのように存在の思索を進めていく。

ともかく、こういう存在論的問いへと関わる点に、ハイデガーの「実存」の中心的意義はある。ハイデガーの視点から言えば、サルトルの実存主義は存在論的に素朴であり、とりわけ存在に関わる概念への歴史的反省の視点を『存在と時間』と共有していない。『存在と時間』は実存主義の本ではありえないということになろう。

ハイデガーは実存哲学者か——探求のフロンティアとしての日常性

ハイデガーの哲学がサルトルの言う意味での実存主義かどうかという点については、以上のような議論を踏まえた上で否定的に答えるのが妥当であるように思われる。しかし、「ハイデガーは実存主義者か」という問いは別の角度から発せられている可能性もある。

サルトルの実存主義からは独立に、むしろハイデガーに先行する哲学者であるセーレン・キルケゴール（一八一三―五五）や同時代のカール・ヤスパース（一八八三―一九六九）などをまとめて「実存哲学」と呼ぶような立場がある。しばしば混同されているが、「実存主義」はサルトルの用語であり、「実存哲学」はヤスパースの用語である。『存在と時間』においてキルケゴールとヤスパースはともに肯定的に言及されてもいる。だから、ハイデガーを「実存哲学」の系譜に位置づけたくなるのも無理はない。

しかし、その言及箇所をよく見ると、ハイデガーがこうした位置づけを拒否していることは明白だ。その拒否の理由は、「実存的（existenziell）」と「実存論的（existenzial）」という（一見微妙だが）『存在と時間』においては重要な区別にある。


キルケゴールは、瞬間という実存的現象をたしかに最も徹底的に見たが、このことがすでに、キルケゴールがこれに応じて実存論的解釈にも成功したということを意味しているわけではない。（SZ: 338n）

実存的と実存論的の区別に基づいて、一定の評価を与えつつもその不十分さを指摘する、というやり方は、ヤスパースへの評価でも同様である。*

では、実存的と実存論的の区別とは何か。先に「実存の問いは存在的な〈関心事〉である」という一文を引用した。私たちは存在している限り、自らの存在が気がかりであり、将来の自分を思い描いたり、これまでの自分は自分らしくないと嘆いたり、今この瞬間を生きるんだと決意したりする。こういう実存的関心事は、存在論を営まなくても、すでに問題になっており、各人の

---

* 詳しくは、中山剛史「ハイデガーとヤスパース――『世界観の心理学』の衝撃」、細川亮一・齋藤元紀・池田喬編『始まりのハイデガー』晃洋書房、二〇一五年を参照。

事情に応じてさまざまに具体化され、理解される。日記や友人との会話のなかで言語化されていたり、あるいは、小説やドラマのなかで劇的に表現されたりもしよう。しかし、その際、こうした実存はどのような存在論的構造をもつのかが考察されているわけではない。ここに違いがある。私たちは、ごく自然に生活するなかで、私たちの存在について「実存的」な理解内容をもっている。だが、これらの実存的経験のさまざまな要素、例えば、将来や過去のような時間性、喪失したり獲得したりされるはずの自己なるもの、不安や恐れのような感情、他者との関係、ある世界に投げ込まれているという変えがたい事実、さらには死へと差し向けられているという事実、こういった諸要素が、ではどのように関係しあい、私たちが実存するという事態を成り立たせているのか。このような問いに答えることは、ただ生活しているだけでは不可能であり、哲学的考察を要求する。こうした実存の構造連関をハイデガーは「実存論的」と呼ぶ。

先に『存在と時間』は、「現存在の実存論的分析」に基づく存在論だと述べたが、この哲学的考察は、単に実存的な理解をもつだけでなく、実存論的な理解を獲得する試みである。つまり、ハイデガーからすればこう言える。いわゆる「実存哲学」は実存的な理解を豊かに表現している点では評価できるが、その存在論的構造の解明としての実存論的解釈としては不徹底である。だから、自分自身は実存哲学の一部ではない、と。

もっとも、キルケゴールもハイデガーが言う実存論的解釈に切り込んだ、少なくともそう読む余地はある、と思う人もいるだろう。実際、ハイデガーは、瞬間の概念だけでなく、不安の概念についてもキルケゴールから多くを学んでおり、その人間解釈に深い影響を受けている。両者を区別するよりも接近させる解釈は可能だし、そのほうが魅力的かもしれない。

だが、ハイデガーは、キルケゴールであれ誰であれ、その思考が一定の実存の理想形態に導かれている限り、自らの企てとの違いにこだわるだろう。ハイデガーは、「〈内容的な〉実存の理想を現存在に突きつけて〈外側から〉押しつける」(SZ: 266) ことを、実存を解釈する上での禁じ手としている。なるほど、最初にどういう実存が理想形態かが定められ、その形態に合わせて実存が解釈されてしまう限り、その解釈がどれほど鋭くても、結局は、実存的な「関心事」の叙述を超えるものではない、という懸念は理解できる。そして、キルケゴールの瞬間解釈はたしかに、イエス・キリストとの同時性において生きるという実存の理想抜きには成立しえない。*

ハイデガー自身は、『存在と時間』における現存在の実存論的解釈を「平均的日常性」(SZ: 16) から始めると宣言する。平均的である限り、宗教的であれ道徳的であれ、実存のあり方の違いに対しては「無差別的」であり、日常性とは「さしあたりたいてい」という安定的な――だが重要な決定は先延ばしにした――時間的伸び拡がりを生きる実存である (SZ: 43)。具体的には、起床したり就寝したり、何かを使って何かを作ったり、書き物をしたり、談話したりする日常である。

* 「〈瞬間〉において彼は、真理を悟る能力(ちから)を受ける。しかもそれをかの教師自身の手から受けるのだ」(キルケゴール「哲学的断片」杉山好訳、『世界の名著 四十 キルケゴール』桝田啓三郎責任編集、中央公論社、一九六六年、133頁)。ここで教師とはイエスのことである。

ハイデガーは、この世界に生まれついたならば、ともかくも続いていく（続けるしかない）ような、身近な日々の暮らしから存在論を立ち上げる。実際、このことを彼は『存在と時間』の独創的な点だと自負していた。

> 日常的平均性は、現存在の存在的に最も身近なものを構成しているがゆえに、現存在の究明において、再三再四、飛び越されてきたし、飛び越されている。存在的に最も身近で熟知されたものは、存在論的には最も遠くて、未知のものであり、その存在論的意義に関しては、不断に見過ごされているものである。（SZ: 43）

私たちは自分自身の存在を問おうとするとき、日常の相を飛び越して、あるいはこれを瑣末《さまつ》でつまらないものと見なして、正しい生き方とか幸福な人生とか特別な道徳的理想のほうをめがけてしまう。あるいは、日常的な視点を脱して、特定の理論的観点から世界への理想的な眺望を得ようとする。それによって、私たちが存在している日々の現実は大幅に見失われる。あるいは、自分の存在が気がかりであり大切だという実存のベーシックな部分が見落とされる。

だが、ハイデガーの考えでは、どんな理想や理論も、日常的な世界内存在を基礎とし、日常という世界とのルーティン的な関わりのなかで生じてくるものとして最もよく理解されうる。道徳的理想も科学理論もそれが私たちの思考の産物である限り、突如天上から降ってくるわけではない。存在の意味を問うことも、表立って存在の意味を問わずに単に漠然とこれを理解している日常性からの変様としてのみ可能なのだった。

『存在と時間』が実存哲学ではなく存在論の書であることは示されたとしよう。私たちはふたたび、存在の意味への問いという原点に戻ってきた。ところでまだ『存在と時間』というタイトルの後半部分、つまり「時間」については触れていない。ここで、タイトルに忠実に、存在と時間の「と」の部分に着目してこの書の狙いをさらに明確にしておこう。

『存在と時間』の「と」と意味への問い

先に、「Xとは何か」という問いの特性を考えるために、フッサールの『内的時間意識の現象学』のアウグスティヌスからの引用に触れた。ハイデガーがこれの編集に関与したことは偶然に過ぎないかもしれないが、しかし、Xに入るテーマのなかでも、「時間」は際立って「存在」と強い関連性があるように思われないだろうか。

「存在とは何か」は存在者のすべてに関わる。「動物とは何か」や「自我とは何か」はそうではない。これらに比べると、「時間とは何か」は存在者のすべてに関わるように見える。すべての存在者は時間のなかにある――さもなければ時間を超えている――というような語り方ができそうなのである。

ハイデガーによれば、このことは古来、暗黙のうちに気づかれていたことであった。自然のプロセスや歴史のできごとが「時間的」に存在するのに対して、数学的関係や命題のイデア的な意味は「非時間的」としばしば呼ばれてきた。時間は、存在者のさまざまな領域を区別する際の基準として機能してきたのである。けれども、存在「と」時間の結びつきが哲学のトピックとして十分な注目を浴びてきた、というわけではない。

> 時間はどのようにして、この際立った存在論的機能を果たすことになるのか。さらには時間といったものがどのような権利によって、そうした基準として機能するのだろうか。そのうえ、時間をこのように素朴なかたちで存在論的に利用することで、時間本来のありうべき存在論的な重要性がはたして表現されているのか。こうした事柄は、これまで問われも探究されもしなかった。(SZ: 18)

本章の最初に『存在と時間』「前文」からの引用を示した。その引用は、「〈存在〉の意味への問いを具体的に仕上げることが、以下の論究の狙いである」で終わっていた。これに後続してこの段落を締めくくる文はこうなっている。

> 一切の存在理解一般を可能にする地平として時間を解釈することが、当座の目標となる。

存在の意味はある種の時間性として把握される。『存在と時間』はそのタイトルからわかるように、こう見当をつけた。このことは有名だが、しかし、そもそも「意味とは何か」ということを考えると、意味＝時間性という主張はすぐに理解可能なものではないはずだ。

普通、人は「Xの意味」と言われれば、その言葉の意味のことを考える。そして、言葉の意味を知るためには、辞書を調べるという方法を思いつく。そうであれば、「存在の意味」も辞書を開けば載っているはずだ。試みに辞書（『大辞林』）を見てみると、こうある。

①人や事物があること、いること。また、その人や事物。〔……〕②《哲》何かがあること、またあるもの。有。㋐実体・基体・本質・本性など、他のものに依存することなくそれ自体としてあり、非本来的・偶有的でなく、絶対的・必然的にあるもの。㋑現に事実として今ここにある事や物および人間の実存。現実存在。㋒感覚や経験に現れるもの。現象。㋓判断において、主語と述語を結びつける繫辞《けいじ》。「SはPである」の「ある」。

存在の意味は時間性である、とはどこにも書いていない。とはいえ、このように辞書を読み上げれば存在の意味が十分にわかる、と思う人もいないだろう。実際、これらの規定はハイデガーが念頭に置いているものと一致していない。だが、辞書を開くことは無駄ではない。というのも、存在は実に多様に語られることがわかるからである。

ハイデガーは、大学に入学する前に、フッサールの師であるフランツ・ブレンターノの『アリストテレスにおける存在者の多様な意義について』を知人から贈られた。「現象学へ入って行った私の道」という晩年（一九六三年）の文章では、この本で存在の意味への問いに目覚めたと回想されている。「存在者が多様な意義で語られるとすれば、どれが主導的な根本規定なのか。存在とは何のことか」(MP: 93/142頁)、と。このように、存在の多義性にたじろぐことは、存在とは何かと問うためのきっかけを与える。だがそこで鍵を握るのは、存在はこれほどまでに多様に語られるにもかかわらず、やはりこれらは存在という一語で呼ばれているということ、けれども単に同名異義的なのでなければ何らかの仕方で統一されている、ということの謎である。

このように言えば、それは、さまざまな語られ方を貫いて共通する「本質（一義的意味）」とでもいうべき何かがあって、これを発見するのが哲学者の仕事だと思うかもしれない。しかし、先の辞書に書かれたさまざまな意味のすべてに共通する内容など見出せそうにない。このことを認めることの重要性は現代哲学ではしばしば強調されてきた。例えば、ルートウィヒ・ウィトゲンシュタイン（一八八九—一九五一）は、ある語があるならば、その語で語られるさまざまな事例を貫いて共通する本質的意味のようなものがあると想定してしまう、私たちの悪癖を問いただした。

例えば、われわれが「ゲーム〔遊戯〕」と呼んでいる出来事を一度考察してみよ。盤ゲーム、カード・ゲーム、球戯、競技等々のことである。何がこれらすべてに共通なのか。――「何かがそれらに共通でなくてはならない、そうでなければ、それらを〈ゲーム〉とはいわない」などと言ってはならない――それらすべてに何か共通なものがあるかどうか、見よ。――なぜなら、それらをよく注視すれば、すべてに共通のものは見ないだろうが、それらの類似性、連関性を見、しかもそれらの全系列を見るだろうからである。*

「ゲーム」という同じ言葉を適用しているのだからすべての事例に共通な何かがあるという想定は、そこでゲームと呼ばれているもの――盤ゲーム、カード・ゲーム、野球の試合、アイススケートの試合など――をよく見れば崩れ去るだろう。そこには共通なものは見出されず、かといって何の連関も見出されないわけではなく、ゆるやかな類似性と呼ぶべきものが見えてくるはずだからだ。共通性ではなく類似性しかないという言い方に不安になるかもしれない。これでは、語の意味の探究は、類似性なる不明瞭な概念で行方を阻まれてしまうのではないか、と。もしそういう不安に駆られたとすれば、ウィトゲンシュタインの一節はハイデガーの「意味」の概念を理解するのに有益なガイドになる。**

---

* ウィトゲンシュタイン『哲学探究』(ウィトゲンシュタイン全集 八)藤本隆志訳、大修館書店、一九七六年、69頁。〔 〕内は原文。

** 『哲学探究』においてウィトゲンシュタインは私たちが存在という同じ語を異なる仕方で用いていること

アリストテレスは、存在の統一という謎について、この統一は「類比（アナロギア）」によるという見方を示していた。このことを発見したことで、アリストテレスは存在の問題を「新しい土台」の上に置いたのだと、ハイデガーは評価している（SZ: 3）。ウィトゲンシュタインの指摘を待たずとも、さまざまな語られ方をされるがやはり一語で表される存在について、その背後に共通の本質的・一義的意味のような何かを想定せずに考察する道は、すでに古代に敷かれていた。存在の意味への問いは、共通の内容を見つけ出すことではなく、類比による統一を問うことだ、というのが、ハイデガー存在論の原点である。

ハイデガーはそこでアリストテレスに生じた洞察に応答しようとしているので、ハイデガーにおける「意味」を理解するための近道は、アリストテレスが存在の多様な意味について何を語っていたのかを確認することだろう。

さて、「存在」というのにも多くの意味がある。しかしそれらは、或る一つのもの、或る一つの自然〔実在〕との関係において「ある」とか「存在する」とか言われるのであって、同語異義的にではなく、あたかも「健康的」と言われる多くの物事がすべて一つの「健康」との関係においてそう言われるようにである*〔……〕。

早寝早起き、適度な運動、血色のよい頬、からだ。これらはどれも健康的と言われる。あるものは健康を保つがゆえに（早寝早起き）、健康をもたらすがゆえに（適度な運動）、健康のしるしとなるがゆえに（血色のよい頬）、健康を受け容れるために（からだ）、それぞれ健康的と言われる。これらが健康の名の下に取りまとめられる仕方は、（アリやチョウが昆虫という名の下で取り集められる場合のように）類によって統一された領域を形成するのとは明らかに異なっている。先に挙げた健康的なものはてんでバラバラに見える。とはいえ、何らかのまとまりをなしており、「『健康を保つもの』『健康をもたらすもの』『健康のしるし』『健康を受け容れるもの』をあつかう一つの学、学としての健康学は構想可能である」**。共通の意味の下にまとめられない以上は曖昧模糊として収拾がつかないのでおしまい、ということはない。学問的探究という角度から見れ

に注意を促した上で、この表記法において何が本質的で何が非本質的かという問い方をしないように呼びかけている（『哲学探究』第五百六十一―五百六十八節）。ハイデガーの存在の意味への問い方とウィトゲンシュタインの当該箇所を中心とする親近性については多くの研究がある。例えば以下を参照。Simon Glendinning, Wittgenstein and Heidegger and the "Face" of Life in Our Time, in David Egan, Stephen Reynolds, and Aaron James Wendland (eds.) *Wittgenstein and Heidegger*, Routledge, 2013.

＊　アリストテレス『形而上学（上）』出隆訳、岩波書店、一九五九年、112―113頁。〔　〕内は原文。以下に示す、アリストテレス『形而上学』の箇所とハイデガーの意味の概念の連関については、細川亮一の指摘を参考にしている。細川亮一『ハイデガー入門』、筑摩書房、二〇〇一年、82―85頁。ただし、『形而上学』のこの箇所に「類比による統一」という構図が見出せるという理解には異論もある。以下参照。茶谷直人「アリストテレスにおけるアナロギアの諸相」、『愛知』二十七巻、二〇一五年。

＊＊　細川前掲書、85頁。

ば、チャレンジングで魅力的なフィールドが開かれている。

存在概念の事情もこれに似ている。さまざまなものが、存在していると言われる。私たちも、周囲の事物も、歴史的過去も存在すると言われる。だが、同じ意味で、ではない。けれども存在者が一般にそれとの関係で存在すると言われる何かを探求する学問について考えることは十分できる。つまり、存在論である。

「一切の存在理解一般を可能にする地平として時間を解釈する」とは、存在の本質的意味を探しだす、ということではない。存在は多様に語られるが、存在は時間との関係でさまざまに理解可能であり、そのように理解可能になる仕方を明らかにする、と言いたいのである。

こうした文脈を押さえると、『存在と時間』において「意味」が規定される箇所は理解しやすくなる。

> 世界の内部にある存在者が現存在の存在とともに発見されているとき、つまり、理解されるに至っているとき、この存在者には意味があると言うことにしよう。(SZ: 151)

何かに意味があるのは、その何かが私たちによって理解できる場合に限る、と言われている。意味とは、私たちが何かを理解したりそれを表立って問うたりする活動から独立したもの――未発見だが必ずあるはずだと想定された〈本質〉――ではないのである。その上で「意味」についてさらにこう言われる。

意味とは、先行保持、先行視座、先行把握によって構造化された、企投《きとう》の Woraufhin であり、この Woraufhin から或るものが或るものとして理解可能になるのである。* (SZ: 151)

企投の Woraufhin という表現は、auf...hin という「……へと向かう」と「……を基盤として」の両方を（格の取り方によって）意味しうる句を名詞化したものである。それゆえ、「先行保持、先行視座、先行把握」のところを省くと、このように訳せる。

意味とは〔……〕企投がそこへと向かうところのものであり、それを基盤として或るものが或るものとして理解可能になるのである。

「企投の Woraufhin」は、アリストテレスの「何らか一つのものとの関係で」をハイデガーが捉え直した考え方である。企投とは、現存在が、或るものがどう存在しているかを自分の可能性へと関連づけながら理解するという構造である。例えば、現存在が、どう使用できるかという可

* この箇所の原文はすべて強調されている。それくらい重要だということだろうが、読みやすさを考慮して強調のための傍点は省く。

能性に向けて目前のナイフを企投するならば、その存在者はリンゴを切るためのものとして理解可能になる。ただしこのときにはリンゴやまな板も、現存在がどう使用できるかという可能性に向けて一緒に企投されており、つまり、これは食べるためのものだとか、それはその上に食品を置くためのものだとかして、理解可能になっている。つまり、ナイフ、リンゴ、まな板がそれとして理解可能になるのは、使用可能性を先行的な理解の地平として、そこからそれぞれの存在者が有意味に発見されるからである。このとき、ナイフは切るために、リンゴは食べるために、まな板は置くために、という観点から問題になっており、相互に連関しつつ一つのまとまりとして現れている。しかし、同じ類の存在者としてではない（同じ類としては、例えばリンゴはナシやミカンといった果物と一緒にまとめられるはずである）。ハイデガーはある可能性（この場合は使用可能性）への関連でさまざまなものが取り集められる仕方を問題にしているのだ。

　さらに同一のナイフに着目してみよう。それをどう使用しうるかという観点から理解可能性の地平へと投げ入れなければ、その存在者はリンゴを切るためのものとしてまな板などと一緒に立ち現れてはこない。他方、私たちは、この存在者をどういう物理的性質において認識できるかという観点から理解しようとすることもでき、その場合、このナイフはその重さや色などを備えた事物として理解可能になる。店の倉庫にナイフをしまっておくときには、識別しやすいように、重さや色で分類するだろうが、その場合、ナイフがリンゴと一緒に取り集められることはない。使用という可能性に向けて存在者を企投することと、認識という可能性に向けて存在者を企投することとは、かくも違うのである。

使用可能性と認識可能性は、それとの関係において或るものが或るものとして理解可能になるものであり、それによって私たちにとって存在者は具体的な相貌で存在しうる。その限り、存在者の存在様式と言うべきものであり、ハイデガーはこれらを「道具的存在性（手許《ても》《と》存在性）」と「事物的存在性（手前存在性）」という二大存在カテゴリーとして概念化している。

これらのカテゴリーについては後でしばしば論じることになるが、目下重要なのは以下の点である。使用可能性や認識可能性への問いは、一定の存在者の存在がそれとして理解可能になる「企投の Woraufhin」、つまり存在の意味を探究することにほかならないということだ。そして、この課題は、ハイデガーがブレンターノを通じてアリストテレスに見出した問いの展開にほかならない。アリストテレスは『形而上学』において、「ある」が多くの仕方で語られる例として「カテゴリー」（ただしその中身は、ハイデガーの二大カテゴリーとは異なるし数も多い）にたびたび言及し、また、それらはすべて「ウーシア」とある関係が成立する限りでそう語られるとしていた。* ハイデガーが古代存在論における「ウーシアとしての存在の意味の規定」（SZ: 25）に言

* これについては以下を参照。中畑正志「アリストテレスは「存在論」を語らない――オントロジーの概念と歴史の再考に向けて」、土橋茂樹編『存在論の再検討』、月曜社、二〇二〇年。なお、この論文で「存在論」と言われているのは、「何が存在するのか（What is there?）」を存在論の問いとするウィラード・V・O・クワイン（一九〇八―二〇〇〇）以来の二十世紀中盤以降の分析哲学における「存在論」のことであり、アリストテレスにおいてはこのような意味での「存在論」は語られない、というのがこの論文の趣旨である。アリスト

及するときにはこのアリストテレスの説が念頭にある。のみならず、通常「実体」と訳されるウーシアをハイデガーは「現前性」（SZ: 25）と解した。そして、アリストテレスにおいて現前性はとりわけ「現在」を考慮して理解されているのだとし、だから、存在の意味は時間との関係で問われているとする。これに対して、ハイデガーは、現前性ではなく、現存在の可能性という将来への向きをもった時間様相を中心にするという案を対置しつつ、存在「と」時間の関係を独自に考察することで、古代ギリシャの存在の意味への問いを現代に引き取ろうとしたのだ。

もっともハイデガーは『存在と時間』の目標を達成できたわけではない。よく知られているように、『存在と時間』は未完に終わった。もともと二部構成の予定だったこの本は、第一部でさえ完成しないままだった。第一部の第一篇と第二篇では、問い合わせるべき存在者である現存在の存在の意味を問い、これを「時間性（Zeitlichkeit）」として解明する。第一部最後を飾る第三篇では、現存在の存在に限らず、現存在ではない存在者を含めた存在一般の意味を「有時性（Temporalität）」として解明する、はずであった。私たちが手にしている『存在と時間』は、現存在の存在を時間的に分析する第二篇までしか含んでいない。つまり、まずもって存在の意味を問うている存在者である私たち自身に問い合わせる、という、探究の出発点で終わっているのである。

現存在の存在の意味	存在者の存在一般の意味
時間性	有時性

しかし、『存在と時間』はそれでもかなりのことをした。現存在の存在は、その企投の構造か

ら読み取れるように可能性を中心に時間化されているのに対して、身の回りの事物が私たちに現出する仕方は現在中心的である。私たちは時間をどう配慮するのか、朝が来て夜が来るといった天体の運行は私たちの日常生活にどう織り込まれているのか。時計によって計測される客観的時間と、時間があっという間に経ったりなかなか経たなかったりする経験はどういう関係にあるのか。こうした『存在と時間』の時間論については本書最終章で取り上げる。

今日と歴史

私たちは「今日《こんにち》」、存在を忘却している。『存在と時間』の冒頭でこのように宣告された。しかし、「今日」とはいつのことだろうか。『存在と時間』が出版された一九二七年頃のことだけを指すのだろうか。そうではあるまい。「今日」という時間には伸縮の幅がある。例えば「今日の地球温暖化」と言う場合、この言葉が発話されたときだけを指しているわけではなく、京都議定書が採択された一九九七年から今に至るくらいの時間幅は指しているだろう。あるいは、京都議定書の採択時にはすでに地球温暖化が問題化していたのだから、もっと長く「今日」を考えること

テレスは、「『存在する』ということの一律の基準を考えたり、存在するとはどのようなことかをそれ自体として探究しようとはしていない」(中畑前掲書、66頁)。ハイデガーが新たに息を吹き込もうとしているのは明らかにアリストテレス的な仕方での存在への問いであるから、『存在と時間』以降に哲学界に生じたクワイン的な問い方の優勢は、再び存在忘却の深刻化を意味するのであろう。

もできる。そして、逆に、「今日の地球温暖化」は今後も引き続くものとして将来へも伸び拡がった時間を含んでいるだろう。

『存在と時間』刊行百周年までもう少しという現在の私たちも、ハイデガーが問いかけている「今日の私たち」に含まれるはずだ。少なくとも、「存在とは何か」と問われても答えられず、この問いの意味もよくわからない、という限りは。その意味では、今後も長く「今日」は続くような気もする。「時が変わっても変わらないのが哲学」なのであれば、『存在と時間』の哲学もずっと同じように読者に訴えかけるのが良いのかもしれない。しかしハイデガーはそうは考えていなかった。存在忘却から脱して存在の意味への問いを蘇らせなくてはならない。そういう存在論的変革の意図をもっていた。「今日」を変化させ、存在理解の新たなエポックを開こうとしていた。

では、過去の方向に目を向けてみるとき、存在忘却という点で「今日」が関与する射程はどこまで延びているのだろうか。

『存在と時間』第一節で、ハイデガーは、存在の意味など自明であり、今さらそれを問う必要もない、という私たちの無関心を問題にした。だが、この無関心は、存在の語を使えているという事実を存在の意味を十全に理解していることと取り違えてしまうといった、私たちの誤謬によるだけではない。ハイデガーによれば、西洋哲学の歴史のなかでは、存在は最も普遍的であるということから、存在は最も空虚な概念であり、あらゆる定義の試みに抗《あらが》うものだという見解がたびたび導かれてきた。ハイデガーは例えば、存在の定義不可能性を導くパスカルの次の言葉を挙げている（SZ: 4n）。

不合理に陥ることなしに、存在を定義しようと企てることはできない。なぜなら、「である」という語を、言い表わすか、言外に含ませるか、とにかく最初に置くことなしに、一つの語を定義することはできないからである。ゆえに、存在（あるということ）を定義するには、「である」と言わなければならず、そうすれば、定義中で定義される語を使用することになるのである。*

おおよそこういうことだろう。存在を定義しようとして「存在とは……である」と言うときには、「……」に何が入ろうと必ず、「である（存在）」の語を使うしかない。これでは、定義されているはずの「存在」は、結局、当初から前提されたままで無為に使用され続けていることになる。しかし、定義が「……である」というかたちをとる限り、この背理から抜け出す道はなく、存在に定義は不可能と考えるのが適切である、と。

西洋哲学史の全体を存在忘却のかどで批判するハイデガーに、過剰な自信や尊大さを感じる人もいるだろう。しかしたしかに、パスカルなどの哲学史の大物たちがこのように定説を固めてき

＊ パスカル『パンセⅡ』前田陽一・由木康訳、中央公論新社、二〇〇一年、336頁。

たのだとすれば、存在の意味を問うことの無意味さにはお墨付きが与えられていると感じてもおかしくはない。私たちは安心して、存在の意味など自明だとして、この問いに無関心になった方が賢明に思えるくらいだ。

こうしてみると、存在忘却する「今日」に過去の歴史はどこまで関係しているのか、という問いへのハイデガーの答えは、驚くべきものである。問題の存在忘却は、存在の意味への問いに息つく間もなく駆り立てられたプラトン、アリストテレスの時代から、つまり哲学の誕生時から密かに始まっていたと言うのだ。ハイデガーは、「存在＝現在」主義が存在概念を矮小化《わいしょう》し、存在の意味への問いを阻んできた歴史を、近代から中世、中世から古代へと追跡する。つまり、今日を問題にすることは存在論の歴史を全体として視野に入れることなのである。

ハイデガーは、『存在と時間』の哲学が取り組むのは、「現存在の存在論的分析論」（第五節）と「存在論の歴史の破壊」（第六節）の二重の課題だと言う。この二重性はほとんど必然であった。一方で、私たちのそれぞれが存在への問いを引き受けるには、存在の意味など自明だとして存在論不要説に傾くことをやめなくてはならない。他方で、この自明説は歴史的に形成され定着してきたものである。そこで、存在論の歴史を破壊することで、存在の意味を問いうる現存在の潜在的な能力を解放するのだ。だから、破壊は、今日の視点に依拠して歴史を裁くためのものではない。問題なのはやはりむしろ今日のほうである。

破壊は否定的に過去へと関わっているのではなく、破壊の批判が向けられているのは〈今日〉であり、存在の歴史の支配的な論じ方である。(SZ. 22)

ハイデガーは、今日が歴史全体に伸び拡がるとして歴史を無化しているわけではない。今日と過去の区別はもちろんある。しかし、存在忘却の支配という今日の苦境に面して、存在問題への通路を塞いでいるものを取り払わねばという関心にとって重要な意義をもつ過去が、歴史全体に及ぶのである。今日が歴史全体に及ぶとは、今日の閉塞した状況を理解しようとすれば顕著に立ち現れるような過去が歴史の全体に及ぶ、ということである。その意味では、今日の「地球温暖化」の場合にも、探究のやり方次第では、大規模な仕方で過去を扱うことを想定できないわけではない。(古気候学は、一千年以上過去の復元された気候に照らして現在の温暖化は異常であることを示している。)

さて、先に触れたように、破壊のほうの課題は、『存在と時間』の既刊部分では断片的な試みが見られるにとどまった。それゆえ、この側面については『存在と時間』の内部からの情報のみで、その出来、不出来を評価するのは危険である。以下では、現存在の存在論的分析論のほうに関心を絞ることにしよう。

＊

本章の議論をまとめよう。なぜ存在の意味を問うのに自分自身を問わねばならないのか。それはこの問いが現存在としての私たちを問い合わされるべき存在者として呼び出すからである。現存在としての私たちとは、自らの存在にすでに関わっており、実存している存在者のことである。この実存から考察を出発させる場合には、実存の特定の理想に基づいた実存的関心事を語るのでなく、平均的日常性にとどまって実存の構造連関を実存論的に解明するのでなければ、存在の意味への問いの探究に寄与することはできない。存在は、実存としてもそれ以外の存在者のあり方としても多様に語られるが、時間性へと向かって企投され、時間性から理解される、というのが『存在と時間』の見立てであるが、今日の私たちはこの問いの意味を理解せず、その問いへの答えが欠けていることに困惑もしない。そういう存在忘却の状況を生きる私たちに、存在の意味を問うとはどういうことかについての理解を目覚めさせること、自分たちの存在を問うこと、これらは『存在と時間』の主要な内容である。

このような本章の議論のなかで少しずつ『存在と時間』の用語にも触れることになった。しかし、人間ではなく現存在、という点に代表されるように、この書物の言葉遣いは独特である。なぜ『存在と時間』の言葉遣いは普通の哲学書と違うのか。次章ではこの疑問を扱おう。

第二章

なぜ『存在と時間』の言葉遣いは普通の哲学書と違うのか

ハイデガーのジャーゴン?

哲学は——いや、あらゆる学問は——言葉によってなされる。つまり、書かれたことが読まれ、語られたことが聞かれるという仕方で行われる。したがって、それぞれの学問領域には専門用語が存在し、それらに精通することが学問するための前提になる。哲学を学び始めたばかりの人は、まず、超越論的とか、主観性とか、信念とか、正義とか、そういう専門用語を学び、使いこなせるようになろうとする。

単に漫然と存在するのではなく、自ら存在を問うという場合にも、それについて語るための言葉が必要だ。『存在と時間』の読者の多くはここで戸惑う。なぜなら、この書物で使われている言葉の多くが、いわゆる哲学の専門用語とは似ても似つかないからである。ハイデガーは、「実体」や「性質」などの伝統的存在論の言葉も、「意識」や「理性」などの近代的主体性の言葉も、存在を十全に語りうる言葉ではないと考えていた。彼がこうした言葉を遣うとすれば、それは、伝統的概念を批判的に吟味し、現存在の実存論的分析に基づいて説明し直すという文脈においてだ。代わりに、ハイデガー自身の術語として目につくのは、「世界内存在」「不安」「死への先駆」「良心の呼び声」といった概念である。もっとも、「超越論的」のように、存在論の語彙に適しているとも見なされたものもあるが、それらも独自に改変した上で使われる。ハイデガーの言語は標準的な哲学の語彙から逸脱しており、それゆえに難解であると言われてきた。そればかりか、恣意的な造語やジャーゴンだと非難されてもきた。*

ハイデガーの言葉は難解と言われる一方で、前提知識を多く要するいかめしい哲学用語とは異なって、すでに親しんでいたような言葉の感触があることも多い。世界内存在であれ、死への先駆であれ、そこには読者に直接的に訴える響きがある。第一章冒頭で引用した、「前文」の文章はこうだった。

〈存在する〉という語で、私たちは本当のところ何を言わんとしているのか。この問いに対する何らかの答えを、今日、私たちはもっているだろうか。

ハイデガーの言葉遣いは、私たちに新しい知識を与えようとするものではなく、私たちがすでに知っていることを思い出すように促すものである。すでに自明視しており、問う必要を感じないような事柄を思い出すように、である。この自明視は歴史的に醸成されたものであり、「私たち」とはその歴史的状況に投げ込まれている歴史の当事者なのだった。

この「前文」の文章は『存在と時間』のドイツ語の最初の文章である。『存在と時間』はドイツ語で書かれた本なのだから、当たり前のはずだ。ところがそうではない。この前にギリシャ語の文がある。第一章で挙げたプラトン『ソピステス』原文の引用である。

『存在と時間』の冒頭部では、まず古代ギリシャ語の文章が提示され、その内容がドイツ語で敷衍《ふえん》されているのである。この書の企図をストレートに述べるまさにその箇所が、ハイデガー自身のオリジナル文というより、むしろ翻訳的なのだ。ハイデガーは、「今日」の私たちに訴えかけるその文を、古代ギリシャの哲学者の言葉で、つまり、古代の「われわれ」の困惑を今日の「私たち」に伝えることで語らせている。古代の言葉を今日の私たちに伝えるという意味で「現代語訳」と言ってもよい。

ハイデガーにおいて翻訳とは何か、ということについてはすぐ後に検討しよう。確認したかったのは、ハイデガーが自分のオリジナル文で書き始めていないということだ。この事実は、『存

＊ 非難者のなかにはテオドール・アドルノ（一九〇三―六九）やギュンター・グラス（一九二七―二〇一五）が含まれる。ジョージ・スタイナー『マルティン・ハイデガー』生松敬三訳、岩波書店、二〇〇〇年、61―62頁。

在と時間』の言語を恣意的な造語やジャーゴンとして理解してよいのかを再考させるのに十分だろう。

翻訳による概念の獲得(一)——理性ではなく語り

ハイデガーは自らの語彙のかなりの部分を、すでに死んだ(使用されていない)言語、つまりは古代ギリシャ語をドイツ語に翻訳(したりラテン語を変形したり)することで獲得していた。*だから、『存在と時間』の語彙が、ハイデガーの造語やジャーゴンだという印象は、それらがハイデガーの思いつきによる発明品だという意味で言われているのであれば、留保する必要がある。翻訳語は、元の言葉からの制約を受けており、個人の着想による発明品ではありえないからだ。ロゴスとアレーテイアという語をドイツ語訳するという二つの事例に即して、ハイデガーが翻訳行為をどう考えているかを見てみよう。

ハイデガーはロゴスという古代ギリシャ語の概念について一節(第七節B)を割いて論じている。第一章で見た「ロゴスをもつ動物」という伝統的な人間の定義に現れるロゴスだ。人間の定義への鍵を握るほどに重要なこの概念についてハイデガーはこう言う。

> ロゴスは、理性、判断、概念、定義、根拠、関係などと〈翻訳〉され、つまりはそうしたものとして常々解釈されている。(SZ: 32)

ロゴスは、サイコロジー（psychology）とかバイオロジー（biology）といった既成学問の名前（～ロジー）とか論理（ロジック）に名残をとどめているように、理論的探究や論理的思考の能力と連想的に結びつく。少なくともこのように言われて私たち現代人には違和感がないだろう。また、こうした知的能力を司《つかさど》る心の部分を理性と呼んだり、そうした知的活動の要素として判断、概念、定義などを考えたりすることも容易にできる。そこから、人間を「理性をもつ動物」とか「思考する動物」などと特徴づけたり、さらに「意識をもつ動物」とか「心をもつ動物」などと連想を拡げたりしても、大きな飛躍を感じない。

だがこの違和感のなさ、まるで自分の母語と同じようにすんなりと理解できる、というこの異物感のなさ。これは自分のものではない言語を理解するという点において重要な何かが致命的に欠けていることを意味しているのではないか。

たとえば、九鬼周造（一八八八―一九四一）が（ハイデガーのもとに留学してから数年後に）『「いき」の構造』で指摘したように、フランス語のエスプリを、英語の spirit としても intelligence

＊　ラテン語の変形については、すでに本書に登場したところでは、tempus をドイツ語に変形し（意味変更を加え）た「有時性」の概念が例として挙げられる。ただし、有時性が tempus に由来することは『存在と時間』では明示されておらず、『存在と時間』刊行同年の講義の記録などからわかるだけである（GPP: 22/22–23頁）。『存在と時間』での意図が明白な古代ギリシャ語からの翻訳にここでは考察の的を絞る。

としても wit としても、それぞれ意味が不足したり過剰になったりして、フランス人の生活に深く埋め込まれたエスプリの意味を捉えることはできない。* あるいは、日本語の「いき」をフランス語の話者が「エレガン（élégant）」というフランス語に訳し、自分に馴染みの意味で捉え、それで満足しているとしたら、この人が「いき」を本当に理解しようとしているとは思えないだろう。自分の馴染みの言語では容易には理解できない、という（謙虚さをともなった）異他性の経験なしに、異言語の深い理解を反映した翻訳ができるとは思えないのである。

古代ギリシャというすでに失われた、現代の私たちとはまったく異なる感性で哲学者が存在の問いへと駆り立てられたそのはるか遠くの時空の言語。これをすんなりと自分たちに馴染みの言語に同化してしまう〈翻訳〉にハイデガーは抵抗している。代わりにハイデガーは、ロゴスを「語り（Rede）」と翻訳し、こちらのほうが「文字通りの翻訳」（SZ: 32）だと言う。なるほど、ロゴスの動詞形レゲインは広く「語ること」を意味する。

理性、判断、概念などに比べると、実に素朴で、専門用語らしさがなく、近現代の哲学者たちによる厳密な定義を探しても見つからないであろう「語り」という語が翻訳として提示されるとき、ロゴスの何たるかはあらためて問われざるを得なくなる。

明白なのは、語りはたとえば判断よりもずっと広い言語現象を指す、ということである。判断とは、標準的な見方では、主語＋述語のような文のかたちで表現されるものだ。英語を学習するときにSVCとかSVOといった並びを学ぶが、これらは「彼は学生である（SVC）」とか

「彼は本を読む（SVO）」などとして、典型的に主語＋述語から成る文である。こうした文の発話である判断は、世界の事実を記述するのに適している。だが、「語り」という訳語でハイデガーが再考を促しているのは、私たちが何かについて語るあり方は、命令、願望、質問（SZ: 32, 162）のような多様な言語行為を含んでいる、ということだ。これらの言語行為の場合、例えば命令であれば、「私は、彼が本を読むように命令する」といった、文の構造に忠実な表現はどこか冗長であり、「読め！」のような表現で十分であることが多い。あるいは、無言のジェスチャーによって命令が果たされることもある。ハイデガーは、ロゴスのはたらきを、一般に何かを「見えるようにさせる（sehen lassen）」はたらきと広く捉えて考察の的にした。** この場合で言えば、本がそれを読むことを強いられた対象というアスペクトで見えるようになったのである。ハイデガーは、私たちの言語活動の典型と見られてきた判断を、「見えるようにさせる」はたらきの一形態に引き下げ、より広いロゴス論の内部に位置づけることに努めた（SZ: §33）。

* 九鬼周造『「いき」の構造』、講談社、二〇〇三年、16−17頁。これについての周到な解説として、古田徹也『言葉の魂の哲学』、講談社、二〇一八年、第二章第四節。

** 「見えるようにさせる（sehen lassen）」という捉え方は、アリストテレスが「アポファンシス」としての語りの機能を規定していることに着目して獲得されている。『命題論』を中心とするアリストテレスの著作の解釈はかなり複雑である（SZ: 32–33）。また、『存在と時間』の記述はアリストテレス解釈の結果だけが示されており、解釈のプロセスについては講義録を参照するしかない。ここでは、ロゴスを語りとして翻訳することの効果を確認するにとどめよう。

ともあれ、このように「語り」としてのロゴスを探究しようとするなら、判断や推論の正しさだけでなく、〈何かを言うことで私たちは何をやっているのか〉という観点からアプローチすべき広大な領域が開かれることになる。* こうした「言語行為」という観点からすれば、文の論理構造や思考の心理法則だけでなく、私たちが共同で参与するさまざまな活動が、ロゴスとは何かという問いに関連するものとして現れてくるからだ。実際、ハイデガーは日常会話の場面に即して語りの諸側面を分析した。有名な世人《せじん》の「空談《くうだん》」の議論もこの文脈にある（第七章参照）。

世界の事実を判断のかたちで記述するタイプの語りは、なるほど、理論における言語使用の典型ではある。ハイデガーの見るところ、ロゴスを理性、判断、概念などと翻訳してきた哲学の歴史は、ほとんど常に理論的判断を人間の言語活動の典型として扱ってきた。その限りでは、合理的判断を下す心の部分としての理性がクローズアップされるのも無理はない。

しかし、言葉はずっと広い働きをすること、語りは、多様な仕方で存在者をかくあるものとして浮かび上がらせることができることに着目したらどうだろうか。「理性をもつ動物」を「語る動物」と捉え直すだけで、人間観はかなり変わってくるだろう。たとえば、ハイデガーの弟子であったハンナ・アーレント（一九〇六―七五）は、ロゴスをやはり語りと捉えた上で、古代ギリシャにおける「ロゴスをもつ動物」は、暴力ではなく言葉による説得の支配という政治的文脈なしには理解できないことを指摘し、たとえば、アリストテレスが「ロゴスをもつ動物」と「ポリス的動物」という二つの人間の定義をもっていたことの意義を強調した。**

もう一点、重要なのは、存在の意味を問う、というときの「問い」も（命令、質問などと並んで）、語りの一つだということである。存在の意味への問いを探究するハイデガーの語りは、もちろん、読者に命令したり懇願したりするものではない。だが、理論的判断のように存在者についての事実を記述するものでもない。ハイデガーは、存在論の語り方は実質的記述ではなく「形式的告知」だという見解をもっていた。これについては後で見よう。ともかく、「語る動物」には「問う動物」である可能性、つまり、哲学する可能性、存在の意味を問う可能性、ということは現存在が自らの存在を全うする可能性が含まれる。理性ではなく語り、という、翻訳による概念獲得の効果は、「人間とは何か」という問題を再考させるだけでなく、存在忘却に陥った私た

＊　この表現は、言語行為論の古典であるジョン・オースティン（一九一一—六〇）の書名「How to Do Things with Words」（邦訳は『言語と行為』坂本百大訳、大修館書店、一九七八年）をアレンジしたものだが、実際、ハイデガーとオースティンは、「言明」の役割と言えば事実の記述だと当然視してきた伝統的哲学を批判して、さまざまなタイプの発話行為を分析することを哲学者としての重大な仕事と見なした点で共通している。「哲学者たちはあまりにも長い間『陳述文（statement）』の役割を、何らかの事態（state of affairs）を『記述する（describe）』ないし『何らかの事実（fact）を陳述する（state）』こと以外ではありえないと考え、しかも、この役割を真であるか偽であるかのいずれかのかたちで果たすべきであるという想定をもち続けてきた」（オースティン前掲書、4頁）。「すべての語りが、提示しつつ見えるようにするという意味であらわにするというこの様態にふさわしいわけではない。例えば、願うこと（エウケー）もあらわにするが、それは別の仕方においてである」（SZ: 32）。

＊＊　この点については以下の著作の特に第Ⅲ部を参照。森一郎『ポリスへの愛——アーレントと政治哲学の可能性』、風行社、二〇二〇年。

ちの運命の行方にさえ及んでいる。

翻訳による概念の獲得(二)——真理ではなく隠れなさ

古代ギリシャ語の翻訳を通じて自らのドイツ語の概念を獲得する、ハイデガーの方法の別の重要例として「隠れなさ(非隠蔽性)(Unverborgenheit)」がある。「隠れなさ」は、例えば一九四〇年代前半にはっきりと提示されたハイデガーの翻訳論を参照すると、ロゴスよりももっと「文字通りの翻訳」のポイントが見えやすいため、やはり触れておきたい。

『存在と時間』でハイデガーは、古代ギリシャ語のアレーテイアを「真理(Wahrheit)」と翻訳する慣行を牽制して、ウンフェアボルゲンハイトという耳慣れないドイツ語訳を提出する。

〈真理〉という語による翻訳と、この表現の理論的な概念規定はさらにますますもって、ギリシャ人が前哲学的な理解内容として、〈自明的に〉アレーテイアの術語的な使用の根底に置いていたものの意味を隠蔽している。(SZ: 219)

たしかに、アレーテイアに対して「真理」と訳すのはまったくの標準訳である。また、哲学以外のところで「真理」と言うと、「真理は一体どこにある」といった言い方で、絶対に間違いのない永遠の真実のようなものを思い浮かべやすいが、哲学においては、真理と言えばもっとドライに、判断（ないし文）の真偽に関わる性質のことを指すのが一般的である。つまり、たとえば、「神は存在する」という判断であれば、これが永遠の真実かどうかというより、この判断が真であるか偽であるかはどういう条件のもとで決まるのかを探究するのが哲学の主な仕事である。

そして、ハイデガーの見るところ、支配的見解は、判断が真であるか偽であるかを決めるのは、認識と対象が「対応」している場合だという説である（SZ: 33, 215）。この見方はハイデガーの独自の見方ではない。対応説は、アリストテレスからトマス＝アクィナス、カントから現代の分析哲学の一部まで、姿を変えながら生きながらえている定番の説である。世界の状態が実際にそうある通りに、判断においてその状態が記述されているかどうかが真理の問題だという考えも、対応説の一部である。

原則的に、対応説には、主観が世界について判断する内容が一方にあり、他方で世界のありのままの状態があるという二元論的発想が隠れている。主観と世界の二元論的構図はハイデガーが世界内存在の概念を武器に徹底的に批判したものであり、その意味でも、ハイデガーにとって真理の対応説は受け入れがたいものである。真理という訳語は、哲学の常識に根付いてはいるが、自己と世界の関係についての問題の多い発想を引き連れてくる。

その批判は第三章で見ることにしよう。真理という訳語はアレーテイアの意味を隠蔽しているという点は、翻訳論的な立場にとどまって説明することができる。アレーテイアは「ア（α-）」という否定辞を冠した語であるが、真理という訳語は、この言葉の作りが明らかにもっているニュアンスを少しも伝えないという問題がある。

比較のために考えてみると、英語のunhappyという語を目にした場合、un-という否定辞とhappyという形容詞の合成語であることは、一見して明らかであり、かつ、その際、「happyとはどういうことか」はある程度前提として理解された上で、その否定が、望ましくない状態として理解されていることもたしかだろう。ドイツ語にも、un-という否定辞がある。例えば、un-interessantと言えば「つまらない」と訳せるのだが、この場合も、interessant（面白い）ということがむしろ関心の的にあって、それが否定されているというのは、ほとんど直感的に明らかである。日本語でも、「不幸」と言ったとき、それが幸福の否定という状態であると理解されるのはごく自然である。不幸とは何かという問いに、幸福とは何かへの理解なしに答えられるとは思えない。そうした点からすると、不‐幸はmiseryではなくun-happy、unhappyは惨めさではなく不幸と訳すべきだろう。原語の作りを無視すると、原語の自然な理解の型が損なわれ、むしろ解釈が先行してしまう。

ハイデガーは、ギリシャ語の否定辞α-をドイツ語のun-で表現し、言葉の作りを模倣しているのである。一九四〇年代前半の講義で、ハイデガーはこのやり方を「語に忠実な翻訳」と呼んだ（H: 44/52頁）。アレーテイアは「レーテー（忘却）」の否定であり、この「忘却」とは今日の私たちが思い描きがちな心理的作用ではなく、むしろ、古代ギリシャにおいては「隠されていること（Verborgenheit）」の経験を意味することを、さまざまなテキスト解釈を通じてハイデガーは示そうとした。このやり方はハイデガーに特徴的なものだが、奇妙なものではない。一般に、不幸などの場合でも、私たちが否定的概念に関心を払い、それの何たるかを問うとき、否定されるもののほう（幸福）についてすでに多くが語られており、解釈のための資源も豊富であることは通例である。否定的概念の解明に際して、否定されるものが何を意味しているのかを明らかにすることから出発するのは妥当なやり方だろう。

さて、一九四〇年代の講義の詳細は省くとしても、確認したいのは、「真理」という定訳に対して、「語に忠実な翻訳」による「隠れなさ」は誤訳だとか改釈だと言って済ますのは——そのように言っている人は多い——やはり早計だということである。そもそも、語の作り、つまりは音や文字のかたちにまったく着目せずに翻訳できる、という考えのほうが問われてもよい。その時には、日本語の真理、ドイツ語のヴァールハイト、古代ギリシャ語のアレーテイアのあいだに、その音や文字のかたちを超越した共通の「意味」のようなものが存在すると思われているのかもしれない。しかし、これは、言葉の意味を、それが使用される文脈からまったく切り離して（いわば天上に）実在すると考える、しばしばプラトニズムと呼ばれる問題的な立場である。文字の肉体からその意味は切り離せない、という見解は現代の言語学では珍しいものではない。この点に自覚的だったとハイデガーを評価することもできる。*

* ポール・リクール（一九一三—二〇〇五）は、「文字抜きの意味」に反対した卓越した翻訳家として、フリードリヒ・ヘルダーリン（一七七〇—一八四三）らを挙げている（Paul Ricoeur, *Sur la Traduction*, Bayard,

翻訳論的エポケーと解釈学的方法

翻訳という方法は、存在忘却に陥った「今日」の窮状を脱するために、古代ギリシャという存在論の原点に回帰し、これに依拠するということではない。先に述べたように、存在の意味への問いに対する答えの欠如に困惑し、この問いが息づいていた古代ギリシャとは、ハイデガーにとって、この困惑が不可解なものとなった「今日」からは実にかけ離れた、失われた時空である。そのように隔絶した時空を自分の拠り所にすることなどできない。

ハイデガーの問題は、冒頭で述べたように、あくまで「今日の私たち」であり、その私たちが存在への問いに目覚めることが目指されている。翻訳という方法には、歴史的に断絶された古代の人々の言葉を、現代の言葉としてはぎこちなく異物感のあるままで――つまり、真理ではなく隠れなさ、などと――提示し、現代の私たちが浸っている言語空間を攪乱する効果がある。存在の問いから遠ざかってしまった教科書的な哲学用語の使用を控えさせ、自ら存在を問う準備態勢を取らせるのである。

ハイデガーの言葉遣いは難しいという印象が生じるのは無理もない。その理由の一つには、その言葉遣いが、今日の私たちの思考をすでに枠づけている近現代の哲学概念をそのまま用いたり、それらの知識をそのまま運用したりしないように強いる、ということがある。しかし、根底から問い返すという意味で、哲学的にラディカルであるためには、自明視された既成解釈を一旦括弧に入れ、その妥当性を保留する必要がある。ハイデガーは翻訳論的エポケーと言いたくなる哲学遂行の方法を駆使しているのである。

翻訳論的エポケーと言いたくなる——そう述べたのは、ここには、ハイデガーの師であるフッサールが「エポケー」と呼んだ方法論に通じる考察態度が見て取れるからである。

フッサールによれば、私たちは、現象学的考察を始める以前の日常の自然的態度において、世界を現実として、そこにあるものとして受け取っている。世界の現実をそのまま現にそこにあるものとして受け取ることは「一般定立」と呼ばれるが、現象学を営むためには、この一般定立を「括弧に入れること」が必要である。フッサールはエポケーをこの括弧に入れるという表現で説明している。**

文章を書くとき、語の意味内容を保留するために括弧に入れる習慣がドイツ語にも日本語にも（もちろん、英語を含めてそれ以外の言語にも）ある。たとえば、〈こころ〉などと書くと、「こころ」と通常呼ばれているものに言及していることは明らかなものの、その意味内容については、通例の解釈の妥当性を保留して、むしろ、それが何を意味するのかをここで考えようというメッセージを伝えることになる。括弧に入れることには、ある語をその意味が不確定のものとしてマ

2003, 67–68)。本章の最後に見るように、ハイデガーはこのヘルダーリンの翻訳行為に影響を受けている。

** フッサール『イデーン I―I』渡辺二郎訳、みすず書房、一九七九年、134―139頁。

ーキングするという働きがある。

フッサールの場合、言葉の意味理解を保留するというより、世界が現実にそうあるという判断を停止することがポイントである。世界の現実は、本当は存在しない（かもしれない）といった懐疑を表明しているのではなく、むしろ、世界が現実にあるとはどういうことかを現象学的に見るために、世界の現実にそのまま考察の目を向けられるように、（いわば再生から一時停止、そしてスローモーションへと切り替えるように）エポケーする。

ハイデガーは、翻訳という方法を用いることで、標準的に理解された言葉の意味を「括弧入れ」するという、「括弧入れ」の普通の用法により近い戦略をとっている。このことは、ハイデガーが『存在と時間』の方法論を、典型的には、聖書などのテキスト解釈の理論として発展してきた「解釈学（Hermeneutik）」とも呼んでいることに関係する。解釈学の関心は、古典的テキストであれ、日記や書簡などそれ以外の形態であれ、私たちの生がどう（言語的に）表現されているかにある。

ハイデガーが現代解釈学の重要な論者と見なされる理由の一つには、「解釈学的状況」という重要概念を提示したことがある。第一章で「意味」について取り上げたときの引用文を思い出してみよう。


意味とは、先行保持、先行視座、先行把握によって構造化された、企投の Woraufhin であり、このWoraufhinから或るものが或るものとして理解可能になるのである。

第一章では「意味」の内容にフォーカスするために、「先行保持、先行視座、先行把握によって構造化された」という部分を省略したが、本来は省略できない。というのも、この三つの先行要素は、意味が問われうるという状況自体を構成するものだからであり、この状況が「解釈学的状況」(SZ: 232)と呼ばれる。ハイデガーは、この状況概念でもって、テキストの意味を理解するときに必要と思われる構造を、存在を理解すること一般の構造として明らかにするというアイディアを提示したことで評価されている。テキストの謎めいた一節の意味を問い、これを理解しようとするときと同じような構造が、存在の意味を問い、表立って把握するというときにも原則的に当てはまるというわけだ。

テキスト解釈で言えばこうなる。書物のなかに登場する言葉、例えばフッサール『イデーンⅠ』の「現象学的還元」の意味を探求する場合、すでに『イデーンⅠ』の内容をおぼろげであれ——この語の意味の探求を動機づけられるくらいには——知っていなくてはならない(先行保持)。さらに、エポケーという別の言葉との関係はどうなっているのかとか、フッサールの哲学の方法論はどういうものか、といった解釈の観点がなければならない(先行視座)。また、この探求を進めるためには当の「現象学的還元」をはじめ、関連するフッサールの用語がすでにある程度把握されている必要もある(先行把握)。これらの解釈学的状況が揃っていてはじめて、「現象学的還元とは何か」は、きちんと回答がありうる問い――と呼ぶに値するもの――として問われうる。

解釈学的状況は、世界のなかで出会う存在者の意味を問う場合にも同じように働いている。あえて極端なケースとして、目前にまったく見たこともない物体があり、これは何だろうかと問う場合を考えてみよう。この場合でも、日常熟知の人工物とは違う形や色をしているとか、液体ではなく固体で触れることはできるとか、私たちは案外多くのことを理解しており、この先行保持に基づいて解釈作業を開始する。ただし、先行保持は、何に関してこの存在者が解釈されるのかという観点抜きには、意味への問いに関連性をもってこない。例えば、一体これは何のために使うのだろうかという使用可能性の観点が持ち出され、その意味を問うための足場が築かれている限りで（先行視座）、すでに保持されていた理解内容も有意義な情報になる。問い、解釈するこうした活動は、「これは○○である」という言明でもって終着するが、そのためには、○○に相当する言葉やその解釈の熟慮のなかで使用される関連概念がすでに把握されていなければならない（先行把握）。

意味を問うという活動は、これまでに物事を理解してきた経験の積み重ねがあってはじめて可能であるが、理解の経験はこの世界を見知り言葉を習得してきた日々の生活のなかにある。解釈学的状況とは、世界を見るための一種のレンズとしてイメージされるべき何かではなく、世界経験の具体的な状況である。しかしだからこそ、レンズのように取り外しがきかない。

翻訳論的エポケーはこの解釈学的状況にまるごと介入し、真に意味を問うための基盤として働かせる——よく見えるように眼を大きく見開く（レンズを磨くのではない）ように仕向ける——巧みな仕掛けである。ロゴスを「語り」と訳すことは、この概念に関わる先行把握を揺さぶり、先行視座を〈何かを言うことで何をやっているのか〉という観点へと切り替え、考察の豊かな資源として言語行為の広大な領域を私たちが先行保持していることに気づかせてくれる。

形式的告知の方法

ハイデガーが用いている用語のすべてが翻訳によって獲得されているわけではない。世界内存在、不安、死などは、むしろドイツ語の日常的な語感に訴えている観すらある。実際、『存在と時間』の用語の特徴には、哲学の常套句の代わりに平凡で素朴な言葉を用いるという面がある。では、ハイデガーはこの場合には、日常語のニュアンスをうまく汲み出しているだけなのだろうか。そうだとすれば、常識化した解釈を括弧入れする翻訳論的エポケーの慎重さはどこにいってしまうのだろうか。

ここで、ハイデガーがごく初期から用いている「形式的告知」という方法論的概念に触れておく必要がある。この表現は『存在と時間』のなかでは例えばこのように使われている。

この存在者（現存在）はそれぞれ誰であるのかという問いへの答えは、一見したところ、現

> 存在の根本規定の形式的告知において（第九節参照）すでに与えられていたように思える。現存在は、それぞれ私（ich）自身がそれである存在者であり、その存在は私のものである。
> (SZ: 114)

第一章で触れた通り、『存在と時間』第九節でハイデガーは、たしかに現存在の存在を「それぞれ自分のものである」と規定し、「私」が存在するとか「あなた」が存在すると人称代名詞を用いなければならないと述べていた。言葉遣いは実にやわらかく親しみやすい。ハイデガーはしかし、こうした規定をするとき、現存在が誰であるかという問いに最終的な答えを与えようとしたのではなく、形式的に告知しただけだ、と言っている。そしてさらにこう述べる。

> 〈自我（das Ich）〉は、そのつどの現象的存在連関においてその〈反対〉としてあらわになるかもしれないものの、無拘束的な形式的告知の意味でのみ、理解されなければならない。
> (SZ: 116)

現存在は私がそれである存在者だと言ったのだから、現存在とはこの私を名詞化した「自我」だ、これが答えだ、と言うのではない。この引用文で、〈自我〉はまさに括弧に入れられ、その意味は不確定なものとして保留されている。この告知によって読者に答えを供給しているのではなく、偏見を捨てて直截に現象を見るための手がかりを与えようとしている。そして、存在が私のものであるということの多面的な意味とその意味連関（そのつどの現象的存在連関）もが明らかになったときには、〈自我〉はその〈反対〉として、つまり、自分の存在は私のものではないと否定される可能性も含めて、オープンに構えるように促されているのである（「非自己固有性」と呼ばれるこの可能性については第三章で説明する）。

ハイデガーは、哲学において常識化した既成概念を保留しつつ、しばしば、存在は私のものである、といった簡素な表現から始める。しかしハイデガーは、堅苦しい理論よりも日常的な理解のほうが分析の手がかりとして信頼できると言いたいわけではない。例えば、「私は存在する」とはどういうことかを、哲学の訓練をしていない人に聞いてみるとする。すると、熟慮の末に、例えば、今ここにいて指差しできるこれだ、と言うかもしれないし、あるいは、私とはどこか心の奥深くにある何かだ、と言うかもしれない。そのときにはすでに、「私」は、時空的に特定できる身体と同一視できるとか、他人にはアクセスできないが自分だけが特殊な心的作用によってアクセスできるといった、特定の——粗雑ではあれ哲学的と言ってもよいような——解釈が含まれている。だが、明白なように、この二つの見解を対立なしにそのまま共存させることは難しい。日常的な見解は往々にして一面的で偏っており、批判的吟味にさらされるべきものである。「その存在は私のものである」という形式的告知の表現は、これらの特定の解釈に拘束されておらず、どれにも開かれている。形式的告知は、理論だけでなく日常の思考習慣もほぐして、読者を探究の出発点に立ち戻らせる措置である。

形式的告知は、問題になっている事柄を記述するのではなく、単に「無拘束的に」告知し、それによって多様な記述の可能性を開き、適切な記述への通路を確保する。このような方法論的操作を通じて、やわらかく親しみやすい表現も、古代ギリシャ語からの翻訳の場合と同様、哲学者の常識を括弧入れし、一面的な思考停止を絶えず回避しつつ、問題になっている事象が自らをありのままに示すように探究を続けるための手がかりになりうるのだ。

存在論的差異を語るには

ハイデガーは、哲学の言語を語彙だけでなく使用法についても刷新することを、『存在と時間』の重大な課題と認識していた。

> 以下の分析のなかでの表現のぎこちなさと〈不恰好さ〉に関しては、次の注記を加えることが許されるだろう。存在者について叙述しつつ報告することと、存在者をその存在において把握することとは、それぞれ別のことだ、ということである。後者の方の課題には、単に語が欠けているだけではなく、何よりもまず〈文法〉が欠けている。（SZ: 38–39）

ハイデガーは自らの用いる言葉には、洗練された専門用語のようなかっこよさがないことを自覚している。しかし、それは、存在論の課題が、あれこれの存在者について記述することではなく、その存在者をその存在において把握することにあるからだ、と弁明している。目前の机の形や色について報告することは、机が存在するとはどういうことかを把握することとは異なる。あるいは、この私の年齢や身長などの属性について報告することと、私が存在するとはどういうことかを把握することとは異なる。後者の存在を把握する言葉をまったくもたなくても、前者の個別の存在者について詳細に語ることはできる。形、色、長さ、数などについては、さらに理論的に洗練された言葉が用意されており、その一部は数学や物理学などの授業で学校において学ぶことができる（あるいは、学ばなければならない）。ところが、存在するとはどういうことかについてはそうではない。存在論に定着した標準的言語を期待することは難しい。

ここで言及された存在者と存在の区別は、ハイデガーが『存在と時間』出版直後の講義『現象学の根本諸問題』で「存在論的差異（ontologische Differenz）」と名づけ、ハイデガー思想の根本語として有名になったものである（GPP: 454/461頁）。存在は存在者を規定するものであって、それ自体は存在者ではない。当たり前のようであるが、存在するものではないことがはっきりしているはずのものでも、これを存在者とは違う仕方で思考することは意外に難しい。たとえば、「無」は明らかに存在するものではないが、では、無とは何かと考え始めると、ついつい、漆黒のイメージなどを思い浮かべてしまう。だが、存在者ではないものには色はないのであり、黒と無に関連性はない。存在者ではないもののこうした存在者化（ないしは実体化）を絶って、存在者ではないものをそれとして語ることには特有の困難がある。だから、ハイデガーはそれを語るための語と文法を生み出すべく、翻訳論的エポケーや形式的告知の方法などを編み出していく。第一章でハイデガーは実存哲学者でないことを述べた際、実存的と実存論的、という区別に触れた。この区別は、現存在という存在者（つまり私たち）の存在に関わるものであった。存在者的（ontisch）と存在論的（ontologisch）という差異は、より一般的に、現存在ではない存在者の存在も含めて、あれこれの存在者についての記述と、存在者の存在の把握を区別するものである。実存的／実存論的の区別は、存在者的／存在論的という差異の特に現存在に関わる部分である。

存在者について記述するのではなく、存在者の存在を規定する概念のうち、ハイデガーは、現存在の存在を規定する概念を「実存カテゴリー」と呼ぶ。このなかには、実存だけでなく、関連する用語のすべて——世界内存在であれ世人であれ死への先駆であれ——が含まれる。しかし、存在論は、現存在の存在に問いかけながら、存在者一般の存在の意味を問うのだから、存在論は、「現存在と呼ぶにはふさわしくない存在者」の存在を規定する概念も必要とする。ハイデガーは、この概念をシンプルに「カテゴリー」と呼ぶ。

『存在と時間』は「道具的存在性（Zuhandenheit）」と「事物的存在性（Vorhandenheit）」の二大カテゴリーを提出した。第一章で意味の概念を説明したとき、存在者は使用可能性や認識可能性へと関連づけられることで、リンゴを切るためのものとして存在したり、赤色や重さによって規定される物質として存在したりすることを述べておいた。道具的存在性と事物的存在性は、この二つの企投の形式に沿ったカテゴリーである。

これをカテゴリーと呼ぶのか、と驚いた人もいるだろう。というのも、典型的にはカントがカテゴリーを提示するときのように、哲学の伝統において、カテゴリーは判断の形式に従って導出されてきたからである。つまり、すべてのAはBである（全称判断）、AはBでない（否定判断）、AはBかもしれない（蓋然的判断）などの判断の形式から、量、質、様相といったカテゴリーが得られるといった具合である。道具的存在性とか事物的存在性といった名称のカテゴリーは『存在と時間』以前にはどこにも見つからない。

語りとしてのロゴスという点からいえば、判断はその一部に過ぎず、私たちが言語を用いて何かを行いながら存在者をそれとして見えるようにさせる働きはずっと広範である。命令や願望のような言語行為を通じて、あるいは何かを使用したり作り出したりする行為それ自体を通じて、存在者をそれとして見えるようにさせる場合、その存在者は、基本的に、何らかの目的のための何かとして、つまり道具的存在性において存在している。他方、判断の形式で存在者について語る「言明」は、存在者を何らかの性質に関わる述語において規定可能な「事物的存在者」として存在させる、という特殊なあり方である（SZ: §33）。別の言い方をすれば、量、質、様相など、判断の形式から導出されて伝統的哲学に定着していた諸カテゴリーをその特殊カテゴリーとする、包括的カテゴリーとして「事物的存在性」が提案されているわけである。

ハイデガーの考えでは、事物的存在性を第一の存在理念としてきた伝統的哲学は、道具的存在性のカテゴリーについては貧弱な概念しかもっていない。だから、『存在と時間』は道具的存在性のカテゴリーを哲学的考察に表立って導入する必要があった。ともあれ、存在の意味を問うという大きな目標にとっては、道具的存在性とか事物的存在性のように、最広義の大きなカテゴリーから出発しておいたほうがよいとハイデガーは考えているようである。

ハイデガーのカテゴリー論が伝統的なそれと似ていないのは、ハイデガーが、事物的存在性に定位する通常のやり方に含まれる存在論的トラブルを回避しようとしていたからである。量、質、関係、様相といったカテゴリーは、事物として見る限り、私たち自身であっても、ビー玉やナイフであっても同じようにそのあり方を規定できる。しかし、私たちがそれである現存在の存在から出発する基礎的存在論の構想にとって、この一般性が利点になるとは限らない。ここでの課題は、自らの存在が実存的関心事であり、存在を問いうるという点で卓越した範例的存在者としての現存在の分析であり、そのポイントには、現存在がそれ以外の存在者とどのような仕方で異なりかつ関係しているのかの解明が含まれる。このような実存の解明が、事物を規定するのに適したカテゴリーで十分に果たされるだろうか。むしろ、実存を把握するのに適しているのは、例えば世界内存在、不安、死への先駆といった実存カテゴリーのほうであろう。

ハイデガーのこうしたカテゴリーの書き換えはまったくのオリジナルというわけではない。ハイデガーより少し前に活躍したヴィルヘルム・ディルタイ（一八三三—一九一一）は、統一性、数多性、同等性、程度、関係など、あらゆる現実に適用可能な「形式的カテゴリー」に対して、体験される生や時間の理解に関わる「実質的カテゴリー」を区別し、後者は、精神的世界の把握に特有なものとして分析されると考えていた。* 『存在と時間』とは無縁な「精神」といった語の使用など、ハイデガーとディルタイには違いもあるが、しかし、私たちの存在を把握するためのカテゴリーは事物認識に適したカテゴリーとは異なっており、両者の混合はどちらの把握にも悪しき影響を及ぼす、という基本的発想はたしかに共有されている。

> 現存在の存在性格は、実存性に基づいて規定されているため、私たちはそれらを実存カテゴリーと呼ぶ。これらの実存カテゴリーは、私たちがカテゴリーと呼ぶもの——すなわち現存在にふさわしくない存在者の存在規定——からは鋭く区別されなくてはならない。(SZ: 44)

『存在と時間』でハイデガーは現存在を範例的存在者として選び出すという点で存在論の死角を突こうとしていた。そのためには、まず、神や物理的対象のように、現存在ではない存在者から出発する慣例を断ち切る必要がある。事物規定に適したカテゴリーで現存在の存在を語ることは、現存在の存在をそれ自体で積極的に分析する資源を欠いた伝統に漫然と従うことであり、結

* ディルタイ「精神科学における歴史的世界の構成の続編の構想 歴史的理性批判のための草案——一九一〇年頃」西谷敬訳、『ディルタイ全集 第四巻 世界観と歴史理論』、法政大学出版局、二〇一〇年、216−217頁。

局は、ハイデガーが存在忘却と呼ぶものを延命させることなのである。

故郷的なものと異郷的なもの

解釈学的状況は、私たちがその内で言語を習得し物事を理解し、現実に物を扱ったり人に接したりテキストを読んだりしうる状況である。そのような状況は、第一章で何度も言及した言葉で言えば、「今日」のそれであり、歴史的である。例えば、『イデーンⅠ』の言葉の解釈であれば、それは刊行から百年ちょっとという状況で、翻訳や研究がどうなっているかなどが具体的に、解釈の歴史的文脈を構成している。より一般的に「存在者の存在の意味」を問うとすれば、例えばどういう物が作られて生活のなかにあり手近に存在しているのか、それらはどういうものだとどういう言葉で語られているのかなどが、その問いを問う際の歴史的状況となっている。そして、その状況は、例えば、西洋哲学が始まった頃、つまり存在とは何かという問いに答えがないことに困惑していた頃とは全然違うだろう。

古代ギリシャ語の語源について語ることの多いハイデガーは、古代ギリシャと現代ドイツのあいだに本質的つながりを見出しているかのように思われがちだ。しかし、実際には、翻訳論的エポケーの基礎にあるのは、もはや古代ギリシャ的なものは今日の私たちには存在しないという喪失や断絶の感覚である。一九四〇年代にハイデガーは、「語に忠実な翻訳」の模範と見なされるヘルダーリンについて小論「追想」を書いているが、そこで、ヘルダーリンの芸術観がよく現れている資料として有名な「一八〇一年十二月四日付のベーレンドルフ宛の手紙」の一部を引用している（A: 87/124-125頁）。

とはいえ、自己固有のもの（das Eigene）も、異なるもの（das Fremde）を学ぶように、十分に学び取られなければならない。ギリシャ人が私たちにとって不可欠であるのはそのためである。

ハイデガーによれば、この箇所には、詩人ヘルダーリンを突き動かしている「歴史的運命の本質原則」が示されている。その本質原則とは、「自己固有なものの内で故郷的（heimisch）になるがために異郷的（unheimisch）であることへの愛」（A: 87/124頁）である。ギリシャ人のもとで異郷的であることをヘルダーリンが愛したのは、自己固有なものの内で故郷的になるがため、だということである。『存在と時間』の冒頭部で古代の「われわれ」の困惑と今日の存在忘却した「私たち」の隔たりが突きつけられたときにも、「私たち」は、自分の馴染みの思考習慣からすると理解不能な時空の言葉へと連れ出され、ギリシャ人のもとで異郷的になった。しかし、この「異なるもの」を学ぶことで、「私たち」はふたたび存在忘却した自らの状況に戻ってそこで自ら存在を問う出発点に立ったのである。

『存在と時間』との関連でもう一つ確認しておきたいのは、故郷や異郷という言葉の核心にあるハイム（Heim）という部分である。ハイムとは、（日本でもアパート名などによく見かけるように）住まいに関わる言葉である。次章で論じるように、『存在と時間』では、現存在の根本体制は世界内存在と呼ばれ、「内存在」とは「住まうこと」「滞在すること」だとされる。この基本的な見方は、存在論が「存在の思索」と呼ばれるものに転じても変わらない、ハイデガー思想の根本モティーフだと私は思っている。ところが、自我や主体といった概念で私たちの存在を捉えてきた西洋哲学の伝統は、まさに日常的な世界内存在を繰り返し飛び越してきたのである。

＊

本章での議論をまとめよう。なぜ『存在と時間』の言葉遣いは普通の哲学書と違うのか。それはハイデガーが、現代の私たちが慣れ親しんでいる既成の哲学的概念をそのまま用いることを控えさせ、その概念で問題になっている事柄を根底から問い直させるためである。その際の仕掛けをよく見てみると、ハイデガーは独自のジャーゴンを創作したというよりも、古典語をドイツ語訳することで概念を獲得するという（むしろ恣意性を限定しようとする）側面が際立ってくる。これは、古典語をその語のかたちに従って訳し直すことで、現代の私たちに異物感のあるままに提示する方法だ。翻訳による概念の獲得は、自明視された既成概念を括弧に入れ、その意味を宙づりにして問いうるものにする翻訳論的エポケーの方法に関係しており、また、この方法の背景には、意味は解釈学的状況の内でのみ問われうるという解釈学の伝統から汲み取った問題意識がある。

さらに、翻訳ではなくドイツ語の日常語を用いている場合も、ハイデガーは、既成の哲学的概念を、多様な記述へと開き、その意味をあらためて問いうるものにする形式的告知の方法を導入し、『存在と時間』の各所で活用している。最後に、ハイデガーは『存在と時間』の語彙だけでなくその文法もぎこちないものであることを自ら断っていたが、それは存在者を記述するのではなく、存在者の存在を規定するカテゴリーの獲得を目指し、また、特に現存在の存在を規定する実存カテゴリーをそれ以外の存在者の存在を規定するカテゴリーから区別するという困難な課題に関わっているがゆえである。

『存在と時間』の言葉遣いが普通の哲学書と違うのにはこうした理由があるが、特に、今日の「私たち」の言語にすでに失われた別の言語を（翻訳を通じて）投入するときに際立つように、ハイデガーの言語の取り扱いは、私たちが現に言語を用いている状況や生活、あるいは故郷的なものから出発している。このことは、『存在と時間』でそもそも現存在の最も基礎的なあり方は世界内存在であり、内存在とは住まうこと、滞在することだ、と言われていたことに関連する。

次章では、なぜ主体でも心でもなく、世界内存在という概念が用いられるのか、という問いを探究しよう。

第三章

なぜ主体でも心でもなく世界内存在なのか

主体も心も出てこない哲学書

ここまでの内容を少し復習しよう。『存在と時間』の画期的な点に、私たちを人間と呼ぶのをやめるという留保があった。「ロゴスをもつ動物」や「神の似姿」といった公式教義に従うことをやめることで、私たちの存在を一から問い直すことができるとハイデガーは考えた。私たちがそれである存在者は現存在と新たに名指され、その存在は「実存」として形式的に告示された。

現存在は実存者であり、実存者は人間という手垢《てあか》のついた概念では探究されえない。いわば「ポスト人間」の哲学をいち早く始めたことで、ハイデガーは「人間」以外にも多くの概念の使用を自らに禁じることになる。『存在と時間』には、驚いたことに、主体とか主観とか心といった概念もほとんど出てこない。出てくるとすれば、これらの概念では現存在のあり方は捉えられない、さらには、現存在のあり方は隠蔽され歪曲される、と言うためだ。人間に特有なあり方を語るときに持ち出されてきた主体や心の概念が、人間の概念と一緒に追い払われているのだ。

この徹底した哲学の語彙の変換は、読者を悩ませてきた。実存というあり方について語られている内容は、心や主体の名の下で語られていても特に問題ないように感じられるからである。なるほど、ハイデガーは、「実存（エクシステンツ）」の語に、事物的な現実存在という従来の意味とは異なる新たな意味を吹き込もうとしていた。実存には、存在することのなかでその存在が大切であり問題である、という関心が含まれている。そして、実存の関心の的としての存在は、「私とは何か」と抽象的な本質論のかたちで問われるのではなく、「（あなたや彼／彼女とは異なるこの）私とは誰か」と、人称性を消去せずに具体的に問われる。実存には「それぞれ私のものである」という各自性が含まれるのだ、と。

それにしても、自分の存在が大切で問題であるということを、なぜ心や主観の内面的な状態と見なしてはいけないのか。ほかの誰でもない自分が存在しているという各自性を、主体の名の下で語って何の問題があるのか——。『存在と時間』は主体も心も出てこない点で明らかに奇妙な哲学書であり、こうした疑念はまっとうである。逆に言えば、こうした疑念にこだわることで、現存在の根本的なあり方は主体でも心でもなく「世界内存在」だ、というハイデガーの中心的主張が理解できるようになるだろう。

そのために必要な手段はシンプルである。実存とはより正確にはどう捉えられるのだろうか。

先に見たおおざっぱな形式的告知の先を追うことだ。

どうありうるか――実存に特有な存在可能性

現存在にとっては、存在することのなかでその存在が大切であり問題である。これは実存の最も基本的な性格だが、次のようにも言われる。

現存在は自らの存在において理解しながらこの存在へと関わる存在者である。(SZ: 52-53)

「理解(Verstehen)」という語が重要だ。自らの存在に関わることは、この存在を理解していることを含む。当然といえば当然である。まったく理解されていないならば、大切にも問題にもなりえないだろうからだ。では、「理解する」とはどういうことなのか。この問いからハイデガーに特有な見解が浮かび上がってくる。

ハイデガーは理解とは何でないかを再三確認している。それによれば、理解は「説明」のような「認識」の一種ではない(SZ: 336)。自分の存在を「説明」することについては、例えば、身分証明を求められたときに、国籍、年齢、住所などによって自分が何者かを説明するときのことを思い浮かべればよい。この客観的説明において私自身は自分の存在への関わりという点で他人よりも固有な位置を占めるわけではない。それどころか、自分の年齢を覚え間違えていて他人に修正される、ということもありうる。各自に固有な自らの存在への関わりとしての理解は、こういう説明とは異なる。

とはいえ、ハイデガーは理解の概念を新たに作り出そうとするわけではない。「理解しました(Ich verstehe.)」という表現は、日本語で言えば「わかりました」に近く、それを使わない日はないような基本表現である。ハイデガーは、思弁を排して日常的な用法に立ち戻ることを求める。すると、わかることがあると言う。それは、何かを理解するということには何かができるという意味があることだ(SZ: 143)。例えば、「彼は話し方を理解している(Er versteht zu reden.)」という言い方がある。話し方を理解している人は、実際にうまく話すことができるだろう。しかし、この人は、自分がどういう話し方をしているかを理路整然と「説明」できるとは限らない。自転車の乗り方を理解している人は、実際に自転車に乗ることができる人であろうが、しかし、自転車の乗り方について「ペダルをこの位置で踏むと○○くらいのスピードで進む」といった説明をできるとは限らない。英語では、知識はしばしば「技能知(knowing-how)」と「事実知(knowing-that)」に分類されるが、ハイデガーの「理解」と「説明」はだいたいこの区別に対応している。理解は「~のやり方をわかっている(know how to ...)」というのに近い。

自らの存在への関与としての理解は、個別の行為の能力に関わる理解とは水準を異にしており、ハイデガーは前者を存在論的な理解の概念として、後者から区別する。私が自らの存在を何らかの仕方で理解しており、この存在があらためて問われるとき、問題は(個人情報のような事実知の正確さではなく）自らがどう存在できるだろうか、である。「存在できる（sein können）」という語は『存在と時間』に頻出するが、英語で言えば「can be」であり、「ありうる」ということだ。私はどう「ありうるか」に第一の主眼があるのが「実存」の存在様式なのだ。

理解の内には、存在できることとしての現存在の存在様式が実存論的に含まれている。〔……〕現存在は、それぞれ自らがそれでありうるものであり、自らの可能性であるとおりのものである。（SZ: 143）

自らの存在は、単に現前しているのではなく、その可能性において問われており、可能性の点から理解されている。こうした考察により、ハイデガーは、現存在が理解している存在を「存在可能性」という観点から語るようになる。ただし、存在可能性という語は誤解を招きやすいので要注意だ。

子どもについて「可能性は無限大」と言われることがあるが、実際、子どもは、「スケート選手になりたい」「博士になりたい」「芸能人になりたい」「警察官になりたい」などと好き放題に言う。可能性が、現実と無関係に、恣意的に構想される「夢」のようなものなのであれば、この本を書いている私にも、ソクラテスのような哲学の巨人になる可能性はある。空を飛ぶ鳥になりたい、と言うことにもおかしなところはない。

しかし、自分の可能性を本当に問うならば、私たちは、自分に何ができるか、どう存在できるか、を問い始めるはずである。ハイデガーによれば、理解された存在可能性は「宙に浮いた可能性」(SZ: 144) ではなく、どう存在できるか (ありうるか) の問題である。そのとき、事情は一変するだろう。なぜなら、「〇〇できるか」という問いは、可能性への問いであると同時に、不可能性への問いでもあるからだ。可能性への問いは同時に不可能性への問いだというこの点をはっきりさせるためには、(行為の理解が行為の能力を意味していたように)「存在できる」を「存在能力」と訳す手もある。* なるほど、空飛ぶ鳥になった自分 (とか、ソクラテスみたいな自分) というのは空想可能かもしれないが、どうすればそうでありうるのか (自分にその存在能力があるか) と問われれば、具体的に答えるのは難しい。これはむしろ願望と言うべきであろう。

ハイデガーは、現存在は自らを可能性へと企投すると同時に、可能性に被投《ひとう》されていると強調する。** 宙に浮いた可能性に対して「被投的可能性」(SZ: 144) が対比されてもいる。例えば、鳥になる可能性を (単なる願望ではなく) 本当に自らの存在可能性として問うなら、人間の親のもとに生まれたという事実は重みをもつだろう。空を飛ぶことに関しては、飛行機の操縦士になる可能性をもっと空想的でない仕方で問うことができるが、その時には、操縦士の資格獲得のため

* この訳語は轟孝夫『ハイデガー『存在と時間』入門』(講談社、二〇一七年) で提案された。
** 第一章における意味と企投についての説明を参照のこと。

に何の訓練もしてこなかったこれまでの過去が重みをもつ。あるいは、本当に空を飛ぶことではなく、空想的な世界に浸ることが主眼にあるのだとすれば、小説を書く人である可能性を問うこともできる。その時には、操縦の訓練をする代わりに、哲学書ばかりを読んできた過去が強みになるかもしれない。とにかく、私たちはそのつど一定の可能性に、意のままにならない仕方で被投されている。だからこそ、「私はどうありうるか」は幻想を絶った真剣な問いになりうる。*

被投的と言うと、自己の可能性を狭めるようなイメージをもつかもしれないが、逆である。被投的可能性とは、それぞれの背景と過去を背負った自分に固有な可能性である。逆に、他人の人生に羨望を抱いて「△△のようになりたい」という願望ばかり抱くほうが、自分に固有な可能性を逸してしまう。「私はどうありうるか」という問いにおいては、自分の過去や変えがたい事実も、「説明」における単なる客観的情報とは異なる仕方で自らによって再把握され、自らの存在の一部として取り戻されうる（四十歳過ぎて操縦訓練を始めるのはもう遅い、哲学の素養を活かして小説を書き始めるにはちょうど良い頃だ、など）。

存在の獲得と喪失

このように、私たちが自らの存在に関わる仕方には、自分に固有な可能性が問題になっている場合と、そうでない場合がある。宙に浮いた可能性へと自らを企投することは、自分がどうありうるかではなく、どうしたらほかの人のようにありうるか、を気にかけている場合にはよくあるだろう。この自己の揺れをハイデガーは、「本来性＝自己固有性（Eigentlichkeit）」と「非本来性＝非自己固有性（Uneigentlichkeit）」の名の下で探求の的にしていた。

現存在は本質上それぞれ自らの可能性であるから、この存在者は、自分が存在することにおいて自分自身を〈選択して〉獲得することもできれば、自己を喪失すること、ないしは決して獲得しないとか〈見た目上〉獲得しているに過ぎないとかいうこともできる。（SZ: 42）

引用文中の「自己を喪失する」ことを、周りに流されるばかりで自分のことを考えていない状態だと即断しないようにしたい。例えば、ある人が、航空会社に勤めるか、哲学者として研究に専念するかなどの選択肢をよく熟慮した結果、哲学者の道を行くことにしたとしよう。この人は、人生の諸可能性をよく吟味していることが示すように、自分の存在を特に気にかけるタイプである。この人は、たしかに慎重に自らのあり方を〈選択〉しようとしているのだが、ところがそれゆえに、日々の心を占めているのは、自分が書いたもの（が巧《うま》いかどうか）、自分の周りの人（が自分をどう見ているか）、世間（が自分の作品についてどう語っているか）などかもしれない。

＊　被投的可能性の最たるものは、死の可能性である。私たちは、否応なしに、死にうるという可能性（存在を否定する可能性）に被投されており、同時に、この可能性へと自らを企投しつつ存在しうる。死の問題は第八章で扱う。

あえて「自分の存在とは」と問うからこそ、自分が作ったものとかそれを評価する人とか、自分以外のものがかえって気になって仕方がないのである。

私の存在は、始終、私ではないものを尺度に計られている。自分の生き方を熟慮して選択したと自認すれば、本来的／自己固有的であるとは限らない。むしろ、ハイデガーの言うように、自己誤認が、私たちの日常的な世界内存在の傾向には属している、というより、そのような自己誤認のほうが、私たちの日常的な世界内存在の傾向には属している、というのはハイデガーの有名な「世人」論の一つの興味深い論点であるが、これについては第七章で細かく見ることにしよう。逆に、自己の固有な存在が自ら「選択した」と言えるような仕方で問題になるためには、自己誤認を成立させている日常的な世界内存在のあり方が問いただされなくてはならない。この点には、第九章で『存在と時間』の「倫理学」を論じるときにあらためて立ち戻ろう。

ownnessという訳語

ところで、本来性／非本来性ないし自己固有性／非自己固有性の原語はアイゲントリッヒカイトとウンアイゲントリッヒカイトである。一般には、本来性／非本来性という訳語のほうが知られているだろう。しかし、自己固有性／非自己固有性の訳語のほうが適切かもしれない。英語では、authenticity（本来性）からownness（自己固有性）へと訳語を変更する動きがある。

本来性という訳語の問題は、「本物の自己」というハイデガーとは異質な概念を連想させることにある。偽りの自己と本物の（本来の、あるいは真の）自己があり、普段の社会生活では偽りの自己を演じているが、本物の自己がその背後にはあって、私だけがそのありのままの自己を知っている――。これは、チャールズ・テイラー（一九三一―）が『〈ほんもの〉という倫理』において近代的自我の基底的イメージとして提示したものや、ミシェル・フーコー（一九二六―八四）が自己変容の構えを失った近代的「自己認識」モデルとして問題にしたものに近い。[*] だが、『存在と時間』は、すでに見てきたように、私たちを「自我」と見なしたり、自己認識モデルで把握しようとしたりすることを徹底して排斥する本である。[**]

他方、自己固有性という訳語はまず、ハイデガーが明らかに込めているドイツ語のニュアンスを汲んでいる。アイゲントリッヒカイトの「アイゲン（eigen）」は、英語の own に相当し、「自

＊ テイラー『〈ほんもの〉という倫理――近代とその不安』田中智彦訳、産業図書、二〇〇四年。フーコー『ミシェル・フーコー講義集成 十一 主体の解釈学（コレージュ・ド・フランス講義一九八一―一九八二）』廣瀬浩司・原和之訳、筑摩書房、二〇〇四年。

＊＊ 自己固有性／非自己固有性の区別が、本当の自己と偽りの自己の区別とは異質であることを、ハイデガーは慎重に論じていたはずである。アイゲントリッヒカイトとウンアイゲントリッヒカイトの区別とは別に、自己に関してエヒト（真正な）とウンエヒト（非真正な）（echt/unecht）の区別を導入しているのがその証拠である。エヒトとウンエヒトは、何かがイミテーション（模造）かどうかの区別に関わり、作品の鑑定において本物と偽物をより分けるときなどに使われる。「自己固有な理解も、非自己固有な理解も、真正でも非真正でもありうる」（SZ: 146）。ハイデガーは明らかに、真正と非真正の区別は、自己固有性／非自己固有性の区別と重ならないと考えている。

分のお金（〔独〕eigenes Geld／〔英〕own money）」というふうに使われる。その際、「自分の」には、ほかの誰のものではなく、という限りで、「固有の」という含意がある。お金ではなく自己について言うならば、「自分固有な自己（〔独〕eigenes Selbst／〔英〕own self）」というふうに比較的自然に言える。それゆえ、英語では、ownness を訳語として採用する論者が増えている。

ところで、現代哲学に行為論というジャンルがあり、行為に関連する諸概念（意図、欲求など）が体系的に探究されているのだが、その成果の一部として、「所有の感覚（sense of ownership）」と「行為者性の感覚（sense of agency）」の区別についての議論がある。* ハイデガーの自己固有性は、この区別を参照することで明瞭にすることができる。

所有の感覚と行為者性の感覚の区別は、例えば、膝を叩かれて足が動くという場合と、柵を越えようとして足を動かすという場合に、それぞれどう感じられるか、という点から理解できる。前者においては、私が足を動かしたという「行為者性の感覚」は欠けているが、その足の動きが私のものであるという「所有の感覚」は明らかにある。後者の場合には、どちらの感覚も伴っているだろう。あるいは、心臓がドクンドクンと動いている、という場合、その心臓の動きが私のものであることはたしかだが、心臓を自分が動かしているというふうには思わないだろう。つまり、所有の感覚はあるが行為者性の感覚はない。

ハイデガーは実存を「それぞれ自分のものであること＝各自性（Jemeinigkeit）」と呼んでい

るが、mein は英語の my に相当し、「私のもの」という所有に関わる概念である。ハイデガーは、この「自分のものであること」という特徴ゆえに、実存には自己固有性／非自己固有性という様態区別がある、としている。すると、自己の存在とは、心臓と同様に、たしかに私のものではあるのだが、それをいつでも自分の思い通りにできるものではないような何かだということになろう。このことは、自分の生き方を熟慮して選択したと思っているときにこそ、自分の存在を自分ではないものを尺度に理解するという先の落とし穴を確認すればよくわかるはずだ。自分の心臓なのに自分で動かしている感覚がないことが、身体的な制約上、通常のことであるのと同様、自分の存在なのに自分がそれを獲得したと言えない状況は、現存在の日常性の仕組みからして通常のものである。つまり、その存在は非自己固有であることが通例であり、ハイデガーによれば、日常的現存在は自己喪失的なのである。

ただし、常に「所有の感覚」だけがあり「行為者性の感覚」は欠けている、というわけではないはずである。心臓の場合でさえ、例えば、優れたマラソン選手はその動きをある程度制御することで、まさしくマラソン選手たり得ている。つまり、心臓の場合も、たしかに通常事態ではないが、可能的には、所有の感覚と行為者性の感覚がともに居合わせることはできる。自己の存在

＊ 行為論への入門としては以下を参照。古田徹也『それは私がしたことなのか――行為の哲学入門』、新曜社、二〇一三年。所有と行為者性の区別については以下の第八章を参照。ショーン・ギャラガー／ダン・ザハヴィ『現象学的な心――心の哲学と認知科学入門』石原孝二・宮原克典・池田喬・朴嵩哲訳、勁草書房、二〇一一年。

の場合も、それは私に属しているだけではない。心臓を自ら動かすなどといういかにも不可能なことも可能であるように、自分の存在を自己固有のものとして獲得する可能性も残されている。このこともハイデガーの強調点である。先に見たように、被投性を、外部からの制約として客観的に説明するのではなく、自分に固有な「被投的可能性」として自分にしかできない仕方で問うというのが、自己の獲得のイメージである。

だが、ハイデガーの議論において、自己固有に存在するために必要とされるのは、心臓の場合のようにトレーニングによって取得される能力ではなく、存在する限り、死ぬことができるという可能性である。いつでも死にうるというこの可能的な力は、存在する以上はその始まりから終わりまで常に保持されているものであり、マラソン選手の能力のように取得されたり喪失されたりするものではない。この可能性へとどう関わるかが問題である。また、もう一つ必要とされるのは、自己の存在を意のままにすることはでき「ない」という非力さを受け入れることである。この二点は、それぞれ「死への先駆」と「責めある存在」という概念で探求されるものであり、本書では第三部で詳論することになる。

目下のところ、重要なのは、自己固有性の概念を、本来性という訳語がほのめかすイメージから遠ざけることである。つまり、表向きの私とは別にどこかに本当の私が存在していて、問題は、それを探し出し、ありのままに向き合うことだ、という「自己認識」のイメージは無効にしなければならない。問題はむしろ、こういうことだ。存在はどのみち私のものであり、その限りで私に固有なのだが、それにもかかわらず、私ではないものによって始終動かされている。そういう状態が日常性の姿であり、そこから死の可能性への関わりや責めある存在の引き受けを通じて、自己の理解が変様する可能性がある。自己固有な存在は、変様のプロセスを通じて、ことさらにつかみとられるものであり、どこかで発見を待って隠れているようなものではない。

所有と存在

『存在と時間』以前の講義でハイデガーはしばしば、自己の問題を「所有（〔独〕Haben／〔英〕have）」の問題として探求していた。詳細は省くが、一つ注意を促したいのは、ドイツ語でも英語でも、所有と存在には日本語以上の結びつきがあるということである。例えば、タバコを買おうと商店に入り、見渡してみたが見当たらず、タバコを買えるかどうか聞いてみることにしたとする。日本語の話者は、「タバコありますか」と普通聞く。つまり、タバコが有る（存在する）かを聞いている。ドイツ語や英語の場合はどうだろうか。日本語からの直訳は、“Gibt es Zigaretten?”、英語で言えば“Are there cigarettes?”になるが、このような言い方はしない。標準的な言い方は、“Haben Sie Zigaretten?”とか“Do you have cigarettes?”である。つまり、その商店にタバコが存在するかどうかは、その商店の人物がそれを持っているかどうかという観点から問題になるのである。

もちろん、このように言うからといって、ハイデガーの概念群は日本語の話者には関係ない、ということではない。私のお金が存在するということが、私にそのお金が帰属すること、私がそれを所有することと関連していることは、誰もが理解できるだろう。*ただ、注意したいのは、ハイデガーが、所有されるものとして自己の存在について語るとき、それは「所有欲を満たす」と言う場合のような取得物としてではなく、むしろ、如何ともしがたくそうであるしかないという廃棄不可能な重荷の性格において問題になっていることである。もっとも、財産の所有も、満足ばかりではなく、（例えば、盗まれることが気になるがあまり）煩わしさや不安を呼び起こすこともあるが、その場合には、財産を他人に譲渡するなどして放棄することができる。だが、存在には、譲渡や放棄の可能性が断たれている。もしそのような可能性を考えるとすれば、死のことを思い浮かべることになるだろう。だが、死とはもはや存在しないこと（非存在）である。自らの存在は、事物のように譲渡されたり放棄されたりした上でなおも世界に存在する、ということが——事物とは異なって——ありえない。

さて、すでに触れたように、実存についての本章での説明に、「主体（的）」という言葉は出てこない。サルトルやキルケゴールなど、実存主義や実存哲学の著作には「主体性」がキーワードとしてしばしば登場する。しかし、ハイデガーの場合はそうではない。ハイデガーが、それぞれ自分のものであるとか、存在するしかない、と強調して示唆しようとしているのは、私たちが常々選択や自己獲得を伴った十全な主体であるという認識は実情に反するし、少なくとも理念的にはそうでありうると想定するだけでも現実の認識を曇らせる、ということである。私たちが、意のままにならない状況や事情のもとに自らを見出すことはその存在に含まれる契機と見なされており、企投とは常にすでに被投的企投だというのが、幻想のない見方だとハイデガーは考えているのである。

主体の概念は私たちを事物化している

すでに見たように、『存在と時間』という書物は、私たちがそれである存在者を人間と呼ばず、「自我」も私たちの存在を把握するには不適切だとする。さらにハイデガーが徹底したこだわりを見せたのは、私たちを「主体（主観）」と見なす慣習を排除することである。主体も主観もドイツ語ではズプイェクト（Subjekt／〔英〕subject）であり、人間の存在様式を指すとともに、文法的には「主語」を意味する。その限り、「私は……」という主語の名詞化としての「自我」という考えとも連続している。ハイデガーは、サルトル批判で触れた『「ヒューマニズム」について』では自らの思索を「主体性を捨て去る別の思索」（BH: 327/49頁）と特徴づけてもいるくらいだが、では、私たちを主体（主観）と捉えることの何がそんなに問題なのだろうか。

＊ そればかりか、和辻哲郎（一八八九―一九六〇）は、日本語でも、「『ものがある』のは人間が有（も）つのであると言ってよい」と主張している。例えば、「庭には植木がある」は「人間が庭の植木を有つ」の意だとされる（和辻哲郎「日本語と哲学の問題」、『和辻哲郎全集　第四巻　日本精神史研究・続日本精神史研究』所収、岩波書店、一九六二年、549頁）。

ハイデガーによれば、主体の概念は、現存在の存在にふさわしくない事物的存在性のカテゴリーによって私たちを扱っており、この点で存在論的問題を抱えている。そんなはずはない、主体性こそ私たちを単なる事物から根本的に区別するのではないか、と思う人もいるだろう。石は雨に打たれてもそのままでいるしかないが、人は自ら行動を起こして境遇を変えられる、と。

　このことにハイデガーが異論を呈しているわけではない。主体が能動的にさまざまなことをできるのだとして、では、その「主体が存在する」とはどういう意味においてか、というのが、存在論的な水準での問題である。

　主体の存在論のありうる着想はこうだ。「主体」は「主語」と同じ語である。主体とは、〇〇を見る、聞く、感じる、行う、評価する、判断するなど、さまざまな経験が動詞的に記述される場合の主語にあたる何かである。この主語とは私である。私が見、聞き、感じ、行い、評価し、判断するなどしている。だから、主語＝主体とは私＝自我である。するとこう言えるだろう。あらゆる経験や行為に居合わせている何かとして主体は存在する、と。実際、ズプイェクト（Subjekt）の元になるラテン語のスブイェクトゥム（subjectum）は古代ギリシャ語のヒュポケイメノン（ヒュポ＝下に、ケイメノン＝置かれたもの、ヒュポケイメノン＝下に置かれたもの、基体、主語）の訳語である。主体とは「根底に（sub-）」置かれた何かとして存在する——。

　これで一件落着しそうだが、『存在と時間』のハイデガーの戦略は、あらゆる存在理解を時間との関係において問うというものだ。主体の存在はどういう時間との関係で解されているのかが問われる。

主体の存在論的概念は、〔……〕常にすでに事物的に存在しているものの自同性〔＝自己同一性〕や恒常性を性格づけるものである。自我を存在論的に主体として規定することは、自我を常にすでに事物的に存在するものとして発端に置くことを意味する。（SZ: 320）

石と違って、私たちは自ら経験したり行為したりできる。だが、その主体としての私は、それらの経験や行為に常に居合わせて存在しているというふうに、漠然と考えられているのではないか。常にそこにいる、ということでどういうイメージ――幽霊のようにまとわりついているのか、心の中に小人のように住んでいるのか――をもつにせよ、そのとき、私という存在者の存在は、自己同一性や恒常性といった時間性の地平へと企投されている疑いがある。ハイデガーは、事物的存在性のカテゴリーを物理的存在者にのみ適用されるものと見なしてはいない。むしろ、恒常性のような時間理念のもとで存在が理解される限り、私たち自身も事物的存在性の相で見られうる。しかし、ここにはカテゴリーのまずい混合がある。主体という概念には、私たちは単なる事物ではないという存在論的な差別化が込められていたはずだからだ。ハイデガーが問題視しているのは、主体を事物的カテゴリーで解することで主体概念を裏切っている哲学者の慣行なのだ。

そんな事物化に陥ることなく主体概念を使い続けることはできる、と言う人もいるかもしれない。例えば、主体とは、それぞれの経験や行為の根底に事物のごとく置かれた何かではなく、むしろそれらの経験や行為が遂行されるなかでパフォーマティブに生成する何かである。経験や行為の背後に主体が控えているわけではなく、主体は経験や行為のただなかに存在する、と。

ただし、「主体がパフォーマティブに生成する」と言うとしても、「事物的に存在する」と言う場合と同様に、存在論的にはまだ考察の一歩手前にとどまっている。事物的存在性が恒常性のような時間概念との関連で理解されているとすれば、他方で、パフォーマティブな生成の時間性が問われる。その際、恒常性は、断続的な生成を表現できないので、使えないだろう。また、生成が断続的であるとすれば、私たちは主体になることができる一方、主体ではないということがあるはずである。雨が降ったり止んだりすることを「雨が断続的に降る」と言うが、主体も不連続的に保たれている危うい存在かもしれない。主体の事物化はこの脆弱さを覆い隠して、堅牢な何かのように見せかけてしまう。

主体の脆弱さ

主体概念の存在論的批判は、単なる言葉の遊戯ではない。むしろ、私たちが、自分が主体であるかどうかを真剣に問題にする現場においてこそ、この批判は力を発揮する。

私たちは、自分が自らの行為や経験の主体であるかないかをしばしば問題にする。何かをしたり何かを経験したりしているのが自分であることはたしかでも、そのことはしかし、それをやっているのが自分自身だという感じを伴うとは限らない。むしろ、強制的にやらされているとか、何らかの仕掛けがあって自分でしているように思えるだけ、ということもある。あるいは、どんな行為も環境に多かれ少なかれ依存し、社会的あるいは生物的な条件に方向づけられているのであって、その限り、私は自分の行為の主体だとは言えない、という見方もある。つまり、私たちは、主体ということを話題にするとき、行為や経験にさまざまな仕方で影響を与えてくる自分以外の要素をしばしば問題にしている。英語の subject の形容詞形 subject to... が「〜に従順な」を意味するように、主体であるとは自分以外のものに従うという非主体的な要素を否応なしに含んでおり、つまりは自己否定的なのかもしれない。主体の脆弱さを私たちは気にしている。

主体が事物的カテゴリーで解されることの最大の難点は、脆弱さという、主体概念にまつわる真に悩ましい問題が素通りされがちなことだ。この問題を引き受けうることに、現存在の実存論的分析の利点はある。その意味でハイデガーは、主体概念を実情に沿ったものへと書き換える「弱い主体」論を提示していると言ってもいい。この点を確かめるために、先に形式的告知の方法について論じたときに触れた箇所を今度はもう少し長く引用しよう。

> 〈自我〉は、そのつどの現象的存在連関においてその〈反対〉としてあらわになるかもしれないものの、無拘束的な形式的告知の意味でのみ、理解されなければならない。この場合、〈非－自我〉とは、〈自我性〉を本質上欠いている存在者のようなもののことを述べているの

では決してなく、むしろ〈自我〉自身の特定の存在様式、例えば、自己を喪失することを意味しているのである。(SZ: 116)

すでに見たように、「主体」とは一人称の「主語」(私は……)のことであり、この私を名詞化すれば〈自我〉になる。だから、この引用文の〈自我〉は「主体」に、〈非 - 自我〉は「非主体」に読み換えることができる。その際、非主体と言えば、主体性を欠いた何か、主体ではないもの、人間未満/以外と見なされる何かのことを指すと、ほとんど自動的に考えがちだ。だが、こうした硬直した言語感覚を緩めて、私たちが非主体について自分の関心事として問題にしている場面を思い出してみたら、どうだろうか。そのとき、主体的でないということは、自分の存在なのに自分で選択したのではないこと、つまりは非自己固有なあり方で自己喪失しているといった状態に関わっているのではないだろうか。

主体を自我として、それも恒常的な事物的存在性において解釈してしまったときには、私たちが主体とか自我を本当に問題にするときの問題——本当は、私は主体などではないかもしれない、ということ——はかき消されてしまう。だから自我や主体のように手垢にまみれた概念は、形式的告知の要領で、その意味をオープンにしておくほうが、結局は、これらの概念の探究に役立つかもしれないわけだ。なぜハイデガーは実存哲学者でないかを論じたときに確認したように、ハイデガーの探究は、実存の理想ではなく現実の経験から出発し、そこにとどまろうとする。

心と世界——哲学のスキャンダル

ハイデガーが主体という概念に見出している問題は、これで終わるわけではない。

私は何かを見、聞き、考え、想像し、評価する。この文の主語である「私」がこれらの経験の「主体」であるが、この主体は意識や心としばしば呼ばれる。主体とは意識である。この側面ゆえに、ズプイェクトの訳語として主体よりも「主観」のほうが（カントのテキストの場合でもフッサールのテキストの場合でも）使われることは多い。

心や意識は、それ自身は世界ではない何かだと見なされている。心や意識はむしろ、世界についての知覚や思考が展開される場であり、何かが見えていたり推論されたり想像されたりする場である。このような描像を抱いた途端、疑問が生じてくる。心の中で世界が表象されるとき、その内容は、外部の世界が実在している状態と一致しているのだろうか。私には目前のポストが赤く見えているが、本当のポストは別の色をしているかもしれない——。

多くの哲学者たちは、「心と世界」とか「主観と客観」とかが並存しているという存在論的地盤に依拠して、私たちからよそよそしく遠いものとして世界を描き、さまざまな哲学的パズルを提案してきた。この慣例についてハイデガーはこう述べる。

ひとは、認識することはさしあたりそして本来は「内側」にあるのだと、いや、そもそも物理的存在者や心理的存在者の存在様式をもたないのだと、一義的に固執すればするほど、認識の本質への問いと、主観と客観とのあいだの関係の解明において、ますます無前提的にふるまっていると信じるようになる。というのも、ここではじめて或る問いが生じるからである。つまり、認識しているこの主観はいかにして自らの内部の「領域」から出て、「他の外部の」領域のうちへと入って行くのか、そもそも認識することはいかにして対象をもちうるのか、主観が他の領域のうちへとあえて飛び込む必要なしに主観が結局は対象を認識するためにこの対象自身はいかに思考されねばならないのか、といった問いである。(SZ: 60)

『存在と時間』でハイデガーはこの種の問題設定を「認識論的」と呼んでいる。認識することは主観の内でなされると想定するや否や、主観と客観（対象）、内側と外側のあいだの溝を埋める必要が生じて前述のような一連の問題が生じる。しかし、認識論の課題はこれで終わりではない。先の一連の問い以前に、そもそも心の外部に世界は実在しているのか、という、抜きん出てラディカルに見える問いがある。

　この問いは「（外部世界の）実在問題」と呼ばれる近現代哲学の中心的な問題の一つとされるものだ。カントの『純粋理性批判』では、この種の問題に満足のいく証明がいまだ与えられていないことが「哲学のスキャンダル」*と呼ばれているほどである。外部世界の実在問題はこれほどまでに重大視されてきた。ところが、ハイデガーはこの問題の哲学的な重要性を衝撃的なまでに引き下げようとする。

〈哲学のスキャンダル〉は、この証明がなお欠けているということではなく、そうした証明が繰り返し期待され試みられていることの内に存する。(SZ: 205)

哲学者たちを悩ませてきた実在問題とは、それに直接的に回答することに真剣に取り組む必要などない、見せかけの問題に過ぎないと言いたいのである。このどんでん返しを理解するには、そもそも、いつどのようにしてこのような懐疑的な問いが生じるのかを考えることが有益だ。

おそらくあなたはこの本の表紙が存在することに今、疑いをもってはいないだろう。けれども、角度を変えれば表紙の色合いは変化するし、暗闇になれば表紙自体が見えなくなる。こうしたことを指摘されると、少し不安になってくるだろう。ひょっとすると、私が見ているものは世界のそのままの状態だと思っていたのは素朴すぎたのかもしれない。私には単に表紙がそう見えているだけであって、それが、表紙が本当に存在する仕方と一致しているかはわからない。考えてみれば一事が万事この調子であって、世界が実在しているかどうかだってわからない、と──。**

＊ 正確には、「哲学と一般的な人間理性にとっては一つのスキャンダル（醜聞）である」（カント『純粋理性批判（上）』原佑訳、平凡社、二〇〇五年、72頁）。

＊＊ このような問い方の典型に触れたい場合は、（ハイデガーが挙げているわけではないが）バートランド・

だが、ハイデガーが言いたいのは、このような思弁が物語っているのは、私たちはこのとき、「認識」という特殊な態度で、この本のもとにあるということでしかない、ということだ。借りたり読んだり片づけたりという仕方でこの本と関わっていたときには、まったく疑っていなかったことが、この本について確実な知識を得るべく認識しようという態度に変わった途端、わからなくなっている。事実はこうだ。あなたはあくまでさっきから継続してこの本のもとにおり、そこで（哲学者たちにおそらくは煽られて）体を動かしてこの表紙を別の角度から眺めたり、手にとってひっくり返してみたり、あるいは、本のそばでほとんど身動きせずに熟考したりしている。そして、思弁に飽きてくれば、移動するなり投げ捨てるなりして、この本から離れられる。世界は到達不可能な外部にあるのではなく、あなたはすでに世界に出てしまっている。いやむしろ、世界からの撤退は不可能であり、思弁の最中にも世界から逃れられない。

> ～へと向けられてこれを把握することにおいても、現存在は、さしあたりカプセルのように閉じ込められている自らの内部領域からまずは出ていくのでは決してなく、その第一次的な存在様式に従って、常にすでに〈外に〉存在しているのであり、そのつどすでに発見されている世界において出会われる存在者のもとに存在している。（SZ: 62）

このようなあり方は、現存在の最も基本的なあり方であり、ハイデガーが「世界内存在」と呼ぶものだ。認識は特殊で例外的な世界内存在の様態であるに過ぎない。ところが、哲学者たちはこの様態をまるでデフォルトのあり方かのように――「ますます無前提的にふるまっている」かのように――取り扱い、人々の不安を煽ってきた。他方、ハイデガーは、外部世界の実在証明を試みるのではなく、試みることをやめさせようとする。人々の精神を乱すのではなく、世界への信頼を失い内面に閉じこもって認識論の病をこじらせた人々をなだめる。(ウィトゲンシュタインについて言われる言葉を使えば)「治療的」哲学を自分の仕事にしていると言えるだろう。

太陽がそこにある――世界内存在としてのプシュケー

ハイデガーは、近現代の哲学のかなりの部分が従っている認識論的態度を保留して、外部世界の実在証明に悩む代わりに、世界において出会われる存在者との自然で親密な関係を復元しようとする。その際の手がかりの一つは、(これもまた翻訳論的エポケーの一種だが) 私たちに馴染みの心や意識のイメージを失効させるために、アリストテレスのプシュケー(心ないし魂)を提示することであった。『存在と時間』が刊行される三・四年前の講義『現象学的研究への入門』にはこうある。

ラッセル『哲学入門』(高村夏輝訳、筑摩書房、二〇〇五年)の第一章「現象と実在」をお勧めする。

『プシュケーについて』は近代的意味での心理学ではなく、世界の内での人間（ないし生き物一般）の存在を論じているのだ。* （EP: 6/9-10頁）

プシュケーはローマ字で表記すればpsychēであり、心理学（psychology）の対象としての「心」に相当するように見える。しかし、ハイデガーによれば、プシュケーを心と訳すことは誤解を招く。私たちは心と言われればすぐに閉じた内部の領域だと思ってしまうからだ。すると、アリストテレスが知覚、思考、意志を論じているとき、それらは内面の意識に生じる「体験ではない」（EP: 6/9頁）という、現代人とは異なる考え方をしていた可能性が封じられてしまう。

アリストテレスの『プシュケーについて』が問題にしているのは「世界の内での人間」であることを、ハイデガーは知覚に関して確かめている。一方で、認識論的発想では、角度が変われば色が変わることや、暗闇では何も見えなくなることは、私が見ているものが本当に世界の実在と一致しているのか不安にさせる一種のエラーであった。しかし、ハイデガー＝アリストテレスの考えではそうではない。『プシュケーについて』第二巻第七章の視覚論で、アリストテレスは、色はすべて光のなかで見られることを確認した上で、だから光とは何であるかがまず述べられなくてはならない、と、議論を進める。ハイデガーによれば、光に言及することによって、アリストテレスはここで、色の感覚可能性の条件を問題にしている。光は「天空の本来のあり方、事物を見させること、日中である」（EP: 8/12頁）ということをアリストテレスは発見した。「光は動く」と述べたエンペドクレスにアリストテレスが反対するのは、光そのものは（その運動を知覚できる）事物ではなく、むしろ事物を感覚可能にする条件だからである。光は、個別の事物ではなく、個別の事物がそもそも私たちに出会いうる条件に関わっている。では、色を見ている私たちのほうはどうなっているのか。

> 世界の内にある現存在には、太陽がそこにあるということが、つまり、「日中である」ということを確認するときに私たちが意味しているものが属している。（EP: 9/15頁）

何かが見えているという事実がその条件として求めているのは、私たちの存在様式を、閉じた内部としての意識ではなく、太陽のもとで世界の内に生きる存在として考察することなのだ。

振り返ってみると、懐疑的な認識論の問いの出発点は、「私には……が見えている」という事実であった。認識論的問題設定は、「……が見えている」のは内部の意識においてだと前提し、ではこの意識が表象している内容と実在している外部世界は一致しているか、というふうに問いを進める。しかし、ハイデガーの見方では、「私には……が見えている」という事実は、その条件として光のもとにあることを要求している。実際、認識論者も、暗闇では何も見えないという事

＊『プシュケーについて』の日本語訳としては、例えば以下がある。『心とは何か』桑子敏雄訳、講談社、一九九九年。『魂について』中畑正志訳、京都大学学術出版会、二〇〇一年。

実を、表象と実在の不一致への不安を煽るために用いている。けれども、この事実もまた、私たちは明るさと暗闇の中にいる（天空のもとにいる）という知覚の前提を確認させるだけだとハイデガーは考えるのだ。

もちろん現代人は、夜の暗闇を電気の明るさで消去しようとしており、明るさと暗闇の現状は複雑化してはいる。しかし、電気をつけることは、私たちが昼と夜が交替する世界の内に存在しているということをますます証拠立てるだけだ。天空の下で何かが影に入れば見え方が変わり、暗くなれば見えなくなる。これらはエラーであるどころか、世界における人間のありのままの姿である。角度を変えても色合いが変わらなかったり暗闇になっても依然として見えるままだったりしたら、そのほうがエラーである。

ハイデガーは、「外部世界は実在する」ことを証明しようとしているのではない。そうではなく、実在問題とは、その問いが前提している事実や回答しようとして訴える事実を確認していけば、私たちはすでに世界内存在している（すでに世界へと出ている）ことに言及せざるを得なくなり、おのずと重要な問題ではなくなる（解消される）というタイプの問題なのである。

> そもそも世界が存在するのかとか、この存在は証明されうるのかといった問いは、世界内存在の現存在が立てる問いとしては――だが、ほかの誰が立てるというのか――無意味である。（SZ: 202）

内面の領域に対してその外部に世界がよそよそしく横たわっている、というイメージに固く拘束された私たちに対し、世界内存在という簡素な概念は世界をずっと近いものにする。私たちが世界と関係する最も基本的な存在様式は、世界内存在であり、純粋な認識という人工的構えも、認識論的難問を問うというふるまいも、その一様態に過ぎない。逆に言えば、世界内存在に基づいてこそ、奇想天外なほどにラディカルに見える認識論的問いも、なぜどのようにそれが問われるに至るのか、という由来が示されることで現実に結び付けられる。

この由来を追跡した場合、「外部世界は実在するか」という問いへの適切な答えはイエスでもノーでもないことが判明しはする。それはまるで、「次の数字の内、偶数の数の合計は奇数であるか、それとも偶数であるか。1、5、7、11、19」という問いへの最も正しい答えが、「奇数」でも「偶数」でもなく、「そもそも与えられた数のなかに偶数はないのだから、この問いに答えはありません。問題の立て方が間違っています」であるのに似ている。そもそも心と世界は並存しているという前提がおかしい。だから、外部世界は実在するかという問いは、それに答えることがなおも試みられていること自体がスキャンダルなのだ。

認識論的な問題設定が存在論的に見てトラブルなのは、一切の問いと答えが、私たちを主観や意識として存在するものと見なす前提に依拠していることだ。ハイデガーによれば、私たちを主観として捉える考え方は、それが外部世界ではないとどれだけ強調しようが、常にあらゆる経験に居合わせるという恒常的現前の理念に訴えている限り、結局は、事物的カテゴリーで私たちを把握している。リチャード・ローティ（一九三一―二〇〇七）とともに言えば、私たちは、自分自身を、物事が表象される劇場として、ないしは自然（世界）を映し出す「鏡*」として事物的にイメージすることをやめるべきである。部屋に置かれた鏡はその光景を映し出すが、私たちはその部屋の住民である。私たちは世界を映し出すのではなく、世界に住んでいる。

世界内存在とは住まうことを意味する

ハイデガーは、現存在（存在を問うている私たちのこと）の根本的なあり方を、主観でも実体でもなく、「世界内存在」として提示した。日本語でこう提示されると深遠に聞こえるかもしれないが、原語の中性名詞化のニュアンスをそのまま表現すれば、「世界の内に存在すること」と柔らかくなる。素朴な事実を形式的に告知した語なのである。だが、世界内存在はどのように特徴づけられ、概念的に把握されうるのか。

一つのありうる特徴づけはこうである。私の外に世界があるのではない。私が世界の内にあるのだ。つまり、世界を傍観者のように眺めているのではなく、世界の内にあって自分の周囲に拡がるものとして世界を見ている。このように言うことは、外部世界なるものではなく、世界内存在のほうへとパースペクティブを転換する点では有益である。しかし、問題は「内に存在する」ということの意味である。何かが別の何かの「内に存在する」という場合、まず思いつくのは、より大きな何かにより小さな何かが収まっている、という図である。コップの中にスプーンが入っているように、私たちも世界の内に収まっているのだ、と。

ハイデガーはこうした見方を拒絶する。この見方は、現存在の「内存在」を事物のあいだの「〈内部性〉」(SZ: 56)と同じように理解しており、現存在を事物化するというミスを犯しているからだ。だが、現存在の「内存在」を把握するためには、「内部性」という事物的規定から自由にならなくてはならない。そのために、ハイデガーは次のような説明に訴える。

内存在は、事物的存在者が空間的に〈相互に内にある〉ことを意味するどころか、〈内〉は根源的にはこのような様式の空間的関係を全然意味していない。〈内(in)〉はinnan-に由来し、これは、住まう、居住する、滞在するということであり、〈で(an)〉は、私は慣れている、何々と親しんでいる、私は何かに携わっている、という意味である。(SZ: 54)

世界内存在とは、世界の内部に空間的に出来《しゅつたい》することではなく、根源的には世界の内に「住まうこと」を意味する。こういうハイデガーの論じ方は、怪しげな語源主義だとして嫌がる人も多い。だが、私たちは翻訳論的エポケーと形式的告知の方法についてすでに見た。語源に訴えるこ

＊　ローティは自然を映し出す鏡として人間を捉える哲学を認識論と呼び、認識論に対する代表的批判者としてハイデガーを呼び出している。ローティ『哲学と自然の鏡』野家啓一監訳、産業図書、一九九三年。

とは、ハイデガーにおいて、私たちの常識で凝り固まっている固定観念をまずは括弧に入れ、当該の概念を問いうるものへと変える準備作業に過ぎない。世界の内に住まうということがどういうことかは、語源学からは独立に、哲学的に探究されていく。

ハイデガーがすぐに指摘するのは、事物的な意味での世界とは別に、実存的な意味での世界についての語り方が実際にある、ということだ。つまり、世界とは、現存在がその内で「〈生きている〉」ものだ、という理解である（SZ: 65）。例えば、私たちは、「あの人は演劇の世界で〔in〕生きている」とか、「あの人はアカデミズムの世界で〔in〕生きている」などと言う。この場合に問題になっているのは、大きな容器に小さな事物が入っているという空間的関係ではなく、「かくかくしかじかの仕方で慣れ親しんでいるものとしての世界のもとで住んでいる、滞在している」（SZ: 54）ことだと言うほうが適切だろう。その人物は、演劇なり学問の世界にそれなりの時間をかけて精通しており、単なる情報を通してではなく、その世界の住民として活動する生活との関連でその世界のことをわかっているはずだ。その世界には他人がいて、特定の道具が属しており、その人物は、その世界での他人との付き合い方や道具の用い方も理解しているだろう。こうしたことの一切が世界内存在には属している。内部性の理念から一度解放されれば、日常的表現を手がかりに考察すべき事柄はたくさん見つかる。

だが、これで考察は軌道に乗ったと安心することはできない。住むとか滞在するという表現は（当然のことだが）住まいに関連する言葉である。だが、住まいと言えば、まず、住むことので

存在論的な意味での住まうこと	その諸側面
世界内存在	建てること、居住すること、生活すること

きる建造物があって、次にその中に人が入り、そこで生活することで、単なる建造物が、慣れ親しんだ「住まい」と呼ぶにふさわしい場所に変わっていくのではないか。そうだとすれば、空間的な内部性が第一のベースだということになる。内存在を「住まうこと」とすることで、かえって、世界は大きな容器のようなものというイメージが喚起されるのではないか――。

　世界内存在を考察するための出発点に「住まうこと」を置くとしても、ただちに、では「住まうとはどういうことか」が問われる。面白いことに、ハイデガーは実際、世界内存在の分析を、ハンマーや釘を使って家を建てるという場面に即して行っている。なぜ、住むことではなく建てることなのか、と思うかもしれない。ここで重要なのは、二つの次元の区別である。世界内存在としての住まうことは、個別の家を建てたりそこに居住したりすることに先立つ根源的なあり方であり、現に建てることもそこに居住することも、世界内存在として世界に住まうことの一部なのである。後年の講演「建てること、住むこと、考えること」ではこう言われる。

> 私たちが住まうのは建てたからではなく、むしろ、私たちが建てるのは、また建てたのは、私たちが住まう限りにおいて、すなわち、住まう者として存在する限りにおいて、である。(BWD: 150/68頁)。

そもそもなぜ私たちは建てるのか。それはこの世界で存在しており、この世界に住んでいるからである。太陽の存在という先の論点とリンクさせるなら、私たちは、朝と昼が交替し、光と闇が交替し、季節が巡り、風が吹き、雨が降る、この世界の内に存在しており、そこで存在するしかない。コップの外部に出てもスプーンはさっきと変わらずそこにあるだろうが、現存在は世界の外部に出てもさっきと同じように存在する、ということはない。仮に世界の外部に出ることができるとしても、それは、現存在にとってはもはや存在しないことを、つまりは死——象徴的に言えば、他界——を意味する。私たちは、この世（界）に生まれ、滞在し、そこに住まい、そして死んでいく。実際に建てること、その建物に居住すること（暮らすこと）などは、存在論的な意味での住まうこと（＝世界内存在）の諸側面なのである。

＊

本章での議論をまとめよう。なぜ主体でも心でもなく世界内存在なのか。まず、実存において自らがどう存在できるかが問題である限り、現存在は一定の可能性へと被投されており、自分自身を獲得したり喪失したりという揺れのなかにいる。ところが、主体の概念は、一切の経験に恒常的に居合わせる何かとして一種の事物化を被ることで、私たちの存在の脆弱さを覆い隠し、それを堅牢な何かのように見せかけてしまう。さらに、主体が意識の主観と受け取られる場合、世界は主観ではない何かとして、よそよそしい外部世界としてその実在を疑われるに至る。しかし、私に見えているものは本当に外部の実在と一致しているのか、といった認識論的な問題設定は、アリストテレスのプシュケーの概念を経由して考え直してみれば、むしろ、太陽の下、世界の内に存在しているという前提なしには成り立たないことがわかる。ハイデガーは、私たちの存在の脆《もろ》さを覆い隠し、世界を現実に反して私たちから疎遠にする危険性の高い主体や意識の代わりに、むしろその脆さや世界との親密さを理解可能にする世界内存在を現存在の基礎的なあり方として提示する。そして、この世界内存在とは、より大きな何かの中により小さな何かが収まっているという事物的イメージでは捉えられず、むしろ、世界の内に住まうこと、滞在することだと告知される。

以上で、『存在と時間』の輪郭は描かれたとしよう。ハンマーと釘で家を建てる日常的場面から、宇宙規模の巨大な思考へ。この世界の内に存在し、死の可能性も含めてその存在を可能性へと企投しながら実存する現存在。何かを作ったり何かをしたりするために道具的に存在する存在者。認識するという活動に対して事物的に現前する存在者。これらの体系的連関はどうなっているのか。『存在と時間』の各論がこの先に待っている。なぜハンマーと釘の分析が存在論なのか、本書第二部は、まずこの問いから始めよう。

第二部

『存在と時間』前半（第一篇）の要点

第四章
なぜハンマーと釘の分析が存在論なのか

大工職人の哲学なのか

第三章の話を少し振り返ろう。私たちが存在する基礎的なあり方は世界内存在であると、形式的にこう言うことは簡単だが、現存在の存在を把握する実存カテゴリーとしての「内存在」を獲得することは難しい。まず、「○○の内にある」と言えば、「コップの中にスプーンがある」というような事物的な内部性のイメージを抱く習性を正さなくてはならない。事物的存在性の理念で一切を解釈する私たちの傾向を和らげるべく、ハイデガーは、内存在は「住まうこと」を意味するという翻訳論的エポケーを遂行していた。

では、その場合、私たちがそこに住まう世界とはどういうものか。事物の総体としての世界という（単純だが、含蓄に欠ける）イメージに抗って、本当に私たちがそこに生きている世界をそれとして見させることはどうやったらできるのか。『存在と時間』第一編第三章（第十四―二十四節）はこの問いに向けられている。ハイデガーは、翻訳論的エポケーの指示に従って、ハンマーや釘で家を建てる場面を典型例として、私たちが住まう世界を立ち現れさせる。

外部世界をありのままに認識することに主たる関心を集中させてきた当時の哲学界にあって、ハンマーや釘といった大工道具に繰り返し言及するハイデガーの分析が異様に見えたことは想像に難くない。ハイデガーの哲学は、大工職人（クラフトマン）の哲学として揶揄《やゆ》されたりした。ハイデガーが実際にトートナウベルクの小屋を愛し、この小屋について多くを語っているという事情も関係していよう。

しかし、私は、大工職人の技術に目を向けることが何か瑣末なことをやっているように見えるという態度のほうに困惑してしまう。きっと、（モーリス・メルロ＝ポンティ〔一九〇八―六一〕が着目したような）画家の創作行為ならば軽く見たりしないだろう。* そうだとすれば、特定のタイプの技術（使用され有用なものを作り出す技術）は別のタイプの技術（鑑賞されるだけのものを作り出す技術）よりも低い価値しかないと（無自覚に）判定しているのかもしれない。

『存在と時間』はこのような偏見に「存在論的に」反対する。ハンマーや釘で家を建てるという制作の行為は、私たちにとって世界がどのように開示され、その世界の内部で存在者がいかに

* メルロ＝ポンティは、「画家はその身体を世界に貸すことによって、世界を絵に変える」という事態を現象学的に分析した。メルロ＝ポンティ『眼と精神』滝浦静雄・木田元訳、みすず書房、一九六六年、257頁。

出会われるのかを、まざまざと理解させてくれる。

大工職人の技術の価値を低く見積もる偏見は取り除けたとしても、なぜハンマーや釘が存在する仕方の分析が存在論と呼ばれる哲学の一部になるのかは、依然として謎であろう。家を建てる行為は、安楽椅子で思索にふけったり、絵画を鑑賞したりする哲学者好みの文化活動からは懸け離れた肉体労働の行為だ。それでいて、詩作や鑑賞の空間的条件を作り出す行為でもある。ハイデガーは、哲学者の多くが、その現実の生活のなかでは浸っていながら哲学的考察の中心から外してきた、住まうことの現場から、存在論を再建する。

環境世界と道具

第一章で論じたように、世界内存在をその平均的な日常性において把握するという課題は、世界認識に第一に定位する場合には飛び越されてしまう。そこで、ハイデガーは、私たちが日常的にそこで生きている世界は、内部の意識に対する外部世界ではなく「環境世界」だと狙いを定める。

外部世界ではなく環境世界だとは、どういうことだろうか。ドイツ語で世界はWeltである。世界認識のモデルとなる「世界」は、「外部の（außen-）」という前綴りを伴って「外部世界（Außenwelt）」と呼ぶのが慣例となっている。「私が心の内で思っている通りに外部世界は存在しているのだろうか」といった認識論的問いにおいて、世界とは私でないものにほかならない。

他方、「環境世界（Umwelt）」という語において、世界の前に付加されている「um-」は基本的に「周囲」を表している。日常的に私たちがその内で生き、慣れ親しみ、活動している世界は、この私の周囲に拡がっているものとして、私の世界として経験される。Umweltは「周囲世界」とも訳される。

環境世界の内部に私たちはさまざまな存在者を見出す。今、あなたの周囲には何があるだろうか。机の上には本が置いてあり、メモを取るためのペンがその脇に置いてあるかもしれない。あなた自身は椅子に座り、その椅子は机とそれほど遠くないところに位置しているだろう。夜であれば、卓上のライトがついており、昼であれば、日光を遮《さえぎ》るカーテンが閉まっているかもしれない。読書中のあなたにとって、ここで挙げた存在者はどれも本を読むための道具であり、道具的に存在している。あなたは、その本の大きさもライトの重さ（何センチであるか、何グラムあるか、など）も厳密には知らないだろうし、もしかすると、握っているペンの（インクではなく）本体の色が何色なのかさえ、意識しておらず――明らかに視野には入っているのに――すぐには言えないかもしれない。なぜなら、環境世界の内で私たちが存在者と結ぶ一次的な関係にとって、事物としての物理的性質を認識することにはポイントがないからである。むしろ、「配慮的気遣い」―と呼ばれるあり方で、私たちは存在者を「〈何かをするための或るもの〉」（SZ: 68）として、つまりは道具として使用したり、あるいは道具となるものを作ったりしている。どんなに正確に色や重さの詳細を述べられたとしても、ペンが何のためのものかを理解していない（それでもって何をできるのかがわかっていない）のであれば、本当にそれをペンとして理解しているとは言えないだろう。

ペンが何グラムなのかは、そのペンが店に陳列してあろうが、机の上で使用されていようが、変わらない。物理的性質は周りにどういう存在者があるかには依存せず、移動可能である。しかし、ペンが実際に使われる道具として現れるときには、そうはいかない。机、本、ライトなどとの適切な関係のなかになければ、ペンは「書くための」道具として存在できない。机が安定していなかったり、手元が暗かったりすると、ペンはペンとして本領を発揮できなくなる。

厳密に言えば、一つの道具だけが〈存在している〉ことは決してない。（SZ: 68）

存在者が「何かをするためのもの」としてあるときには、必ず、そのものから別のものへの指示がある。机は本を置くために、ペンは本に線を引くために、ライトは本を照らしだすために、あるいは、本棚は読み終わった本を収納するために、あるいは、床は机や椅子を支えるために、など。最後の例で言えば、まず床、机、椅子が互いに無関係にあり、事後的に関係づけられるのではなく、床—机—椅子などの帰属性があらかじめ理解されていてはじめて、それぞれの存在者は道具として現われうる。例えば、机は、床の上でぐらつかず、椅子に座った人が物を置けるようなものとして最初から制作され、出来上がれば、床の上、椅子の前に設置される。

> 道具は、その道具的性格に応じて、文房具、ペン、インク、紙、下書き、机、ランプ、家具、窓、ドア、部屋などのように、他の道具への帰属性のほうから常に存在している。(SZ: 68)

外部世界ではなく環境世界を分析することは、道具的存在性という存在カテゴリーを獲得すると同時に、存在論的概念としての世界（の世界性）への通路を開くという課題を担っている。「存在論的」と言うのは、存在者を存在者たらしめる一つの条件として、という意味であり、条件とはこの場合、存在者が有意味に存在しうる文脈を与える、というほどのことである。存在論的な意味での世界は、ここでは帰属性という言葉で示唆されているだけだが、「有意味性」という概念へとやがて練られていく。その詳細は第五章に譲る。

「自然／人工物二元論」の棄却

道具と言えば、人間が技術によって生み出した「人工物」のことだと思うだろう。たしかに、机、ペン、鞄など、使用可能なものとしてそこにある存在者はどれも、道具として制作された人工物である。こうした人工物は、人間によって加工されていない「自然」と通常対比される。雨や太陽は「自然」である。ところが、ハイデガーはこの自然／人工物の二元論を棄却する。雨や太陽も道具的に存在しうるし、机や鞄も自然として発見されうる。

まず、家を建てるという場合、家は居住のための道具であるが、この道具（家）を建てるために使われているのも道具（ハンマーや釘）である。ある道具を制作するために別の道具を使っている。さらに、ハンマーや釘といった使用中の道具もまたかつて制作されたものであり、これらが制作されるときにはまた別の道具が使用されていた。道具とは、それが制作される場面にさかのぼって言えば、制作が完了して完成したもののことであり、そのとき、例えば家は住むための道具として使われ始めるのである。

道具についてこのように考えてみるとき、道具には、自然的側面、公共的（社会的）側面、歴史的側面までもが緊密なつながりにおいて貼り付いていることがわかる。

第一に、制作された道具には「原料」としての自然への指示がある。何であれ人工物は何らかの原料から作られたものである。机は木から作られる。ハンマーは鉄から作られる。もとをたどれば、何でも必ず自然をその由来としている。

> ハンマー、ペンチ、釘は、それら自体に即して、鋼、鉄、銅、岩石、木材を指示している——前者は後者から出来ている。（SZ: 70）

注意が必要なのは、机やハンマーはそれが自然を原料として作られ、制作が終わった時点で自然であることをやめたのではない、ということだ。机はその制作が終わった後も木製であり、ハンマーは鉄製であり続ける。そしてその自然的性質が変化すれば、道具的存在としての様子も変化する。水に濡れて朽ちてくれば机は道具としてはもはや使用可能でない（もはや「机」ではない）。その意味では、人工物に囲まれていても私たちはなおも自然のただなかにいる。

第二に、「環境世界的自然」（SZ: 71）と言うべきものが、どんなに高度に技術化された環境でも必ず発見されている。先に遮光するためのカーテンを挙げたが、このカーテンは太陽（の光）という自然との関係でしか道具的に存在しえない。

> 屋根付きのプラットフォームは雨天を考慮に入れており、公共の照明設備は暗闇を、ということは昼の明るさの有無という特殊な交替を、つまりは〈太陽の位置〉を考慮に入れている。時計においては、そのつど宇宙体系における特定の星位が考慮に入れられている。（SZ: 71）

コンクリートで塗り固められた都会には自然なんて見出されないと思うかもしれないが、そうではない。むしろ、道具的存在者を使用するなかで、私たちは自然と関わっている。屋根の下に入ること、灯りをつけること、時計を見ること。どれも自然との交渉という一面をもっている。

なお、Umwelt の訳語に関して言えば、こうした巨大な空間的規模ゆえに、小規模の狭い空間を想起させる「周囲世界」よりも「環境世界」のほうが適切だろう。Umwelt は「環境問題（Umweltproblem）」といった仕方で使われるように、宇宙的な規模をもつとともに、それでいて日常の身近な関心に結び付けられる概念である。

道具から見える社会・自然・歴史

ハイデガーの議論では、道具を作ったり使ったりすることは、私たちがどこでも常に自然の内に存在することだけでなく、どこでも常に他者と一緒に存在していることをも際立たせる。たった一人の部屋にいようとも、道具の存在は、この世界には私以外にも現存在が一緒に存在していること、他者の存在は世界の消去不可能な契機だということを示している。

> 制作品とともに出会われるのは、道具的に存在する存在者だけではない。人間という存在様式をもつ存在者、つまり、制作されたものがその者の配慮的気遣いにおいて、その者にとって道具的に存在することになる存在者も出会われている。* (SZ: 71)

革製の鞄を例にとれば、この道具は最終的には動物から剝ぎ取られた獣皮から作られているが、この制作の過程には、鞄職人だけでなく動物の飼育者も関与している。この制作者は、この道具を使う人の身体に合わせてそれを作っているのであり、オーダーメイドの場合にはその使用者に、大量生産の場合には平均的なひとに合わせて道具を作り出している（SZ: 70–71）。普段はこうしたことに意識が向かないかもしれない。だが、道具の具合が悪かったり特に良かったりするとき、私たちは道具自体ではなく、原料の供給者や道具の作り手の腕の良し悪しを話題にする（SZ: 117）。今、自分の部屋の道具一式について、それがどのように制作され供給されたのかを考えてみよう。数え切れないほどの人々が関与してきたことがわかるだろう。どんなに身近な環境世界もそれは同時に「われわれ世界」（SZ: 71）という共同性を含んだ世界なのだ。

次に、制作された道具はプライベートな所有物であるとは限らず、「公共世界」（SZ: 71）を占めてもいる。先に触れた駅のプラットフォームや照明設備はほんの一例に過ぎない。「道路、道、橋、建物」（SZ: 71）などはすべて共同で使用する道具であり、それらの道具の必要性、利便性、デザインなどは公共の問題である。

道具が浮き彫りにする私たちの生活の共同性や公共性は、一般に「社会」と呼ばれる領域をだいたい指しているだろう。生活物資の供給不足や都市計画の是非は「社会問題」と呼ばれるものの一部だろう。そして、社会は自然から区別された、人間に特有な領域のように考えられがちである。だが、自然／人工物の二元論を棄却するハイデガーは、公共世界は環境世界的自然とともにあらわになることをやはり強調する。プラットフォームが雨天を、照明設備が太陽の位置を考慮に入れているのと同様に、道も橋も地形を考慮に入れずには制作も使用も不可能である。『存在と時間』の終盤の時間論には、公共性の起源は、そもそも太陽の位置を考慮することだ

＊『存在と時間』に頻出する「出会われる」という表現は、存在者が現存在に「とって」存在することを広く指している。第六章でより詳しく論じる。

という見解すら現れる（第八十節）。日が昇れば一日が始まり、日が落ちれば一日が終わっていく。朝、仕事や学校に慌ただしく向かう人たちがおり、夕方、その人たちは寝床となる家へと帰っていく。一日の始まりや終わりという区切りは、一方で太陽の位置の考慮によってつけられるが、他方で、仕事なり就寝なりの「何かをするための時間」（SZ: 412）として、自分たちの行為に引きつけて理解されている。

そもそも公共的活動は何であれ、時間を合わせてそこに人が集まることでなされる。そのためには、今がいつであるかを確認することが必要となる。時計においてはそのつど宇宙体系における特定の星位が考慮に入れられている限り、あらゆる社会活動は自然をあてにしている。

ところで、社会というものは、今生きている人々の世界を意味するだけでなく、歴史という過去への拡がりももっている。ハイデガーは、道具が、私たちの世界の空間的・水平的な拡がりだけでなく、時間的・垂直的な拡がりも示していることに注意を促している。先に見たように、居住のための道具（家）を作るときには別の道具（例えば、釘）が使用され、その使用中の道具が制作されたときには別の道具（製釘機など）が使用されていた。そしてこの別の道具がかつて制作されたときにはさらに別の道具が使用されていた……。道具の制作と使用のこうした連鎖は、私たちの世界内存在の歴史性を物語っている。無数の道具が作られ使われては朽ちて消えていった。しかし、古い道具でも、もう使用されないにもかかわらず、大切に保存され、長い時間を経て今なお存在しているものもある。（歴史）博物館のように公的にそれを行う機関もある。

ハイデガーは『存在と時間』第七十三節で、博物館に陳列された古い家具を例に挙げ、この道具はどういう意味で歴史的存在なのかを問うている。私たちはこの道具は「過去の道具」だと言うが、他方でこの道具は博物館でまさに今、存在している。では昔から長期間存在してきたという事実が、この道具を歴史的にしているのだろうか。しかし、昨日より今日のほうがこの道具が長く存在しているからといって、昨日より今日のほうが歴史的になった、とは言わないはずだ。

何が〈過去に〉なったのか。世界にほかならない。すなわち、その〈事物〉が、ある道具連関に帰属しつつ、道具的存在者として出会われ、配慮的に気遣いつつ世界内存在する現存在によって使用されていたその世界である。(SZ: 380)

その道具(茶碗だとしよう)はかつて、誰かが匙《さじ》や皿などと一緒に、つまり、ある道具連関に帰属しつつ、使用されたり洗われたり保管されたりしていただろう。言い換えれば、ある現存在が世界の内に住まうことのうちで、この茶碗は配慮的に気遣われ、道具的に存在していた。ところが、その現存在はもはや存在しない(死んでいる)ので、この茶碗はその生活の文脈から放り出されてしまった。この茶碗は脈略なくただそこに現前しているだけの事物として示される。博物館に陳列された目の前の道具に感慨を覚えるとすれば、それは、かつてその道具が帰属していた世界が、もっと言えば、その世界の内に存在していた現存在がもはやいない、ということが、道具を通じて告げられているからである。

存在論の観点に立つ

ハンマーで釘を打って家を建てるという例は、『存在と時間』で重要な役割をもっている。だが、もちろん唯一の例ではない。配慮的気遣いの典型である制作と使用に関する例としては、これまでにも、大工の仕事場以外に、ペンや机が置いてある書斎、鞄や服のように身につけるもの、プラットフォームや博物館のような公共施設などが出てきた。これらはすべて世界の内に住まうその日常性において出会うものたちである。家を建てることは、制作と使用の関連がとても見やすく、さまざまな配慮的気遣いの良きモデルとして『存在と時間』のなかで機能している。

しかし、なぜこうした分析が存在論をしていることになるのかはわかりにくい。そこで、存在の意味への問いの原点にここでたち返ろう。

まず、『存在と時間』の存在論は、存在者が存在すること一般を扱おうとするものだ。諸学問は、自然、歴史、社会などの領域を自らの対象とし、そうした区分で切り出された限りでの世界を問題にしている。私たちも、世界について考えようとすると、こうした学問上の分類を思い浮かべ、それらをつなぎ合わせれば世界といったものを把握できると思いがちだ。しかし、私たちがその内で生き、そこに住まい、存在しているような世界は、理論的な区分以前にすでに、世界として生きられている。すでに見たように、道具がその内部で存在する環境世界を考察していると、むき出しの自然と加工された人工物という区分が失効し、目の前の存在者から太陽の位置までもが連関する宇宙規模の思考に巻き込まれると同時に、公共性や歴史の次元が開かれる。家を建てたり、そこで活動したりすることの分析は、特定の領域の存在者ではなく、何であれ何かが存在するとはどういうことか、という巨視的な存在論の観点に立たせるのだ。

もっとも、存在論の課題は、単に思考の規模を拡げることではなく、存在のカテゴリー的規定を獲得することであり、存在の多様な語られ方の連関を見抜いてその統一を示すことである。そして、ハイデガーは現存在ではない世界内部的存在者の最広義のカテゴリーを、道具的存在性と事物的存在性として析出することを課題として掲げた。手近な道具の分析はこの存在論的課題へと向けられており、こう言われる。

道具的存在性は、〈それ自体で（an sich）〉存在する通りの存在者の存在論的－カテゴリー的規定である。* (SZ: 71)

道具的存在性というカテゴリーを理解するためには、このカテゴリーはいわゆる人工物だけでなく自然にも適用可能であり、ハイデガーの例には太陽も動物も含まれていたことを銘記する必

＊ この一文は原文ではすべて強調されているが、読みやすさを考慮して強調のための傍点は省く。

要がある。また、どんな道具も自然に由来をもち、自然事物（木製や鉄製など）として発見可能でもあった。つまり、道具的存在性は、単に通常道具と呼ばれる存在者の領域を指しているのではなく、人工物／自然や無生物／生物といった領域にかかわらずに、およそ存在者が何かのために（つまり、道具的に）存在する仕方を概念的に規定するものである。

さらに注意したいのは、第二章で論じたように、『存在と時間』の存在論では、現存在以外の存在者のカテゴリーと、現存在の存在を把握するための実存カテゴリーとをそれぞれ獲得することが目指されていることだ。道具的存在性のカテゴリーを得るという課題は、同時にこれと区別された実存カテゴリーの獲得という課題とセットである。すでに見てきたように、道具の分析は、自然であれ人工物であれ世界内部的存在者が道具的に存在するあり方を論じるものであるとともに、共同存在や歴史性といった現存在の存在に特有な実存カテゴリーを提示するものでもあった。例えば、道具の分析は、他人もこの世界に一緒に存在していることが世界内存在という現象に含まれていることに触れていたが、この「共同存在」という概念は、目下検討している『存在と時間』第三章のあと、第四章（第二十五―二十七節）ではっきりと取り上げられる（本書では第七章で論じる）。私たち以外の存在者である道具の分析が、私たち相互の関係である共同存在という実存カテゴリーの告知にうまく結び付けられていることは注目に値しよう。

外部世界の存在証明といった話題を好む哲学者は、私（の心）がたった一人（ほかに誰もいない）世界と対峙しているといったイメージに飛びつきがちだ。あるいは、他者も事物と同様に、一次的には単なる身体として私の知覚する世界に出来している、というイメージだ。こうした哲学者が、目の前の机は本当に存在しているのかなどと問うているとき、その机は生産者が消費者に向けて作ったものだとか、運搬され店に陳列してあったのを友人が買って贈ってくれたものだとか、そういう社会関係はまるで頭に入ってこないようである。しかし、私たちにとって机が存在することの現実を本当に理解したいなら、私の心と世界だけが登場するようなSF的状況に定位することに意義があるだろうか。もちろんフィクションならよいが、哲学をすることはフィクションを書くこととは別の活動である。

実存カテゴリーとしての歴史性とは、私たちの実存からは独立に客観的に実在する歴史というイメージではなく、私たちの実存に関与し、世界内存在の理解に結びついているような、歴史に関わる概念である。客観的に実在する歴史とは、現在の出来事が時間の経過とともに次々に過去の出来事になり、理想的な観察者によって、一切が年表のようなリストに書き出されうるはずのものである。これに対して、先に見た博物館の道具の例が語っているのは、私たちの現在に対して歴史的な過去というものが成立するのは、出来事が過去のものになったということではなく、その道具が帰属していた世界、あるいはその世界の内に住まう現存在が不在であるのに、その道具が「事物」として陳列されて目前にあるという——もはや埋めることのできない——ギャップゆえだ、ということである。このギャップには、理想化された（それゆえフィクショナルな）観察者ではなく、むしろ、事物の耐久性に対して儚《はかな》く有限な生しかもたない存在者こそが気づきうる。[*] つまり、死にゆく存在だ。実存カテゴリーとしての死については第八章で論じよう。

実在概念を豊かにする

道具の制作と使用の分析は、このように『存在と時間』の存在論的課題の各方面に関わっており、考察の複数の道筋を密接な関連のなかで指し示している。のみならず、存在論のトピックにダイレクトに取り組んでいる面もある。それは、実在概念をどうするか、という問題である。先の引用で、道具的存在性は、「それ自体で（an sich）」存在する通りの存在者のカテゴリー的規定だという表現がでてきた。アンジッヒは、カントの「物自体（Ding an sich）」と同じ表現であることに気がついた人もいるかもしれない。慣例的には、私たちの側の意識から独立して事物が実在する仕方に関わって使われる表現である。実在もまた存在の語り方の一つである。

事物は私たちの意識から独立して実在するのか。この問いは哲学者たちにしばしばこういう想定を抱かせてきた。例えば、誰一人として見たことがない、ある山の上の一輪の花は実在するのか。意識を持ったすべての存在がいなくなってもなお世界は実在するのか、など。こうした想定の問題点はこう指摘されてきた。この種の問いにはまともな仕方ではイエスともノーとも答えられない。というのも、これらの問いに答えるためには、私たちの意識ではない何か別の視点——ひっそりとした山の上の状態や人間の消滅した世界をどこからともなく見ている視点——から語らねばならないからだ。それは神の目のようなものを定立することだろうから、信頼に足る答えは得られそうにない。では、事物は私たちが意識のなかで表象する（信じたり欲求したり想起したりする）作用のなかに現れ出るに過ぎないのか。私たちの意識から独立した実在について語ることはできず、私たちがアクセスできるのは意識の内部に限られるのか。実在論に困難を感じると、今度は観念論的な見方に誘惑されるというシーソー状態になりがちだ。

実在論と観念論の対立は当時流行中の論題であり、今も人気が衰える兆《きざ》しはない。道具の分析においてハイデガーは、こうした問題設定とは違う角度から「それ自体」の存在ないし実在の概念を練り直している。ハイデガーは、誰の意識からも独立に事物は実在しているのか、それとも世界は意識内部で閉じているのか、という理論的想定をしない。むしろ、何でもない日常生活へと帰還する。日常のなかでいかに存在者が「それ自体」で独立した実在として経験されるのかを具体的に問おうとする。認識論的問題設定（とハイデガーが呼ぶもの）が飛び越しがちな日常性にあくまでとどまる、という基本姿勢が『存在と時間』にはある。

さて、日常的な経験において事物を意識するとはどういうことか。一つには、その事物を見るということがあるだろう。その事物がまさにそこにあることを見る、あるいはそれが何であるか

＊　この耐久性や永続性こそが死すべき人間の世界をあらしめる、という点をアーレントは強調した。アレント『人間の条件』（志水速雄訳、筑摩書房、一九九四年）第四章。この箇所では、ハイデガーに含まれていた論点をハイデガー以上に豊かに展開する、アーレントなりのハイデガーの継承が発揮されている。この点については以下が詳しい。森一郎『死を超えるもの――3・11以後の哲学の可能性』、東京大学出版会、二〇一三年。

をまじまじと見る。すなわち、注視したり観察したりすることがある。あるいは、その事物について考えるということがあるだろう。このペンはイギリス製で高価であるといった判断を下すこともあれば、これは一体何のためにここにあるのだろうと熟慮するということもあろう。

ハイデガーが指摘するのは、私たちが道具を使用しているとき、その道具へとこうした意識作用は向けられていない、という点である。

> ハンマーという事物はぽかんとして眺められるだけであることが少なければ少ないほど、つまり活発に使用されればされるほど、この事物への関わりは根源的になり、この事物はそれがそれである当のものとして、つまり道具として、ますますあからさまに出会われる。
> （SZ: 69）

ハンマーであれ、歯ブラシであれ、キーボードであれ、それが使用されているときには、これを注視するということはない。ハンマーで木に釘を打ち付けているとき、ハンマーに（その形や色の見事さに気がついて）目を奪われるとすれば、痛い目に遭うだろう。歯ブラシをぽかんと眺めていたら歯磨きは一向に終わらない。論文を書いているときに、キーボードをまじまじと見るのは、打鍵しても文字が現れないときなどだろう。これらのいずれの場合でも、当の存在者は道具として現れ損なっている。他方、これらが道具としてあるがままに現れているときには、道具は透明であり、私たちはその存在に気を留めもしない。本を読むために太陽の光を利用しているときに、太陽のことを見ることはないし、たいていは太陽の存在に気がついてもいない。太陽を見つめてしまえば、太陽は本を読むための道具であることをやめ、あなたの目を潰すだろう。

では、存在者について考えるというほうはどうだろうか。ハンマーをぽかんと見ながらそれが外国製であることを思ったり、その絶妙な質感を言い表そうとしたりしている、としよう。そのときこのハンマーは釘を打つための道具としてではなく、さまざまな性質によって規定される何かとして、つまり事物的に存在している。あるいは、これは何のためにあるのかと熟慮しているならば、そのとき、この存在者はまさに道具的に存在できずに、事物的にごろりと現前している。ハイデガーによれば、「目立たなさ」のなかで道具の「それ自体の存在」が経験される（SZ: 75）。道具は、それについての私たちの意識作用が後退するとき、まさにそれ自体として存在するのだ。

> さしあたり道具的に存在しているものに特有なことは、まさに本来的に道具的に存在するために、その道具的存在性においていわば退隠《たいいん》するということである。（SZ: 69）

以上から、事物は私たちの意識から独立して実在するのか、という問いに対しては、こう言える。道具的存在性に着目するなら、存在者は私たちの意識から独立して「それ自体」で存在することがわかる。だが、このことは意識をもつ私たちとは別の視点を仮定してはじめて言えることではなく、道具を配慮的に気遣う日々の経験の内部から示せることだ。実在概念が、存在者の独立性に言及するものだとしても、私たちが知りえない——神のみぞ知る——何かのようなものとして内実を空っぽにする必要はない。ハイデガーは「それ自体の存在」の「現象的構造」(SZ: 75) を明らかにすることで、実在概念を豊かなものにしようとした。

近年話題の「思弁的実在論」の代表的論者グレアム・ハーマン(一九六八—)は、先の引用文でハイデガーが「いわば退隠する」と呼んだ事態を重く受け止め、「世界それ自体が、あらゆる意識的なアクセスから退隠する実在で出来ている」という考えをハイデガーのものとして押し出している。彼が指摘する重要なポイントは、ハイデガーにおいて、意識から退隠する実在は、科学的にのみ解明可能な客観的で物理的なものではなく、まさに、じかに自分が触れている道具やその上を歩いている床(そしてそれらと道具的に連関しているすべて)であること、まさに自分が生きている馴染みの環境世界だということだ。それでいて、この馴染みの物どもが存在する通常のあり方は「人目に付かない地下領域に退隠する」ことだという、(客観的で物理的な実在などよりもはるかに)「奇怪な実在」の概念がここで浮上してくるのだ。*

ハーマンの功績は、『存在と時間』のハンマーや釘の分析が、実在という存在論のキーコンセプトの解釈であることを明示したことだ。しかし、ハイデガーは「奇怪な実在論」といった新奇な立場を提案することになど興味をもたないだろう。環境世界の分析に過ぎないものをあたかも「新しい○○論」のように仕立て上げてしまうと、第一章で述べた「○○論」ゲームの典型的所作に収まって、存在論の大きく開かれた問いに向かうことが妨げられるからである。私たちとしては、存在者が存在者として存在しうる条件を問う『存在と時間』の課題に戻り、次章では、その条件としての「世界」概念の考察に移ろう。

＊

本章の議論をまとめよう。なぜハンマーと釘の分析が存在論なのか。ハイデガーはハンマーで釘を打って家を建てる行為を、環境世界において道具を配慮的に気遣う（使用し制作する）活動の典型として分析しているが、それによって、存在論的概念としての「世界」への接近通路が開かれた。道具はそれを分析してみると、自然的側面と公共的側面をもつことがわかり、さらには現存在の歴史性への視界を開くものである。自然、歴史、社会などの特定の領域に関わる個別的学問と異なり、存在論は特定の領域の存在者ではなく存在者が存在すること一般を扱うものだが、何かが道具的に存在する仕方の分析は、学問分野による世界の分断を超えて、存在者が存在する場としての世界に視点を定めることを可能にする。さらに、ハンマーと釘で家を建てる行為の分析は、現存在にふさわしくない存在者についてのカテゴリー（道具的存在性）の獲得という存在論的課題を果たすものであり、同時に、共同存在や歴史性のような現存在の実存カテゴリーの彫琢にも寄与している。より焦点を絞って言えば、道具的存在性のカテゴリーによって、存在者が

＊　ハーマン『四方対象――オブジェクト指向存在論入門』岡嶋隆佑監訳、人文書院、二〇一七年、61―65頁。

「それ自体（an sich）」で存在する仕方としての「実在」の概念を豊かにする、という（ハーマンが際立たせた）点も、釘とハンマーの分析の存在論的課題への関与として注目できる。

環境世界の分析によって開かれた存在論的な世界概念へのルートは、それ自体は存在者ではなく存在者を存在者たらしめる条件への視点の獲得である。世界は存在者のようには存在しない。ここには「世界は存在しない」という一見するとショッキングな見解が含まれている。なぜ「世界は存在しない」なんて言えるのか。次章ではこの問いに取り組むことにしよう。

第五章

なぜ「世界は存在しない」なんて言えるのか

ハイデガー由来の「世界は存在しない」テーゼ

二〇一八年、『なぜ世界は存在しないのか』という本が話題になった。ドイツ発のスター哲学者として登場したマルクス・ガブリエル（一九八〇―）の著作である。なるほどタイトルからしてセンセーショナルに聞こえる。「世界は存在しないか」を疑うというのでも十分、常識的な感覚からすればとんでもないことだ。だが、「なぜ世界は存在しないのか」という問いにおいては「世界は存在しない」ことはすでに前提されているのだから、ますますとんでもない。そう思えるかもしれない。

しかし、「世界は存在しない」ということ自体は驚くべきことではない。むしろ、ハイデガー以降の現代思想においては基本的な了解事項ですらある。実際、ガブリエルはこう言っている。

世界とは、物の総体でも事実の総体でもなく、存在するすべての領域がそのなかに現われてくる領域のことです。存在するすべての領域は、世界に含まれている。マルティン・ハイデガーが適切に定式化したように、世界とは「すべての領域の領域」にほかなりません。*

「すべての領域の領域」は『存在と時間』の表現ではなく、後期ハイデガーのあるテキストから取られたものだ。しかし、世界はいかなる存在者の領域でもない、という主張の核心は『存在と時間』にも見出せる。すでに触れたように、『存在と時間』において世界それ自体は、一つの存在者でも複数の存在者でもなく、存在者を存在者たらしめる条件だからだ。まず、世界を複数の存在者と同一視できないということは、世界は一定の存在者が集まった何らかの領域と同一視できないことを含意している。さらに、世界は一つの存在者ではないという点は、あらゆる領域を足したら世界という一つの存在者が（すべてを包み込む単一の全体として）見出されるというイメージも無効にする。なるほど、ガブリエルからの引用文中の「すべての領域の領域」という表現は、あらゆる領域の存在者を足した総計としての「すべての存在者」のように聞こえるかもしれない。しかし、このイメージは棄《す》てなくてはならない。そうでないと、世界を「物の総体」か「事実の総体」と見なす発想に再び陥ってしまうからだ。むしろ、ガブリエルの言うように、世界は存在しないこと、すなわち「世界の非存在**」の問題こそがここに現れているのだ。

ガブリエルは、世界の非存在の問題への洞察に関してハイデガーには謝意を示すにとどめて、自らの考察に進んでいく。私たちとしては、『存在と時間』のハイデガーの洞察を再構成する課題だけを受け取り、ガブリエルにはここでお引き取り願うことにしよう。

世界は存在しないという仕方で〈与えられる〉

「世界は存在しない」ことは『存在と時間』の一貫した重要テーマである。カントの哲学のスキャンダルに対して、ハイデガーは、「世界が存在するのかとか、この存在は証明されうるのかといった問いは〔……〕無意味である」と述べていたことを思い出そう（第三章参照）。この主張は、「存在論的差異」（第二章参照）に注意すれば自然と帰結するものである。存在論的差異によれば、存在は存在者を規定するものであって、それ自体は存在者ではない。だから、存在について、まるで存在者かのように、「存在は存在するのか」と問うことには意味がない。同様に、世界も存在者を存在者たらしめる条件であって、存在者ではないのだから、世界について、まるでそれが存在者であるかのように、「世界は存在する」と言うことはできないし、「世界が存在するのか」と問うことには意味がない。このように、存在論的差異が頭に入っていると、「世界は

＊　ガブリエル『なぜ世界は存在しないのか』清水一浩訳、講談社、二〇一八年、69頁。
＊＊　ガブリエル前掲書、69頁。

存在する」とは言わなくなり、むしろ「世界は存在しない」ことが探究の出発点になる。世界は存在者ではないことを銘記させるために、ハイデガーはさまざまな工夫をしている。例えば、二つのドイツ語を使い分けて次のように言ったりする。

> 世界はそれ自身では一つの世界内部的存在者ではないが、しかし世界は世界内部的存在者を根本的に規定しており、それゆえ、世界が〈ある（es gibt）〉限りで、そうした存在者は出会われるし、発見された存在者がその存在において自らを示しうるのである。（SZ: 72）

世界は存在者として「存在する（ist）」のではないが、存在者が存在する条件という限りでは〈ある（es gibt）〉。Es gibt … は英語で言えば、意味的には there is … であり、たしかに「〜がある」と訳されうる。しかし、ハイデガーがこの〈ある〉を世界について用いるときには、存在者が「存在する」のとは別の意味で、むしろ、後者から区別することを意図して用いられている。

その区別の意図は、es gibt の言葉の作りに注目すると明瞭になる。es gibt の es は、it のような非人称代名詞であり、gibt は「与える（geben）」という意味の動詞である。つまり、Es gibt Welt. と言えば、「それが世界を与える」と訳すことができ、その場合、「それ」はどんな存在者を指してもいない。だから、主語抜きの受動態で「世界は与えられる」と訳すことができる。世界は、存在者ではないという仕方で与えられるのである。

世界	世界内部的存在者	世界内存在
現存在に〈与えられる〉。存在者としては存在しない	世界の内部に存在する道具や事物	現存在

ただし、このように言うことは、世界とは虚構か幻想に過ぎない、といった懐疑的主張をすることではない。ここに注意が必要だ。「世界が存在するか」という問いは無意味だと言うとき、ハイデガーは、「世界内存在としての現存在が立てる問いとしては」という限定を加えていた（第三章参照）。たしかに、世界は、触れたり観察したりできる存在者として〈存在する〉のではない。だから、世界の色や形を言うことはできない。しかし、世界内存在にとって、世界は存在者と出会いうる条件として、存在者が存在する限り、すでに前提されている。ペンであれハンマーであれ、存在者と出会うたびに、その出会いを通じて世界はすでに〈与えられている〉。「あるのは存在者だけだ」と言うことは正しいが、だからといって、世界は虚構だと結論する必要はなく、むしろ、世界が存在者とは異なる仕方で〈与えられて〉いるその仕方を問うことができるのである（表参照）。

では、世界内存在にとっての世界はどうなっているのか。この問いには特有な困難があるのもたしかだ。というのも、世界は存在者として現れることはない以上、どのようにしてこれについて知りうるのかが自明でないからだ。明らかに、観察や注視といった認識手段は使えない。世界は、存在者が存在者として存在するときには、前景に存在者が現れているのに対して、背景に退《しりぞ》いて隠れてしまうようなものだ。隠れることを好むものを無理にでもあらわにし、言葉にする作業が必要になる。

世界Ⅰと世界Ⅱ

世界は、存在者が出会われるための条件として〈与えられる〉（だけ）だ。この点をはっきりさせるために、ハイデガーは（少々ややこしいが）「世界」を二重の意味で用いる。一方に、第四章で見た環境世界や公共世界といった世界の概念（世界Ⅰ）があり、他方に「世界の世界性」（SZ: 65）という世界の概念（世界Ⅱ）がある。ハイデガーの狙いは、世界Ⅰの分析を通じて世界Ⅱを判明にすることだ。

世界Ⅰ	世界Ⅱ
環境世界や公共世界の実質的な現出	世界の世界性、先行的な一般形式、有意味性

通常、「〇〇性」という語は一般性を表すものである。身体ではなく「身体性」と言うときには、個々の生身の身体の具体的な内容ではなく、誰であれ人間が身体を備えていること、どう身体を備えるのかを問題にしているだろう。世界の世界性（世界Ⅱ）の場合も、個々の環境世界や公共世界がそのつど実質的に現出する仕方ではなく、何であれともかく存在者が出会われる条件として、世界（世界Ⅰ）である限りは備えている一般的な形式が問題になっている。外部世界ではなく環境世界（世界Ⅰ）から出発し、自室や仕事場が例として取られたのは、存在者が出会われる形式的条件としての世界の世界性（世界Ⅱ）を判明にできるからだ。逆に言うと、外部世界と呼ばれてきたものは、世界の世界性を明らかにするのには役立たず、その限り、世界Ⅰにも値しない。

ハイデガーは世界Ⅱを世界の存在論的・実存論的概念と呼び、その一般形式を「アプリオリなもの」（SZ: 65）と呼んでもいる。アプリオリなものとは、経験によって知られる（アポステリオリ）のではなく、むしろ経験によって知られるもの（存在者）に先立っている、などという意味で、哲学で使われる用語だ。それ自体は存在者でないだけでなく、存在者に先立っているアプリオリなものとしての世界は、個別の存在者の中身にかかわらずに形式だけ取り出せるはずのものだ。すぐ後に説明するように、この先行形式は、ハイデガーによって、最終的に「有意味性」というネットワークのはたらき方として特定されることになる。その理路を追うことで、世界は〈与えられる〉が「世界は存在しない」などとなぜ言えるのかを確かめていこう。

世界Ⅱ＝先行的一般形式としての有意味性

第四章での世界Ⅰの分析に一度戻ろう。そこではすでに世界Ⅱへのルートが開かれていた。ハイデガーによれば、「一つの道具」は存在しない。書斎のペンは、紙、机、ライト、カーテン、さらに太陽までもが相互に帰属する道具連関のなかで存在している。重要なのは、一つの道具が道具として存在するためには、まず、相互帰属する道具連関が先立っていなければならない、という点だ。この先行的な連関ないしネットワークは、明らかに、感覚可能な（色や形状をもった）一介の存在者ではない。自室という環境世界（世界Ⅰ）からアプリオリな世界性（世界Ⅱ）へと視点が移行しているのがわかる。

この先行的なネットワークはどう成り立っているのだろうか。ハイデガーは「指示」によると言う。指示は、目立たないが『存在と時間』の重要概念の一つである。

もちろん、指示といっても、「指差し」のようなイメージで、ペン、机、ライトなどの間に物理的に矢印マークが付いているわけではない。指示には色も長さもない。むしろ、指示は、現存在が道具的存在者に出会うときにすでに作動している理解のはたらきから考察可能である。

〈～をするために〉という構造の内には、或るものから或るものへの指示が存している。(SZ: 68)

何かが道具的存在者として出会われるためには、それが何をするためのものなのかが理解されていなくてはならない。色や形を知覚していても、何のためにあるのか、という存在理由がわからないのであれば、それは得体のしれない物体に過ぎず、道具的に存在してはいない。ハイデガーの論点は、一つの道具的存在者の存在理由はその存在者単独では与えられず、必ず、それ以外の存在者の存在理由に支えられねばならない、ということだ。例えば、ハンマーが「打つため」に存在していることを、ハンマーでもって打たれる釘や、釘でもって留められる木材への指示なしに真に理解したことにはなるまい。「釘は木を留めるために」「木は天井を支えるために」といった存在理由のネットワークに位置づけられてはじめて、ハンマーは打つための道具としてきちんと存在しうるからだ。実際、このように別の存在者へと存在理由を介して指示されず、単に、

「これは打つための道具だよ」と言われても、「えっ、何を（どの存在者を）、どうやって（何をするために）？」と思うだろう。そして、木の棒に鉄の塊が乗っている何かがぽつんと転がっているのを拾い上げて、しげしげと見つめるかもしれない。そのとき、この存在者についての視覚情報は完全であっても、やはり、「一体、これは何だ？」と思うはずだ。つまり、ある存在者の存在理由の理解には、すでにその存在者から別の存在者への指示が含まれている。

存在理由のネットワークを介して道具がそれ以外の存在者たちに関連づけられることを、ハイデガーは、道具的存在者の「適所性」（SZ: 84）という言い方で表現している。道具的存在者が存在するとは、それ以外の存在者へと指示され、「〜するため」の存在理由のネットワーク上の位置価をもつ（適所を得る）ことにほかならない。別の角度から言えば、任意の存在者について「これは何か」と問うとき、「これは○○である」と一語で答えられるような個体の本質などない。「これは何か」という問いは、これが「何のために」あるのかという存在理由への問いへとさかのぼり、かつ、別の存在者の存在理由と適切に関連づけられなければ、答えられない。

この存在理由のネットワークは、第四章で、博物館の陳列品の何が過去のものになったのかという問いに「世界が」と答えていたときにも前提されていた。博物館に見知らぬ物体が置いてあったとき、あなたが「これは何？」と聞くと、案内係が、「ああ、この白くて丸っぽいかたちのですか？　これは〝シープ〟って言って、サイズは十センチです」と答えるとしよう。この答えは、たしかに、色、形状、大きさといった事物的性質を枚挙しており、その視覚情報は完全だとする。しかし、あなたはこの答えで、未知の物体について今や知りえたとは思わないのではないか。「いや、それはわかったけど、何のためにあるの?」と聞きたくなるだろう。そして、「あ、これにスープなどを入れて匙などで食べたのです」という答えを聞いたら、「なるほど」と思うだろう。なぜなら、「食べ物を入れるため」の〝シープ〟、「食べ物を掬《すく》うための」の匙、「食べるため」のスープといった理由のネットワークが生まれ、未知のものが存在理由をもって道具的に存在しはじめたからである。もはや「わけがわからない」ものではない。逆に言うと、博物館の物体は、存在理由のネットワークにこれを位置づける現存在がすでに存在しないがために、案内係の再構成なしには「これは何?」と首をかしげるような「過去のもの」になっているのだ。

ただし、存在者から存在者への指示連関は存在理由のネットワークを介して成立するだけではない。存在者を既知のものにする指示のはたらきは、存在理由だけではなく、原料(由来)や他者の存在にも及んでいる(第四章参照)。私たちは、これは「何からできているのか」とか、「誰が作ったのか」あるいは「誰のものなのか」といったことも問う。こうした問いも合流して、存在者から存在者への指示はますます展開し、歴史的・公共的な側面も含んだ全体的連関を成している。実際、〝シープ〟がスープなどを入れるものだとわかったあとにも、「へえ、これは何でできているのですか?」とか「で、これはどういう人が使っていたのですか?」などと聞くことは自然だろう。これらの理解を得れば、この道具的存在者は自分以外の存在者との連関のなかでさらに充実した位置価を得て、その正体をますます明かしていくだろう。

すでに、それ自体は一つの存在者ではなく、存在者に先立つアプリオリなものとしての世界Ⅱが姿を現している。存在理由、由来、帰属先などの理解を通じて存在者たちが取り集められてはじめて、個々の存在者は充実した内容をもって存在しうる。ハイデガーは、最終的に、指示のこのような関連づけのはたらきを「有意味化」と一括する。そして、この有意味化の全体としての「有意味性」が世界の世界性（形式）だと結論づけている（SZ: 87）。

この結論は、現存在が存在の意味を問いうる点で特筆される存在者であることから自然に帰結するように思われる。現存在にとっての世界は、単に巨大な空間である以前に、〈何のために（Wozu）〉という存在理由を典型として、〈どこから〉〈どうやって〉〈誰のもの〉などのさまざまな問いに満ちたフィールドである。これらを問い、それに答えることが、有意味化するはたらきであり、その理解のネットワークの全体が有意味性、つまり存在論的概念としての世界Ⅱに相当する。

何でもよいので、手近な道具に目を向けてほしい。ペンでも、自転車でも、スプーンでもいい。〈何のため〉〈どこから〉〈どうやって〉〈誰のもの〉などの多重的な理解を介して存在者が縦横に指示し合っていることに気がつくだろう。それによって世界は単なる物の集積ではなく、意味と秩序をもった全体として成り立っていることがわかるはずだ。そして、この有意味化するはたらきは、ペンであれ、自転車であれ、スプーンであれ、つまり存在者の中身が何であれ、存在者と出会うときには、どこでも常にすでに作動している理解の一般形式であることが実感されないだろうか。〈何のため―どこから―どうやって―誰のもの〉などの理解を介した存在者間の連関づけ（ネットワーク化）が、一般形式としての世界の世界性（世界Ⅱ）である。

アプリオリの意味――常にすでに完了済み

ハイデガーの言葉遣いで、誤解を招くかもしれないのは「アプリオリ」である。アプリオリな形式とか条件というと、自分自身のあり方とは無関係に、人間にあらかじめ（普遍的、あるいは先天的に）備わっている枠組（フレーム）のようにイメージされることがある。しかし、このイメージは遠ざけなくてはならない。なぜなら、そうイメージすると、世界がまるで静止した枠組のように、色や長さをもった存在者のように映像化されてしまうからだ。

静止した枠組のイメージを退けるべく、ハイデガーは「より先に」というのは、素直に見れば時間的概念であることを指摘する。とはいえ、過去にあった（そして、過ぎ去ってもはやない）ということではないはずだ。アプリオリな世界は、存在者を存在者たらしめる条件として現に〈与えられている〉のだから。

ハイデガーの提案は、アプリオリの「より先に」の時間的意味を完了と解することである。現存在は道具的存在者に「そのつどすでに」適所を得させてしまっていると、現在完了形を用いて表現されている（SZ: 85）。この箇所だけでなく、『存在と時間』には「常にすでに」とか「そのつどすでに」という言い方が頻出するが、「すでに」というこの言葉にはアプリオリの時間的意味が含まれているのだ。[*] アプリオリを先天性や恒常性のような時間的動きを欠いた何かと理解することにハイデガーは抵抗し、「アプリオリ的完了」(SZ: 85) という概念を提出している。

アプリオリの「先立つ」の意味は、存在者が存在する限りは、常にすでに完了済みだった、というふうに動的に捉え直される。ペンが何かを書くためのものとして存在している。たったこれだけのことのためにも、それがペンとしてあることを可能にするべく、すでに、存在理由のネットワークを中心とした指示連関が作動、成立、完了済みになってしまっている。駅の階段が「ホームに着くための」道具として現れるときにも、すでに、ホームは「電車を待つために」あり、電車は「目的駅にたどり着くため」にあり、階段は「コンクリートから」出来ており、駅は鉄道会社Yのものであり……などと、さまざまな有意義化のはたらきが作動、成立、完了済みだ。

もちろん、この意味での完了済みの世界が実質的にそのつど全面的に意識されているわけではない。私たちはペンや階段などの目前の存在者に没頭している。前景に現れているのはあくまで存在者だ。しかし、その間も、環境世界や公共世界(世界I)の指示連関は(自室から駅へと)場面転換したり、重心移動したりしつつ、気がつけばいつもすでに成立済みになっている。この指示連関は通常は意識されないし、再現してみようと思っても膨大かつ複雑であり、世界の考察

---

* この見解は、『存在と時間』刊行と同年の講義『現象学の根本諸問題』で明示されている。ハイデガーは、この講義の終結部で、「われわれの解明において〈すでに〉という表現ほど頻繁に使われていたものはなかった」と振り返り、この「すでに」に「先行的」「アプリオリ」の意味を見出している(GPP: 461/466-467頁)。

の困難さを思い知らせてくれる。しかし、これまでの考察から分かるように、よりシンプルではっきりしていることもある。いずれの世界Ⅰの現出においても、〈何のため―どこから―どうやって―誰のもの〉などの理解を介した有意味性の一般形式としての世界Ⅱがいつもすでに与えられている、ということだ。世界Ⅰは世界Ⅱのそのつどの具現化なのである。

有意味性に親しむ――世界習得モデル

世界Ⅰは各自にとって変動的であっても、一般形式たる世界Ⅱは普遍的で常に不動ではないのか、と思われるかもしれない。しかし、世界Ⅱも、自分自身とは無関係に固定された枠組のようにイメージすべきではない。この点には慎重でなければならない。

壁の向こう側は見えないが、窓が作られ、その窓枠から覗くとさまざまな存在者が見えてくる――このようなイメージにおいて、私は、窓枠から見える世界の外部にいる。しかし、ハイデガーの世界は「世界内存在」という構造の一部であり、私はこの世界の内に存在し、この世界に帰属している。だから、有意味性のネットワークとして世界がはたらいているときには、私自身がこのネットワークのなかに含まれていなくてはならない。

では、有意味性と現存在の関係はどうなっているのだろうか。ハイデガーによれば、その関係は「親密性」(SZ: 87)である。(外部世界のよそよそしさとは反対に)世界内存在する現存在は、世界の有意味性に馴染み親しむことで、世界へとすでに出ている。親密性は『存在と時間』にしばしば登場する興味深い概念だが、ハイデガーは有意味性に親密になるプロセスを詳しく論じていないのが惜しまれる。だから、ハイデガー後の人たちのなかには、世界内存在の習得プロセスをより重視し、議論を展開しようとする者もいた。

例えば、ハイデガーの弟子であるハンス＝ゲオルク・ガダマー（一九〇〇―二〇〇二）は、ハイデガーが理解の概念には「できる」という能力が含まれると指摘したこと（第三章参照）を踏まえて、理解とは「習熟していること」*だと言う。たしかに、ペンを用いることであれ、自転車に乗ることであれ、それが能力の獲得である限り、習熟のプロセスがあったはずだ。

有意味性に親密になることとは、世界内部的存在者への配慮的気遣いとは水準が異なり、世界性を理解することである。しかしこの場合も、親密性とか能力の概念が効いている限り、習得プロセス抜きで考えるほうが不自然だろう。この路線の解釈を、世界習得モデルと呼ぶことにしよう。世界は習得プロセスと無関係に成立している何かではなく、習得の度合いに応じて伸縮して〈与えられ〉、さしあたり成立しているに過ぎない。世界は、その意味で、そのつど常に変化の途上にある。この考え方を少し展開しておこう。

〈何のため〉〈どこから〉〈どうやって〉〈誰のもの〉といった形式で存在者たちを関連づけるはたらきの全体が有意味性であり、世界Ⅱだった。私たちがこれに親しむのは、「何のためにある

＊ ガダマー『真理と方法 Ⅱ』、法政大学出版局、二〇〇八年、414頁。

のか」「何でできているのか」「誰のためのものか」などが問いとして生まれ、その答えを得ながら、全体的な指示連関を具体的に形成していくことを通じて、であろう。幼い子どもたちはこうした問いの渦中にあり、その答えを大人に聞くなどしている。どういう問いがあり、どういう問いにはどういう答えがありうるのか。ガダマーは問いと答えという対話的形式が私たちの理解の基本だと考えた。* これにならえば、問いと答えの形式を学び、それに習熟することが、有意味性としての世界Ⅱに親密になることだと言えよう。

〝シープ〟の例にあるように、大人になっても、私たちは世界内存在する限り、存在者の存在理由を問う存在である。だから、世界Ⅰは常にすでに再編成されつつある。だが、世界習得モデルからすれば、世界Ⅱも更新される。ハイデガーの考える通り、存在理由以外にも、私たちは、存在者は何から出来ているのか、誰が作り、誰のものか、などと、指示連関を導く問いのかたちを拡大できる。それだけではない。第四章で述べたように、ハイデガーの環境世界分析には、誰がもってきたのか、どこから来たのか、誰のために作っているのか、なども含まれている。問いと答えの一般形式としての有意味性（世界Ⅱ）と親密になることは、こうした拡充とさらに複雑なネットワーク化を含むだろう。そうして私たちは、さまざまな問いの渦中で、自分や他人からその答えを得るなどしながら、世界にますます住み着くことができる。それによってますますさまざまな存在者が自分自身に関係づけられ、より充実した内容で理解できるようになる。

世界内存在の「内」とは、空間的内部性ではなく、世界の内に住まうことだった。有意味性は、各自の現存在の実存から独立に、恒常不変的に成り立っている何かではない。逆に、閉じられた内部の心的領域で生み出され、事後的に外部に投影されるようなものでもない。ハイデガーの哲学は、各自が世界の内に生き、死ぬことですべてが尽きている地点から、一切を考察している。世界Ⅱも、生きるなかで学ばれ獲得されるプロセスとともに開示され、充実化し、あるいは貧しくなるような世界習得モデルで理解するのがよいだろう。

主眼としての現存在の存在

世界内存在はコップの中にスプーンが入っているような内部性ではない。では、現存在はいかにして世界の内に位置づけられるのか。以下の引用文を見て欲しい。

〈これのために（Worum-willen）〉と有意味性とが現存在において開示されているということは、現存在が世界内存在として自己自身が問題であるような存在者であることを意味する。
（SZ: 143）

〈ために〉は常に現存在の存在に関係しており、この現存在にとっては自ら存在することに

＊ ガダマー『真理と方法 Ⅱ』、560頁以下。

おいて、本質上この存在自体が問題なのである。(SZ: 84)

ハイデガーの回答を端的に言えば、現存在と有意味性の関係は〈ために〉という理由を介した関係だ、ということである。事物的存在性の理念で自分自身を含めたあらゆる存在も解釈する傾向が邪魔すると、この回答は解しがたいかもしれない。しかし、世界が事物や事実の集積としてではなく、存在者の存在理由を中心とした有意味化のネットワークと考えられていたことを思えば、ハイデガーの回答はむしろ当然のものだ。

なるほど、現存在は有意味性に親しみ、世界を自らの住処《すみか》にしていくのだった。しかし、それら一切は一体何のために、なされているのだろう。現存在は自分自身にこう問うことができる。いやむしろ、現存在の存在(実存)はまさにこの〈ために〉を、存在するなかで問題にしている点で特筆すべきなのだった。だから、現存在と世界とは、空間的内属ではなく、存在理由の連鎖によってシームレスにつながっている。

再び、道具の〈何のために〉の観点から有意味化のネットワークを考えてみよう。ハンマーは釘を打つために、釘は木材を留めるために、木材は屋根を支えるために、屋根は雨風を防ぐために……。これらのネットワークに位置価をもつ(適所を得る)ことで、それぞれの道具は存在理由を得る。現存在は、これらの道具を配慮的に気遣い、釘を打ち、木材を留め、木材で屋根を支え、屋根が雨風を防ぐように作業する。しかし、家を建てるためのこれらの一切はそもそも何のためになされているのか。何のために家を建てるのか。現存在が住むためにほかならない。〈何のために〉という問いによって、現存在は有意味性としての世界に織り込まれているのだ。

道具的存在者の存在理由のネットワークは、最終的に、現存在の存在に帰着する。現存在の存在という〈これのために〉、家が建てられ、釘が打たれ、ハンマーがふるわれているのだ。

〈何のために〉の第一次的なものは〈これのために〉である。(SZ: 84)

注意したいのは、「これのために」の「これ」に、「釘を打つ」とか「木材を留める」といった行為は代入できないという点だ。釘を打つ、木材を留めるという個別の行為は、木材を留めるために、屋根を支えるために、などとその理由を説明できる。しかしこれらは、あくまで道具的存在者の存在理由に応じて分節化されたものだ。これらはすでに有意味性としてのネットワークを前提した上で、その部分を切り出したものに過ぎない。結局、自分の行為の理由を挙げることは、道具的存在者の存在理由を挙げることに等しい。すると、問いはまだ続く。これらの行為は結局、何のためになされているのか、と。有意味性そのものの開示に関与する「これのために」は、この最終的な問いに関わるものだ。問いが枯渇するのは、現存在の存在が登場した時である。

「これのために」と訳した語(Worum-willen)にはさまざまな訳語があるが、細谷貞雄の「主旨」は特に注目に値する。*自らの存在が問題だという実存のあり方は、自らが存在理由のネットットワークの主旨（主眼、眼目）となって世界と関わる、ということだ。この訳語は、ハイデガーが、現存在の存在を、存在理由のネットワーク上の機能から規定している点を明確にしている点で優れていると思う。この機能的な把握は、別の角度から言うと、現存在の存在が最終的な理由にならなければ、世界はバラバラに崩れてしまう、という世界の脆さを浮き彫りにしてもいる。

ハンマーが、釘が、木材が、家がではなく、現存在が住むために、という局面が欠けたらどうなるか。それでも釘をハンマーで打ち、木材を留め続けるだろうか。一切に意味がなくなり、存在理由のネットワークはバラバラになり、取りまとめられていた存在者たちは（打ち捨てられた廃墟のごとく）単に散らばっているだけに、虚しくも見えてくるのではないか。現存在はその存在を問いに付しうる存在者であるがゆえに、まさにこの根本的な能力をもつがゆえに、世界を崩壊させるリスクを常に孕《はら》んでいる。

世界内存在の不完全性

「これのために」と訳したWorum-willenには「主旨」以外にも色々な訳語がある。ここで取り上げたいのは「究極目的」というしばしば目にする訳語だ。この訳語は『存在と時間』に対する根本的な誤解を招く危険があると思う。なぜなら、現存在の存在が最終的な理由になるという論点によって、世界内存在の脆さや不完全性が浮き彫りになるはずが、逆に、現存在の存在によって世界が究極的に基礎づけられるという完全性が語られているかのように見えてしまうからだ。

もっとも、「究極目的」という訳語にある種の正統性があるのはたしかである。このドイツ語は、um...willen（〜のために）というかたちの前置詞に由来し、この「〜」に、『存在と時間』では現存在が入る。しかし、日常的には、驚きを表明するときに（英語のOh my God!と同じニュアンスで）um Gottes willen（とかum Himmels willen）と言うことが多い。Gottとは神であり、Himmelとは天空だ。直訳すれば「神のために」（天空のために）である。

神や天空は、たしかに、万物の「究極目的」と呼ぶにふさわしい。『PONS』という独独辞典では、um...willenはラテン語の「自己原因（causa sui）」の訳語としても出てくる。自己原因とは、自分以外のものを原因とするのではなく、それ自体が自らの存在の原因であるもののことだ。ハイデガーも、一九五六／五七年の有名なテキスト「存在－神－学的体制」で、この自己原因を「哲学における神に対する適切な名称」だとしている（OVM: 77/75頁）。

「究極目的」という訳語は、この語が自己原因としての神に用いられる語である限り、正統的である。自分の存在についてそれ以上、さかのぼって原因も目的も問えないのであれば、究極的だと言えるだろう。もしこうした理解が正しいとすれば、ハイデガーは、従来の神の位置に現存在を位置づけたのだと思いたくもなる。一切の存在者の存在の根拠であると同時に、自分自身の存在にはそれ以上の根拠を必要としないような最上の存在者が、今や、神ではなく現存在になっ

＊　ハイデガー『存在と時間（上・下）』細谷貞雄訳、筑摩書房、一九九四年。

たのだ、と。もしそうであればハイデガーは、神の似姿としての「人間」という前提を自らに禁じておきながら、神の位置に人間を格上げしただけだったかのように思えてくる。

しかし、現存在はこうした意味での究極目的ではない。現存在とは、存在を理解し、存在の意味を問いうる存在者であって、存在しながらこの存在が問題であるような（実存する）存在者だ。現存在は、神とは異なり、自らが存在する理由を気にかけることこそを特有な存在性格とする。現存在は自らの存在理由に関して不完全であることをむしろ本質とする存在者なのである。

現存在は神ではないが、道具的存在者の存在理由のネットワークの主眼であることはたしかだ。しかしこのことは道具的存在者よりも現存在のほうが存在理由に関して頑強であることを意味してはいない。〈これのために〉が〈何のために〉のなかでも一次的であるという見解は次の仕方で表明されている。

> 適所性の全体それ自体は、最終的に、もはやいかなる適所性も得られないような〈何のために〉へと帰っていくのだが、その〈何のため〉は、それ自身は、世界の内部で道具的なものの存在様式で存在しているのではなく、世界性という存在体制がそこに属しているような存在者なのである。（SZ: 84）

道具的存在者は、それ以外の存在者へと指示され、存在理由のネットワーク上の位置価を得て

〈適所を得て〉存在している。そういう仕方で全体的に組織化されている。ところが、この組織は完全ではない。なぜなら、〈何のために〉の連鎖は、「もはやいかなる適所性も得られない」存在者である現存在をその一部に含んでいるばかりか、これを主眼としているからだ。

適所性を得られないということは、現存在はこの組織に穴を空けるかもしれない危険な存在だということである。しかしこの危険を飼いならすことはできない。現存在が適所性を得られるのだとすれば、現存在は道具的に存在すると言うに等しいからだ。カントが、それ自体が目的である人格を目的のための手段に過ぎない物件から区別したように、人は道具のような手段的存在には尽きないというのは、私たちの自己理解の基本である。この自己理解がある限り、適所性を得られない〈道具的存在者ではない〉という点を、現存在の存在から取り除くことは、現存在の尊厳にかけてできないと言ってよいだろう。* しかしそのいわば代償として、現存在の存在は、世界の有意味性を完全に基礎づけるどころか、不完全にしかまとめきれない。現存在の存在は、有意味性に対して構成的であるのと同じ分だけ破壊的でありうる。

世界の崩壊

ハイデガーは、有意味性としての世界の崩壊を、「根本情態性」としての「不安」において生

＊ ハイデガーは『存在と時間』刊行と同年の講義『現象学の根本諸問題』(GPP)第一部第三章で、実際に、現存在と有意味性の関係をカントの人格と物件の区別に関連づけて論じている。

じる現象として論じている。情態性は日常的には「気分」と呼ばれるものにおいて現存在が自らを見出す仕方である。第六章で、「恐れ」という（普通の）情態性を例にその詳細を論じるが、目下重要なのは「不安」が特に根本情態性と呼ばれる理由である。ハイデガーによれば、私たちが恐れる（あるいは、悲しむ、喜ぶなどする）のは世界の内部の個別の物事だが、不安が向けられているのは世界そのものである。親密なる有意味性（世界Ⅱ）は私たちの日常生活の場（世界Ⅰ）を現出させてくれるのだった。しかし、不安においてはこの「日常的な親密性が崩壊する」(SZ: 189) というわけだ。

第一に、不安の概念は、崩壊という観点から、存在者としては存在しない世界をクローズアップするものだ。この世界の崩壊は、存在者の物理的崩壊とは関係なく、もっぱら有意味性のネットワークの故障として論じられている。世界のありようはまったく同じでかまわない。いつものように、太陽が昇り、部屋があり、仕事場がある。色も形状も変化せず、一切がそっくりそのままであってよい。不安において、現存在が感じているのは、（物理的崩壊に対する「恐れ」ではなく）漠然とした「居心地の悪さ（Unheimlichkeit）」(SZ: 188) である。このウンハイムリッヒカイトの「ハイム」は文字通りには「家」である。もちろん、ハイデガーの存在論的用語としては、世界の内に住まうことに関わる。居心地の悪さとは、親密になりそこに住み着いたはずの有意味性の世界が、疎遠で不気味な何かに変容することだ。この変容のポイントは、〈何のために〉という存在理由のネットワークとそれを介した存在者の指示連関が、従来のような自明性や重要性を失う、ということである。つまり、有意味性の崩壊とは「世界がまったくの無意味性という性格をもつ」(SZ: 186)ことである。不安においては、全体として成り立っていた世界の意味のネットワークが不具合を起こしているのである。

　このような世界の変容の記述は、世界とは存在者ではなく、存在理由を中心とした有意味化のネットワークであることを浮き彫りにしている。有意味性としての世界Ⅱは恒常的不変に与えられた枠組ではない。拡充や貧弱化だけでなく、虚無化の否定性を含む。世界は非存在としてこそ掘り下げた探究が可能なのである。

　第二に、不安の議論によって、〈これのために〉を含んだ世界内存在にとっての世界は、現存在に最終的に基礎づけられるものとしてではなく、現存在による基礎づけを拒む仕方で〈与えられる〉ことが明瞭になる。現存在は、自分自身の存在を問いうる存在者であると同時に、〈何のために〉の主眼である。だから、自分が何のために存在しているのかが疑わしくなると、存在者の存在理由のネットワークも影響される。存在者が何のために、誰によって、何から出来ていて……。世界を、興味深く、関心の的にしていた問いが眼目を失い、どれもどうでもよくなりうる。何の意味もない世界が与えられることがありうる。この事態は、存在者の消失とは全然違う。むしろ、世界が無意味化するときの問題は、無意味であるにもかかわらずそれでも世界も自分も消失してはいないこと、なおも世界の内に存在するものとして自らを見出すということだ。無意味さにおいてこそ世界は否応なしに〈与えられている〉ことが意識される。「不安の対象は世界内存在そのもの、、、、、、である」(SZ: 186)。世界内存在は完全なシステムではなく、不完全であるがゆえに私たちを不安にさせ、世界が〈与えられる〉ものであることを教える。

不安における世界の無意義性のような議論は大げさで不要じゃないか、という反応もありうる。ハンマーは釘を打つためのもので、私は釘を打つためにハンマーをふるう。木材は屋根を支えるためのもので、私は屋根を支えるために木材を設置する。屋根は雨風を防ぐためのもので、私は屋根を取り付ける。そういう個々の行為をしている、それで十分じゃないか。それらの一切が何のためになされているのかなんて気にしなくても家は建てられるじゃないか、と。

このような考えによると、私たちは、道具の〈何のために〉が指令する通りに行為することで充足できる。行為の遂行のためには、道具「が」何のためにあるかを超えて、現存在「が」住むために、という仕方で現存在の存在が問題になる必要はない。現存在という〈これのために〉がなくても、家を建てることに何の影響もない。つまり、現存在が住むことのない家を建てるのと、現存在が住むための家を建てることのあいだに特段の差はない、ということになる。

しかし、これは信じがたい考えだと思われる。単に問われていないだけで、現存在が住むために家を建てていることは通常前提されており、だから、特に、一切が何のためになされているのかを気にせずに、仕事に没頭できるだけだろう。実際、家を建てていたが、実は誰も(現存在が)住むことはない、と知ったら、バカバカしくなって(建材、工具、その他の材料の一式も無意味な集積に見えてきて)行為を続ける気がなくなるだろう。もしそうであれば、〈これのために〉が有意味性の主眼としてもともと理解されていたはずである。他方、誰も住むことはないとわかっていても家を建て続けようとするなら、やり続けることを自己目的化するなど、虚しさから逃れるための行為がさらに必要になるように思われる。

世界が閃く——実践的エラーと認知的チャンス

不安における世界の崩壊は日常的な親密性の崩壊であり、ラディカルな仕方で、世界が存在者ではない仕方で〈与えられている〉場面として呼び出されている。こういう崩壊が可能なのは、現存在が〈一切は何のためにあるのか〉と問いうる存在者だからである。しかし、このような問いを発さずに、目前の行為に没頭している日常性にあっても、小さな崩壊は起きている。というのも、〝シープ〟のような未知の存在者に出会うときなど、個々の道具的存在者について〈何のために〉が不明であることはしばしばだからだ。

ハイデガーの環境世界の分析は、道具の配慮的気遣いがうまく成功しているときと同じくらい、うまくいかずに失敗する場面に向けられている。道具が壊れているとき、材料が不適当だと判明したとき、必要な道具が手許にないとき、目下関係ない道具が作業の邪魔になるとき、などだ。これらは実践的にはエラーの状況だが、ハイデガーがこうした場面に着目するのは、こうした状況こそ世界の認知にとってはチャンスだからである。

ハンマーが利用不可能であることは、それが利用可能であるときと同じく、それ単独で言えることではない。釘も木材も揃っているのに、ハンマーが壊れてしまった。存在者のこの損傷は単なる物理的変化ではなく、行為の停滞を意味するが、そこでの問題は、釘―ハンマー―木材といった存在者の「指示が妨げられること」(SZ: 74) で生じている。釘や木材などの一式が、〈何のために〉のネットワークを形成し損ねている。あるいは、釘がない、という場合には、単なる欠如ではなく、釘―ハンマー―木材といった指示連関の「破れ」(SZ: 75) が生じたのだ。このとき、すでに成立済みだが意識されていなかった道具の指示連関が目立ってくる。

配視〔=環境世界を「～のために」の意味のネットワークに沿って見て取ること〕はこの空白に突き当たって、いまやはじめて、欠けているものが、何にとって何とともに道具的に存在していたのかを、見る。(SZ: 75)

道具連関は、これまでまったく見たことのないものとしてではなく、配視のうちで不断にあらかじめすでに見て取られていた全体として、閃《ひらめ》く。こうした全体とともに、世界が自らを告知するのだ。(SZ: 75)

私たちは完全な行為者ではなく、道具の欠損や不在などの状態に振り回され、実践的にはエラー続きである。私たちは世界の主人ではないことを思い知らされる、そのときにこそ、世界は閃き、指示連関のネットワークとしての姿を示すのである。

世界は閃く。つまりいわば明滅している。とはいえ、ライトの点滅のように規則正しく動かされることはない。現存在にとっては、自分の行為の意図に反して、むしろ思いがけず、世界はときに閃き、道具が修理されたり調達されたりして行為が再開されれば、また背景に退いていく。世界は、道具のように扱える存在者ではないし、じっくりと観察できる事物でもない。世界が自己を与える仕方は、まさに存在者ではないという仕方において、である。

事物の総体としての世界というイメージ

以上のように、存在者としては存在しない世界は、身の回りの道具を手がかりに分析可能である。この立場からすると、事物の総体として存在する世界という通俗的な発想は、世界の真相を伝えるものというより、特殊な観点から世界を眺めようという努力の産物という気がしてくる。

ハイデガーは事物的存在性というカテゴリーを、道具的存在者のような〈何のために〉という存在理由の観点ではなく、形状、長さ、重さのような性質で規定するものと考えているが、すると、「事物の総体」とは形があり重さをもつようなもののすべてだということになる。では今、周囲を見渡し、道具的な指示連関を度外視して、個々の存在者を形や長さの観点からのみ見るように努力してみよう。皿からは、食べ物を入れるためのものだという意味を脱色し、もっぱら、形と大きさを見ること。そうした見方の変更を目に入る存在者のすべてに行うこと。難しいに違いない。すでに親密になっている有意味性のネットワークを無効にして、指示連関で結びついた存在者たちを切り離す必要があるからだ。ハイデガーによれば、純粋な事物的存在性において存在者を認識することは「脱世界化」(SZ: 65, 75)を要する。

脱世界化は、存在者を道具的存在性においてではなく事物的存在性の相のもとで見るための経過であると同時に、世界から有意味性のネットワークという性格を取り去って、巨大な存在者(事物の総体)であるかのように扱うための経過である。もっとも、日常的な生活にとって、このようなことは大規模には起こらない。ハイデガーによれば、私たちが存在者を事物的に認識する典型的な場面は、先の「世界が閃く」という転換においてであり、つまりは、何かが故障したときにまじまじと観察したり点検したりするときである。しかし、状態が元に戻れば、私たちは、観察者である前に行為者となって、道具的存在性において存在者を理解する(SZ: 73-74)。

すると、ありとあらゆる存在者を事物的性質に限定して見る、というような大規模な作業は、日常からかけ離れた営みのように思われる。自分の手近な周囲だけでなく、宇宙規模に世界が拡がっている、ということが非日常的なのではない。日常的な環境世界においても、雨風を防ぐ屋根の下に入ったり、太陽の光を遮断するカーテンを引いたりするときには、すでに宇宙へと指示連関は拡がっている。途方もないのは、生活を通じて習得してきた有意味性としての世界へと関わる態度を停止し、事物的性質だけに観点を絞り込もうという徹底した態度である。

このような態度こそ、ハイデガーが科学や理論的認識について考察するときに関心を向けるものだ。科学的に認識された世界は、科学者から独立に「外部世界」として実在するというイメージを好む哲学者も少なくないが、ハイデガーはこの見方を拒否する。「認識することは世界内存在の一つの存在様態」であり「事物的に存在するものを考察しつつ規定することとしての認識」が可能であるのは、「世界と配慮しつつ関わり合うことが欠損していること」を条件とする(SZ: 61)。科学者は、世界を外部から(神の目のごとく)観察しているのではなく、日常性から見れば、故障した状況にとどまるという特殊な仕方で世界内存在している。物理的自然として事物の総体を問題にするには、存在者を配慮的に気遣うことから事物的存在者を理論的に発見することへと、世界内存在のモードの切り替えが科学者に起こらなくてはならない(SZ: 356)。

> 道具的に存在している道具のもつ環境世界的に枠づけられた場所の多様性が、純然たる位置の多様性へと変様されるばかりでなく、環境世界の存在者が総じてその枠づけを外される。事物的存在者の総体が主題になる。(SZ: 362)

もっとも、私たちが、事物の総体としての世界というイメージを漫然ともつときにはこのように劇的な世界内存在の変様が生じているわけではないだろう。ハイデガーが考えているのは、事物の総体という世界なるものの発明の瞬間であり、「科学の歴史的発展の古典的事例」としての「数学的物理学の成立」(SZ: 362)である。ハイデガーによれば、数学的物理学が歴史上類稀《たぐいまれ》である理由は、事実の観察を従来よりも評価したとか、自然のプロセスを規定するのに数学を「応用」したとかいった——よく言われる——ことにあるのではない。むしろ、「自然自体の数学的企投」（SZ: 362）にある。

> この数学的企投は、不断に事物的に存在するもの（物質）をあらかじめ発見し、そのように存在するものの量的に規定することが可能な構成的契機（運動、力、場所、および時間）に対する主導的な着眼点のための地平を開くのである。（SZ: 362）

企投は、第一章で見たように、存在者がどう存在するかを理解する構造である。現存在は、自己の可能性に向けて企投するという仕方で、さまざまな存在者の存在を理解する。自己がどう存在しうるか、存在者はどう利用可能であるか、などというふうに、可能性の観点から、存在者は存在している。数学的企投においては、量的に規定する可能性へと向けて一切の存在者をいかに理解できるかが問題になっている。こうした「科学の実存論的概念」（SZ: 357）によれば、事物の総体として世界が存在するという観念は、歴史的に卓越した科学者の実存の獲得物なのである。

実践的関心から離れられない日常性の立場からすれば、世界は存在しない。この立場から行うべきなのは、事物の総体として世界が存在する、といった（日常性の身の丈には合わない）観念を何となく（世界のデフォルトの実像かのように）抱くことではなく、このような法外な世界概念を獲得するに至った科学者の偉大さをきちんと認めることなのである。*

＊

本章の議論をまとめよう。なぜ「世界は存在しない」なんて言えるのか。それは、世界は、存在者を存在者たらしめる条件であって、それ自身は存在者ではないからである。むしろ、世界は、存在者としては存在しないという仕方で〈与えられる〉のであり、問題はこの〈与えられ方〉だ。ハイデガーの分析は、環境世界や公共世界の実質的な現出としての世界Ⅰを手がかりに、世界の世界性（世界Ⅱ）を明らかにするという仕方で進行する。世界Ⅰにおける道具的存在者に注目すると、一つの道具が〈～するために〉存在するためにはそれ以外の道具の存在理由〈～するために〉に支えられていなければならないことが判明する。世界Ⅱとは、この存在理由を典型に、〈何のため〉〈どこから〉〈どうやって〉〈誰のもの〉といった問いによって存在者が相互に指示し合う、そういう理解のネットワークの全体である。この世界Ⅱは、存在者として特定することは不可能な、理解の一般形式としての「有意味性」と名づけられた。

この世界Ⅱは、現存在の外部にあるのではなく、現存在は世界内存在としてこの世界に属して

＊　ハイデガーはニュートンについてこう言っている。「ニュートンの諸法則は、彼以前には真でも偽でもなかった。このことは、それらの諸法則が発見し提示している存在者がそれ以前には存在していなかったことを意味することはできない。諸法則はニュートンによって真となり、それらの諸法則とともに存在者が現存在にとってそれ自体でアクセス可能になったのである。存在者が発見されることでもって、存在者はまさに以前からすでにそうであった存在者として自らを示す。このように発見することが〈真理〉の存在様式なのだ」（SZ: 227）。

いる。現存在と有意味性のこの関係は、存在理由のネットワークにおいて現存在の存在が〈これのために〉という主眼になるという仕方で把握された。現存在が有意味性の主眼になるということは、現存在が世界の究極目的としてこれを基礎づける立場にあるということではなく、むしろ、現存在の存在は問われうるがゆえに、有意味性のネットワークに穴を空け、世界を無意味性という性格で現しめうる危険な存在だ、ということである。世界は、存在者のように使ったり見たりできるものではないが、道具が故障したり不在であるような実践的エラーの状況において、閃き、自らを告知することがある。世界が閃くのは、その道具が何とともに何にとって存在していたかといった指示のネットワークが浮き彫りになるという仕方においてであり、ここにおいて、世界が存在者としてではなく〈与えられる〉仕方は明確になった。「事物の総体」としての世界という観念は、独立した世界のデフォルトの実像であるかのように思われがちだが、ハイデガーはむしろ科学者による自然自体の数学的企投という観点から、この観念をあくまで世界内存在する科学者の獲得物として評価する道を開いた。

世界が〈与えられている〉限りで、存在者は道具的ないし事物的に存在しうる。この道具的存在性（Zuhandenheit）と事物的存在性（Vorhandenheit）という二つのカテゴリーの原語には「手（〔独〕Hand／〔英〕hand）」という語が含まれている。なぜハイデガーは「手」を中心に、現存在ではない存在者の存在について考えるのか。次章ではこの問いに取り組もう。

第六章

なぜ「手」を中心に考えるのか

存在者は手に与えられる

ハイデガーは、私たちではない世界内部的存在者の最広義のカテゴリーを道具的存在性と事物的存在性として提示した。ペンやナイフのような存在者は、一次的には、何をするためのものか、誰にどのように制作されたのかといった観点から、道具的存在性において理解されうる。あるいは、そうしたことは度外視して、そのつどの文脈に依存しないような性質、例えば、大きさや重さ、あるいは名称などの点から、事物的存在性において理解されうる。

道具的存在性（Zuhandenheit）と事物的存在性（Vorhandenheit）というこの二大カテゴリーのドイツ語を見ると、この二つの語は最初の Zu- と Vor- の部分だけが異なっていて、その後の -handenheit は共通している。よく見ると、どちらにも「手（〔独〕Hand／〔英〕hand）」という語が隠れていることがわかる。

Zuhandenheit は「道具（〔独〕Zeug／〔英〕tool)」、Vorhandenheit は「事物（〔独〕Ding／〔英〕thing)」という二つの語を手がかりに概念として鍛え上げられていくので、道具的存在性と事物的存在性という訳語は内容を踏まえた親切な訳語である。他方、手というモティーフがこの訳語では反映されないという問題もある。この点を考慮して、「手許存在性」と「手前存在性」と訳すという方向性もある（zu- は「〜のもとで」、vor- は「〜の前に」を表すことができる)。実際、日本語で、何かが「手許にある」という言い方は、ハンマーであれペンであれ、環境世界的な道具との関係を言い表すものとして、不自然でない。また、何かが「手前にある」という言い方も、観察したり注視したりしている事物との関係を表現しえているように思われる。

世界内部的存在者は私たちの手に与えられる、という考えがハイデガーに見出される。しかし、この考えには不穏なところがあると感じ取った人は少なくない。ハイデガーにとっての環境世界は、私たちがそれに依存しそれによって生きる糧ではなく、道具として手中に入れられ、所有され、奪われるものだという批判がある。* たしかに、ハイデガーが自然も道具的に存在することを論じるとき、自然は道具の原料として利用されていた。工具を作るために鉱石は採掘され、鞄を作るために動物は皮を剝ぎ取られていた。手は、存在者をつかみ、変形し、人間の目的に用立てる、そういう支配の象徴ではないのか。

ハイデガーに対してこうした批判の矢を向ける人もいる。しかし、このような見方は手のもちうる独特な意味をあまりにも狭めてしまうように思われる。『存在と時間』において、手を中心に存在者との関係を考えることのポイントは何だろうか。

器官としての手

私たちが世界内存在する仕方を、手を中心に考えるという発想はハイデガーに特有なわけではない。「人間とは何か」と問われるとき、西洋哲学の歴史においてはまず「ロゴスをもつ動物」という回答が与えられ、このロゴスが理性や判断などと「翻訳」されてきた、という点はすでに見た（第二章）。しかし、ロゴスをもつ動物だけが人間の定義として通用してきたわけではない。知性によって他の動物から人間を区別するという発想から離れて、身体的ふるまいの特徴から人間を定義するならばどうなるか。際立っているのは、人間は直立歩行することであり、「二足歩行する動物」という人間の見方がある。

ハイデガーのほぼ同時代人に、直立姿勢という点から人間の世界内存在を考察した現象学的心理学者アーウィン・ストラウス（一八九一—一九七五）がいる。彼によれば、（四つん這いではな

＊　エマニュエル・レヴィナス（一九〇六—一九九五）の著作には各所にこの手の批判が現れる。例えば、糧としての世界を享受するあり方との対比で以下の刺激的な文章が現れる『全体性と無限』の一節を参照。「ハイデガーのいう現存在は、飢えというものをまったく知らない。糧を道具と解釈することができるのは、ただ搾取の世界にあってのことなのだ」（レヴィナス『全体性と無限』（上）熊野純彦訳、二〇〇五、267頁）。

く）起き上がった姿勢で世界のなかにとどまり、移動し、行為できるということは、手が自由に使えるということである。さらに、手を自由に使えることで、道具を使ったりしまったり（さらに、他人を迎え入れたり拒絶したりも）できる。存在者が道具的に現れるためには、私たちが手を道具にできなくてはならない。*

身体を「魂の牢獄」と呼んだプラトン以来、西洋哲学には身体を軽視し、魂や心の能力を重視する傾向があるとしばしば言われる。人間を「理性をもつ動物」として考察する慣行においては、姿勢のような身体的特徴に基づいた人間理解はなかなか進まない。このこととおそらくは関係して、手も過小評価されてきたようだ。観察が知識獲得のモデルになるときには「目」で見ることがクローズアップされる。対話の場面なら、「耳」で聞くことが重視される。感覚ということで言えば、視覚、聴覚に加えて、嗅覚や味覚も取り上げられ、「鼻」や「舌」に重要な役割が認められる。五感ということで言えば、最後に触覚があるが、触覚については体のどこかの部位だけが司るのではなく、「皮膚」が情報の受容器だとされる。体のいたるところで、何かが触れるのを感じたり、痛みや冷たさを感じたりすることができるというわけだ。このような枠組において、「手」は触れるための器官として数え入れられることはない。しかし、ストラウスは疑問を呈している。もともと「器官（オルガン）」とは道具のことを意味していた。身体のなかで手こそはまさに自由に使える道具である。だから、手こそ器官の典型であるはずだ、と。

先の五感との関係で言えば、手は、皮膚で覆われた体のほかの部分と同じように触覚のはたらきをもつだけである。しかし、ハンマーを握る、釘を押さえる、カーテンを開ける、など、道具との関わりにおいてそれ自体道具として使われることで、手はさまざまな存在者に「触れる」ことに関して、身体全体のなかで際立っている。他方で、見ることは目を通じてしかできず、聞くことは耳を通じてしかできないのとは異なり、触れることは手を通じてしかできないわけではない。存在者は手に与えられるというハイデガーの考えは、私たちと存在者の関係を「触れる」という側面から照らし出すものであり、手はその典型かつ象徴だと見るのが妥当だろう。以下ではそのことを確認していく。

脅かす道具、傷つく身体

現存在と世界内部的存在者との関係は事物間の関係とは同一視できない。ハイデガーはこの違いを明確にするために、後者においては前者と同じ意味で「触れる（berühren）」という言い方ができないという点を挙げている。椅子と壁の間の距離がゼロであっても、現存在が壁に「触れる」というのと同じ意味で、椅子が壁に触れているということはない。

椅子が壁に触れることができるための前提は、壁が椅子〈にとって〉出会われうるということ

＊ ストラウスの論文は有名かつ重要だが残念ながら翻訳はない。Ervin Straus, "The upright posture (1952)," in *Phenomenological Psychology*, Garland Publishing, 1980.

とであろう。(SZ: 55)

引用文中の「出会われる」は『存在と時間』に頻出する用語であり、世界内部的存在者が現存在にとって存在していることを広く指している。現存在は、意味のネットワークのなかに壁を位置づけたり、その有意味性の全体を自己の存在理解に結びつけたりして、この存在者を自分にとって存在させることができる。しかし、椅子は自らの存在を眼目として世界を有意味にネットワーク化することなどできない。その限り、椅子にとって壁が「出会われる」ということはない。

現存在には存在者が出会われうるので、壁や椅子に触れることができる。椅子を使うのであれば、手でこれを引き寄せるだろうし、壁に釘を打つのであれば、手で壁を叩いて薄さを確認したり、壁を押さえて位置を確認したりするだろう。このように存在者が現存在にとって出会われるとき、現存在がこれらの存在者に「触れる」と言うことは自然である。他方、椅子は壁にこうした意味で触れることはなく、椅子と壁の間の距離がゼロでも、単に接しているだけだろう。

あるいは逆に、意図せずに触れられることもある。思わず椅子にぶつかって転びそうになるなら、とっさに手で何かにつかまったり、床に手をついたりするだろう。釘を打つときに釘の先端がうっかり指に触れたなら、予期せず怪我することになろう。そして、指をとっさに手で押さえたり、血を抑えるための道具を取りに行ったりするだろう。現存在は存在者に触れうるがために、その手は常に動き回ってもいる。こうしてみると、手は存在者に際立って直接触れる器官であるがゆえに、実に傷つきやすいだけでなく、傷ついた身体をケアするものであることが浮き彫りになる。

ハイデガーはストラウスと異なり、手が使えることを私たちが世界に介入する行為主体であることの条件と見るのではなく、むしろ、世界内存在が私たちの意のままにならない側面をもつことのシンボルとして扱う面が強い。そればかりか、この意のままにならなさこそが私たちの世界内存在というあり方を高度に組織化していると考える面もある。

> 配視的に配慮的に気遣いつつ出会わせることは〔……〕襲われるという性格をもっている。ただし、道具的存在者の役立たなさ、抵抗、脅《おびや》かしを通じて、襲われることが存在論的に可能になるのはもっぱら、内存在そのものが、このような仕方で世界内部的に出会われるものに巻き込まれうるというように実存論的に先行的に規定されているからである。(SZ: 137)

ハンマーや釘のようなハイデガーが例に出す道具の典型はどれも凶器になりうる。存在者側からの抵抗や脅威に巻き込まれる可能性は、世界内存在にそもそも含まれている消去不可能な可能性だ。だから、世界内存在にとって、何かに触れうることは、その何かは一方的に使用されたり加工されたりするだけではない、ということを意味している。その何かは落ちてくるかもしれない、壊れるかもしれない、破裂するかもしれない。ハイデガーは太陽も道具的に存在すると言っていた。太陽は遠いが、その光は手許に届き、読んでいる本を照らし出す。しかしこの光も強く照らし続ければ私たちを脅かすものになろう。存在者が道具的に存在するとは、それらを私たちが掌握し支配できるということではなく、むしろ制御不可能な面が必ずあるということだ。

脅かすものを恐れて空間を逃げ回る

道具的存在者は私たちを脅かすものとして出会われうる。それに対して、私たちは何をしているのだろうか。『存在と時間』第一篇第四章第三十節でハイデガーは「恐れ」の分析によってこの問いに答えようとしている。

存在者が脅かす性格をもつということは、私たちにとってはその存在者が恐れの対象になるということだ。崩れ落ちそうな壁、吠えたてる犬、床に落ちているナイフが私を脅かしている。私はこれらを恐れる。一見単純な指摘だが、脅かすものを恐れるという作用が成立するには、さまざまなことが必要だとハイデガーは言う。

まず、その存在者は有意味性のネットワークにおいて有害だという位置価をもっている（SZ: 140）。その存在者は「何かをするためのもの」としての利用可能性ではなく、むしろ害を及ぼしうるという可能性において出会われている。しかし、この有害さはこの存在者が道具的存在性と無関係だということではなく、むしろ、道具的存在者の指示連関（の故障）にあって見出される。天井を支えるための壁がもはやその務めを果たせなさそうになっている、駅に向かうための道が吠えたてる犬によって利用不可能になりつつある、キッチンでまな板と共属するはずのナイフが床に転がっている、など。

ということは、有害なものは特定の「方域（〔独〕Gegend／〔英〕region）」（SZ: 140, 185）からやってくるということだ。私たちの知覚は、環境世界を「〜のために」の意味のネットワークに沿って見抜くものであり（配視）、環境世界はこの意味に応じて空間的にも分節化されている。それぞれにはこのあたりに帰属すべきだという空間的な行き先、すなわち方域がある。例えば、問題の壁は、仕事机から見ると左側、本棚の奥のあたりにある。道を曲がって駅に行くための道に入ったところで、前方で犬が吠えている。ところが、壁が崩れてくるときには、壁が帰属すべきところからはみ出してくる。犬が走り寄ってくる場合もそうだ。どの方域から有害なものがやってくるかは、危険を回避するにはどうすればよいかを考える場面を思い浮かべれば明らかなように、恐れの状態にとって本質的である。

有害なものは、近づいてくるなかで脅威になるという特筆すべき性格をもつ（SZ: 140）。壁と私のあいだにはまだ距離があるが、崩れてきたら本棚の大量の本と一緒に近づいてくる（頭上に降りかかってくる）だろう。犬と私のあいだにはまだ距離があるが、こちらに走ってきたらたまらない。恐ろしさは、問題の存在者との距離が近づくことで高まっていく。しかし遠くにあるのであれば、存在者自体の状態は同じでも恐ろしくはない。遠くで犬が吠えていても恐くないし、台風も遠くに過ぎ去れば恐ろしくなくなる。

触れることと恐れの関係は、有害なものが近づいてくるプロセスにおいてこそ恐れは高まるというこの点に鮮明に見て取れる。

近づいてくることの内で、このような〈それは起こるかもしれないし、起こらないかもしれない〉が高まる。それは恐い、と私たちは言うのである。(SZ: 140-141)

遠くにあれば恐れるに足りないが、近づいてついに私に触れた(壁に押しつぶされた、犬に噛まれた、台風に吹き飛ばされた)のなら、もはやこれらを恐れる段階は終わった。どうなるかわからないという状態こそが恐れを高めるのに対し、触れたときにはそれはすでに起こってしまったからである。今や悲しむか腹が立つかはともかく手当をする時である。

道具的存在性において存在者の存在を明らかにするという存在論的課題は、何かを恐れるという現象の分析に結びついている。脅かすものを恐れて空間を逃げ回る私たちの姿がここに浮き彫りになる。すでにおわかりかと思うが、道具的存在性と恐れの関係を解明する上で鍵を握っているのは空間性である。

デカルト的空間に反する——実存論的空間論①

ハイデガーの空間論は、デカルトの「延長するもの」としての事物の存在論的規定を批判するという重大な任務を負ったものである。手前存在性（Vorhandenheit）が事物的存在性と訳されるのは、何と言っても、このカテゴリーにおける存在把握の徹底した事例をハイデガーがデカルトの「事物（レス）」に見ているからにほかならない。『哲学原理』のデカルトの言葉が『存在と時間』で引用されている。

長さ、幅、深さにおける拡がりが、物体的実体の本性を構成している。*（SZ: 90）

拡がりとは、典型的にはセンチやメートルで測られる量である。箱をメジャーで測る時のように、事物には長さ、幅、深さがあり、これらが一定の大きさをもっていることがその物体が存在することの根拠なのである。逆に言えば、硬さとか重さとか色とかは物体の本性には含まれない。ハイデガーは、とりわけデカルトが硬さについて論じる内容に注意を促している**（SZ: 91）。デカルトによれば、硬さとは手が物体に触れたときに生じる抵抗に過ぎない。今、手が物体に接触しておらず、それゆえ硬さの感覚は生じていないとしよう。このとき、この物体の本性が失われているとは考えないだろう。だから、硬さは物体の本性には存しない、というわけだ。

＊　デカルト『哲学の原理』井上庄七・水野和久訳、『デカルト 方法序説 ほか』所収、中央公論新社、二〇〇一年、168頁。

＊＊　デカルト前掲書、194―195頁。

面白いことに、デカルトの場合、私たちが世界の存在者に触れうることは、その存在者が空間的に存在することと何の関係もたない。ハイデガーの道具的存在性の分析はまさにこの考えに反する見方を提示した。道具的存在者に触れうるということは、私たちが存在者によって脅かされ、それを恐れる能力があることを示しており、この恐れはその存在者からの距離次第で高まったり消失したりする。存在者に触れうる（触れられうる）ことは、対象との近さや遠さについての私たちの感覚、つまり空間の認知の仕方に大きく影響している。硬いボールが飛んできたとき、まだぶつかっていなくても、近づいてくるだけで恐れの感情を抱く。いや、ボールが当たったときにはもはや恐れてはいない。近づいてくるそのときにこそ恐れるのだ。

物体の拡がり以外を残さないデカルト的空間に対して、ハイデガーは、自分自身の存在が問題であるような現存在にとっての生きられた空間性、すなわち「実存論的空間性」（SZ: 119）を提示しようとする。この課題は、世界内存在を、巨大な容器の中に身体が事物的に存在しているという描像から解放し、実存カテゴリーとして練り上げるというプログラムの一部である。

遠ざかりの奪取、方向の切り開き——実存論的空間論②

では、日常的な世界内存在の空間経験はどういうものか。ハイデガーは「遠ざかりの奪取」と「方向の切り開き」という二つの特徴づけによって説明を試みる。

私たちが環境世界のなかで出会われる存在者と結んでいる空間的関係は、それらを手許に存在させておくことであり、近くに出会わせることである。料理をするとき、材料や道具を調達し、それらを取り集めて置いておき、どれも手でつかんだり握ったりできるようにしておく。遠ざかっているものとの隔たりを取り去り、手許に近づけることをハイデガーは「遠ざかりの奪取」と呼び、これが私たちの空間経験の基本だと言う。*

> 現存在には近さへの本質上の傾向が存している。（SZ: 105）

ただし、「遠ざかりの奪取」は隔たりをひたすら縮めるという方向にだけ進むのではない。手頃な範囲に、手許あるいは手前に存在者を取り集めることには、適度に隔たりを保つことも含まれる。包丁を使用したあとにまな板に置いておくことは、接触の状態から一定の隔たりを確保することだが、これも遠ざかりの奪取に含まれる。

最後の点が物語っているように、話のポイントは、この「近さ」はセンチやメートルで計測される「距離」とは一致しない、ということだ。第一に、私たちが、何かが近いとか遠いというと

＊ 日本語だと実に奇妙な言い方だが、この表現はドイツ語でごく普通に「隔たり」を表す語 Entfernung の造りに注目して獲得されている。ent- という接頭辞は、否定や分離を意味しており、Fernung は遠ざかりを意味する。そのため、ハイフンで区切って意味を分節化すると、隔たりとは「遠ざかりの奪取」を意味するとりあえず形式的に告知することがドイツ語では可能なのだ。なお、英訳 distance でも、否定の接頭辞 dis- を切り離して dis-stance と書き、類似の告知的効果を得ようとする場合がある。

き、メートルなどの尺度で語るとは限らない。ハイデガーは「あの家までは三十分だ」という表現を挙げている（SZ: 106）。この表現は、空間的な量に言及するものではなく、その家まで歩いて到達するという行為に関する時間表現である。存在者との根源的な関係は、計量のような理論的ふるまいではなく、何らかの関心に基づく配慮的気遣いである以上、空間も、行為をいかにどれくらいで達成できるかという観点から理解されるのだ。だから、前方の犬が吠えているとき、私が百メートルはあるとか言うとしても、そこでの問題は正確な測定ではなく、犬が自分に襲いかかってきたり、自分が逃げたりするのにどれくらいの余裕があるかが考慮されている。どれくらいで犬が到達しうるかという時間が問題であり、こちらに突進してきて恐れが増大する場合には、もう逃げられないという時間の困窮が問題なのである。

第二に、生きられた空間性にとって「最も近い」ものは、物理的に距離がゼロに近いものと同じではない。ハイデガーは眼鏡と正面の壁にかかっている絵や、歩行中の街路と遭遇した知人を例に挙げている（SZ: 107）。眼鏡は鼻に接触しており、街路は足に一歩ごとに触れている（たいていは靴を通じてではあるが）。これらの道具は壁の絵や知人よりも物理的にはずっと近い。しかし、気遣いがそのもとにとどまっており、その意味ですぐ〈近く〉にあるのは、目を奪われた見事な絵であり、挨拶を交わしている知人である。先に、遠ざかりの奪取の存在者を近づける働きは、隔たりをひたすら縮めて接触を目指すというような単純なものではなく、適度に隔たりを保つべく〈近さ〉を調整するものであると述べた。この点は、絵や知人の例からもよく理解されよう。接触するほど近づいたら絵はよく見えないし、他人に近づいて接触するのは特別な関係でない限り大問題である。触れうることが身体の位置を規制しているのだ。

こうした隔たりへの配慮は「方向の切り開き」という性格ももっている。ペンを使おうと、筆入れから取り出し、その後またしまうとしよう。そのつど手元に引き寄せたり、適度な距離に保ったりするとき、このペンはそれだけで私といわば直線上に結びついているのではない。むしろ、ペンはさまざまな存在者と共属する環境世界の一定の方域——机の上の、ノートの向こうの、窓よりは手前——のほうから近づいてきて、また一定の方域のほうへと収められる。このように、私たちはそのつど存在者との遠ざかりを奪取しつつ、方向を切り開いている。

ハイデガーは、左右のような方向も、私の身体に対する客観的な位置を示すものなのではなく、方向の切り開きという活動に即して定着するものであることを論じてもいる。興味深いのは、ハイデガーはこれを「〈身体性〉における現存在の空間化」(SZ: 108) の問題として扱っている点だ。というのも、身体性がやはり手を中心に考察されているからである。手袋は右手と左手に合わせないといけないが、ハンマーには右手用や左手用はない、という例が出てくる (SZ: 108–109)。なるほど、右利きの人にとって、ペンは右手でつかまれるべきであり、左手のもとにあれば右手の側に移し直すだろう。道具としての手が左右の方向を切り開くのである。

このようにそのつど方向が切り開かれるなかで、空間は単に大きな容器のようなものではなく、私の身体がそこで生きているものになる。計量可能な性質だけを残した幾何学的な空間においてはすべての点が同質である。特定の方向に特定の意味や重み付けはない。他方、実存的関心をもち身体化された私たちにとっては同質ではない。ペンがどちら側にあるのか、吠えたてる犬はどの方向にいるのか。これらは、次にどう身体を動かすかにとって重大である。身体化された実存論的空間を生きる私たちは、その状況のなかで行為することを課せられた存在である。ハイデガーの恐れや空間の分析は、世界内存在の当事者性という問題に関係している。

情態性、気分、事実——世界内存在の当事者性

デカルトは、自然事物の実体性を「拡がりあるもの」として規定する一方、精神は「思考するもの」という別の実体であると認めた。精神が思考によって規定されるとき、それは身体が存在しなくても存在しうる何かである。他方、ハイデガーが量的な計測の論理では把握できない実存論的空間を解明しようとするときには、実存の——手で触れうることを中心とした——身体性が際立たせられる。さらに、恐れの分析は、自分の存在に対して中立的ではなくその存在を気遣うという実存のあり方を浮き彫りにしてきた。

恐れが恐れるその理由は、恐ろしがっている存在者自身、つまり現存在である。自らの存在においてこの存在自身が問題である存在者のみが、恐ろしがることができる。恐れることは、この存在者を、危険にさらされていることにおいて、自分自身に引き渡されていることにお

いて開示する。（SZ. 141）

恐れることは、自らを脅かしてくる存在者を恐れるべきものとして発見するだけでなく、現存在自身を危険にさらされたものとして開示する。恐れのような感情のこうした自己開示の機能をハイデガーは「情態性（Befindlichkeit）」と呼ぶ。

情態性という用語は、日常的に「気分」と呼ばれているものを存在論的にハイデガーが練り直したものである。気分が自分の状態を開示すると言えば、ハラハラするといった内的な感じを与えることだと思うかもしれないが、そうではなく、むしろ世界の内での自らの状況を照らし出すことである。世界から引きこもった心の領域を、世界のただなかに連れ出そうとするのはハイデガーのいつものやり方だが、情態性の場合、この語の日常的用法に照らすことでそのやり方は無理なく理解できる。情態性（Befindlichkeit）の動詞の befinden は、道に迷ったときなどに、「私たち、どこにいるのかな（Wo befinden wir uns?）」というふうに使われる。この場合、空間的な場所がさしあたっての話題の的ではある。しかし、同時に、私たちが世界の内でどうあるのかが問題になっている。路頭に迷っている私たちが開示されている。ハイデガーはこのとき、私たちはある気分のなかで開示されていると言っているのだ。路頭に迷っているのであれば、安心していたり陽気だったりするのではなく、不安だったり心細かったりするであろう。情態性とは、私たちが一定の気分において自らの状態を見出す仕方である。

気分は、〈ひとがどんな具合であり、またどんな具合になるか〉を明らかにする。この〈ひとがどんな具合にあるか（Wie einem ist）〉において、気分的に規定されていることが存在をその〈現〉のうちへともたらすのだ。（SZ: 134）

どこにいるのであれ、私たちは常にすでに何らかの気分のうちにある。ドイツ語で「どんな具合にいるか」を表す表現でよく使われるのは、「気分が悪い（Mir ist schlecht）」（あるいはその逆で「気分が良い」）である。二日酔いで気分が悪いというとき、問題なのは、単に嫌な感じがするということには尽きない。例えば、通勤中の電車の中で休憩したくてもすぐには降りられない、途中駅で降りたら遅刻するだろう、今さら遅いが無茶な飲み方をするべきじゃなかった、などという仕方で、人は具体的な状況の内に据え置かれたものとして自らを見出している。

ハイデガーによれば、気分が良くても悪くても、私たちは常に何らかの気分のなかで自らを見出している。現存在の存在は、そこで「存在しており、存在しなければならない事実」（SZ: 134）として開示されている。つまり、そのような気分づけられた世界内存在は誰かに代わってもらうことはできず、自分は自分自身に引き渡されていることがはっきりする。現存在はそれぞれ世界内存在の当事者である。

現存在についての「事実（Faktum）」を、ハイデガーは事物的存在者についての「単なる事実

（Tatsache）」から区別する。私には、「存在しており、存在しなければならない事実」がある。生まれつきの性質、例えば、肌の色が白くないという事実を考えてみよう。この事実を、机の色が茶色いというのと同じように、事物的性質に関する単なる事実として語ることはできる。しかし、肌の色が白くないという事実が、いかんとも変えがたく、重荷として感じられるような仕方で、私に委ねられた存在の事実として開示されるとき、まったく違う仕方でこの事実は問題になっている。例えば、白人中心主義の国で、有色（イエロー）であるがゆえに、生活のさまざまな場面で不利な立場に置かれるとしよう。そのときには、肌の色が白くないという事実は、その世界で自らを見出す仕方として顕在化するだろう。何らかの気分（例えば、怒りや悲しみ）を伴い、かつ、この事実の当事者として、自らに固有な世界内存在があらわになるだろう。だが、例えば日本にいるときには、有色（イエロー）であるという事実は顕在化してこないし、この事実は特に嫌な気分を伴わないかもしれない。しかし、これもまた、日本のその状況のなかに自らを（漫然と、肌の色によって目立つことのない者として）見出す仕方である。

世界内存在の当事者性は、第三章前半で事実的かつ可能的な存在として特徴づけられた論点につながっている。私は自己を可能性へと向けて企投しつつ理解することができる。しかし、この可能性は宙に浮いたものではなく被投的な可能性であった。ハイデガーによれば、「情態性は現存在をその被投性において開示する」（SZ: 136）。私がほかでもない私であり、世界内存在の代替不可能な当事者であることを確信させるのは、私について思い巡らされた思考ではなく、むしろ気分だというのである。

弁論家は気分に入り込んで語る

実は、ハイデガーの恐れの分析は彼のオリジナルではない。アリストテレス『弁論術』の第二巻第五章「恐れの定義」を見ると、ハイデガーの分析内容はほぼすべてそこに書いてある。*このことは知る人ぞ知る秘密なのではない。先に見た『存在と時間』第三十節のタイトルに注がついており、『弁論術』のこの箇所が指示されている(SZ: 140)。

ともあれ、注目したいのはこの『弁論術(レートリケー)』という書物である。文字から推察されるように、これはレトリックについての書である。普通、「巧みなレトリックで相手を信じ込ませた」などと言うように、レトリックは、言っている内容の正しさではなく、巧みな言葉遣いによって読み手や聴き手を説得したり魅了したりする技術のことを指す。そして、レトリックは、言葉を尽くして議論して相手を説得するのではなく、言葉使いの妙で相手を味方につける狡猾なやり方だと非難されることも多い。他面で、国語の授業では、比喩、擬人法、倒置などのレトリック的表現が教えられている。西洋世界でもレトリックは教養の一部として長らく位置づけられてきた。

さて、アリストテレス『弁論術』はその第一巻で、レトリックを分類する。レトリックは、審議、演説、法廷弁論など、政治の諸局面で用いられるが、それぞれ目的も聴衆も異なる。演説は公衆の面前で行われるが、審議は議会で行われる。法廷での弁明や告発は、演説の言語行為とも審議の言語行為ともタイプが違う、などである。問題は、なぜこのような政治用レトリックの本に、ハイデガーが参照している恐れの分析が収録されているのかである。『弁論術』第二巻は、恐れのほかにも、怒り、愛、恥、妬みなどの分析が並んでおり、感情の哲学の古典となっているのだが、なぜこのような感情分析をしているのか。その理由には、聴き手が物事の判定をするとき、その判定は聴き手がどういう感情を抱くかに影響されるということがある。物事は怒っている人と落ち着いている人には別様に見える。そこで、感情の本性をよく知ることはレトリックを学ぶことの一部なのである。

ここで重要なのは、恐れを含めて感情は単に個人的に生じるものではなく、公共的な場で集団的にも生じると考えられていることだ。弁論家は「怒れる聴衆」を前に演説するかもしれない。

演説家は気分のなかに入り込み、その気分のほうから語る。(SZ: 138)

ハイデガーはこのように述べる箇所で、アリストテレス『弁論術』は、単なるレトリックの「教科書」ではなく「相互共同存在の日常性の最初の体系的解釈学」(SZ: 138)だと見直しを求め

＊　アリストテレス『弁論術』戸塚七郎訳、岩波書店、一九九二年、185―193頁。

ている。先の恐れの分析には、自分以外の他者は出てこなかった。しかし、世界内存在には共同存在（他者と一緒に存在していること）が含まれている。ハイデガーはここで、日常性における他者との関係へと焦点を移そうとする。「解釈学」とは第二章で触れたように、人間の生について探究するために、意識の内省に訴えるのではなく、生が表現されたり言葉にされたりする仕方に着目する学問である。『弁論術』はたしかに人が互いに語り合う仕方自体を、その感情の効果も含めて、体系的に論じている。ロゴスを合理性の理念から解き放ち、語りとして考察し直すハイデガーは、（通常、不合理の領域だとして軽視されがちな）レトリックの分析をも取り込んで、「語る動物」としての現存在のあり方を多面的に明らかにしようとしているのだ。

＊

本章の議論をまとめよう。なぜ「手」を中心に考えるのか。それは、私たちが手を使って道具を用い、存在者に触れうるということが、自らを脅かすものを恐れるという世界内存在の重要な能力や、自らの関心や身体の状態に応じた遠近や方向をもった実存論的空間の成立を説明するからである。手が自由に使えることで道具を制作したり使用したりできることは、世界を支配し掌握しうる力を示すどころか、むしろ道具的存在者とは現存在を脅かし、恐れの対象になるものであることを示している。さらに、脅かすものが近づいてくることで恐れが高まることからわかるように、恐れの情態性は、センチやメートルで計量される事物の拡がりに依拠した空間性ではなく、むしろ、時間の概念で表現されるような実存論的空間性の経験に結びついている。触れることのできる身体性を象徴するものとしての「手」を中心に世界内存在のあり方を考えることは、結局、投げ込まれた世界の内で存在しなければならない私たちの世界内存在としての当事者性を暴くことなのである。

ところで、私たちは、何かを恐れるとき、気分を落ち着けてくれるような言葉を求める。地震が近づいていると聞けば、何度も情報を確認する。ウイルスを恐れるとき、関連するキーワードを何度も検索してしまう。大量の情報のどれが本当に正しいかを自分で判断することは難しい。では、私たちは何をどう信じて物事に対処し、行為しているのだろうか。こうした問題は『存在と時間』では「世人」の概念によって考察される。本章の最後で、恐れの分析にはレトリック研究という文脈があることに触れたが、この箇所でハイデガーは「世人の存在様式としての公共性」(SZ: 138)を参照するように指示している。次章では、「世人」とは誰のことなのかを探究することにしよう。

第七章
「世人」とは誰のことなのか

世界内存在しているのは誰だ？

現存在の最も基本的なあり方は世界内存在である。『存在と時間』でハイデガーはこの見方を出発点として、「世界とは」（第一篇第三章第十四―二十四節）、「内存在とは」（第一篇第五章第二十八―三十八節）を問う。すでに見たように、世界とは事物の総体ではなく意味の先行的ネットワークである。「住まうこと」としての内存在は、情態性、理解、語りといった局面から構成されている。世界内存在の分析はしかし、これで終わりではない。『存在と時間』第一篇第四章（第二十五―二十七節）でハイデガーはもう一つの問いに取り組んでいる。それは、日常的な世界内存在は「誰か」という問いだ。これは先の二つの問いに比べて異様に聞こえるのではないか。誰かって、それぞれ自分であるに決まっている、と思われるからだ。世界内存在しているのは

「私」であり、あるいは「あなた」であり、あるいは「彼／彼女」であろう。そして、「あなた」はあなたから見れば「私」であり、「彼／彼女」はその彼／彼女から見れば「私」だろう。当然の事実ではないだろうか。ところがハイデガーはこう言う。

> 日常的な現存在の誰かであるのは、それぞれ私自身ではまさしくないということがありうるかもしれない。(SZ: 115)

読者を混乱させる言い方だろう。というのも、第三章で見たように、ハイデガー自身が、現存在の実存にはそれぞれ「私のものである」ことが含まれると明言していたからである。存在はあくまで私に属している。存在しており存在するしかないことが重荷なくらいである。それなのに、日常的な現存在の誰かは私自身ではないとはどういうことだろうか。

> それぞれ私のものであるという現存在のこの仕組みが、現存在はさしあたりたいてい自分自身ではない、ということの根拠であったとすればどうだろうか。* (SZ: 115–116)

* 第二章で形式的告知を取り上げた際に、「〈自我（das Ich）〉は、そのつどの現象的存在連関においてその〈反対〉としてあらわになるかもしれない」という部分を引用した。この引用文が登場するのは、目下取り上

存在が私のものであることは、さしあたりたいてい――つまり、日常性において――自分自身ではないことと矛盾するのではなく、むしろこのことの根拠であることがほのめかされている。世界内存在しているのはこの私ではないとすれば、では「誰」なのか。

〈誰か〉は中性的なもの、すなわち世人（das Man）である。（SZ. 126）

それぞれ自分の存在を私のものとしているからこそ、日常的には私自身ではなく、むしろ世人だということだ。逆説的に響くが、どういうことなのか。以下で明らかにしていこう。

「ひと」と世人

日常的な世界内存在の主人公は誰か。この問いに、ハイデガーは中性的な「世人」だと答える。なぜ、私であることが根拠となって世人であるという事態になるのかを考察する前に、まず、世人であるということの意味を「世人」という概念の特徴から見ていこう。

世人の原語は das Man（ダス・マン）である。この表現は、日常的で熟知の言語表現に依拠しながら、しかし独自に作り出された造語である。ドイツ語にそのままのかたちでは存在しない。注意が必要なのは、man は「男（Mann）」とか「人間（Mensch）」と同じではないことだ。man は漠然と「ひと」をあらわす不定代名詞であり、典型的には、「Man sagt …（ひとは～と言っている／～だと言われている）」というように用いられる。英語で言えばoneであり、先の文を英語にするなら「One says ...（ひとは～と言っている／～と言われている）」となる。「～」のところには「雨に濡れると風邪をひく」とか「最近の若者は内向きだ」など、世間で一般的に言われるようなことを代入してみるとよい。こうした場合、具体的に誰が言っているのか、と問われれば、よくわからなくなる。むしろ、誰もが言っていると答えたくなるところであろう。

「ひとは～と言っている／～と言われている」という表現のポイントは、私たちは、誰がどういう根拠をもってそう言っているのかを問うことなく、「～」を既成事実として語り真似るということである。「雨に濡れないように！」とか「若いときに国際舞台に挑戦することが重要です」などと語られるうちに、私たちは「雨に濡れると風邪をひく」とか「最近の若者は内向きだ」といったことを自明の前提として受け入れるようになる。その際、発言の元を確かめるとか、真偽を明らかにするといった手続きは求められていない。そのようなことをしたら会話がたびたび中断して、真剣な議論になってしまうだろう。日常の談話において私たちは中断ばかりの議論よりも会話の円滑な進行を求め、「ひとは～と言っている」で十分とする。この用法に現れる「ひと」は、具体的な人ではなく、誰でもあり誰でもないという匿名的な主体――あるいは、非―主体と呼ぶべきか――を奇妙にも指示しているのである。

げている世人の議論においてである。

ところで、ハイデガーは、現存在の存在にはそれぞれ「私のものである」という各自性が備わっており、現存在は私やあなたといった人称代名詞を伴って語られなくてはならないと述べていた（第一章参照）。なるほどたしかに、私という人称代名詞を使えるようになるには、これを、あなたや彼／彼女などのほかの人称代名詞と区別できなくてはならない。このことをハイデガーは強調していた。ところが、ドイツ語や英語を見ればわかるように、日常言語は特定の人称をもたない主体（主語）をすでに出現させている。ハイデガーはこの「ひと（man）」という不定代名詞に定冠詞 das（英語で言えば the）を付けて名詞化し、「世人（das Man）」（英語で言えば（the one））という奇妙な主体――あるいは、非－主体――の存在を指し示したのである。「日常的な現存在の誰かは、まさしく私自身ではないかもしれないということがありうるかもしれない」というハイデガーの一見奇妙な問いかけは、日常言語の用法に裏打ちされているのである。

　もっとも、日本語では「ひとは～と言っている」などと非人称の「ひと」を用いて語ることは、英語やドイツ語のように頻繁には起こらない。むしろ、「～と言われている」と言いたいのであれば、日本語では「みんなが～と言っている」と、「ひと」ではなく「みんな」を用いるほうが自然に聞こえる。ドイツ語では、「言っている」だけでなく、例えば、「Man macht so.（ひとはこういうふうにする／こういうふうにするものだ）」などと、どんなふるまいについても「ひとは～する」というふうに自然に言える。この言い方は、単にふるまいの典型的なあり方を記述するというよりも、大人が子どもに何かのやり方を教えるときに使うものであり、「こういうふうにするんだよ」などと訳したくなるものだ。日本語の場合、「みんなこうしているよ」と言えば、ドイツ語同様に「こうするものだ」という意味で理解されるだろう。

日本語としての自然さを優先すれば、manは「ひと」よりも「みんな」と訳したほうがすんなり聞こえるかもしれないが、やはり「ひと」と「みんな」には重要な違いがある。「みんな」は、例えばその場にいる人々全員を指して、「みんなで食事に行こう」などと言える。つまり、みんなは特定の集団を指示できる。しかし、「ひと」という不定代名詞のポイントは、それが、私やあなたのような特定の個人を指していないというだけでなく、いかなる集団も指していない、ということだ。その場にいる人々全員で食事に行くのであれば、ドイツ語では普通、「私たち(Wir)」という複数形の一人称代名詞を用いて集団を指示し、「さあ、私たちは(みんなで)食事に行きましょう(Gehen wir essen!)」などと言う。このとき、「私たち」の代わりに「ひと(man)」を用いれば不自然で冗談のように聞こえる。「ひと」は誰のことでもないからだ。

誰でもあり誰でもない「世人」は、「みんな」とは違っていかなる集団でもありえない。集団ならば、どんなに大きな集団でも、よく見れば一人一人に顔がある。結成したり解散したりもできる。世人はいかなる意味でも具体的な人間ではない。世人とは、私たちがそれぞれそれに従っている一連の「〜するものだ」という規範の別名である。世人には名もなく顔もない。ただ、世人は私たちの誰にも特定の生き方を強いる、その強制力においてのみ存在感をもつ。次の引用文は「私たち」と「ひと」との区別に気をつけて読むとポイントがわかるだろう。

このように目立たないことと確認できないことのうちで、世人は自らの本来的な独占性を発揮する。私たちは、ひとが楽しむとおりに楽しみ興じる。私たちは、読んだり見たり文学や芸術について判断したりするのも、ひとが見たり判断したりするとおりにそうする。〔……〕世人は、特定の人ではなく、総計としてのそれではないにしても、すべての人であるが、そういう世人が日常性の存在様式を前もって定めている。(SZ: 126–127)

個性を追求すると自己を喪失する

現存在はそれぞれ私のものであり、私、あなた、彼といった人称的区別がその存在理解の一部をなしている。その意味で私たちはそれぞれ固有である。それにもかかわらず、日常性の主体は世人であり、自分自身ではない。この逆説がハイデガーの議論の面白いところだと言いたくなる。だが、正確に言えば、「ここに逆説はない」ということがハイデガーの本当に面白い論点である。先に、ハイデガーは、それぞれ自分の存在を私のものとしているからこそ、日常的には私自身ではなく、むしろ世人だと考えていることを見た。つまりこういうことだ。私たちはそれぞれ固有であるからこそ自己喪失するのである。

奇をてらった議論ではない。私たちはそれぞれ違って固有だ――それで終わりだろうか。むしろ、私と他者とは違うということを理解するとき、その違いを認識したくなるのではないか。自分なりの個性はどこにあるのかが気になったり、あるいは、自分と他者の似ているところが気になったりするかもしれない。似た者同士が友人になると言われるように、何がお互いに合うのかを気遣うことも私たちが他者と一緒に存在する仕方の一つである（似ているとは同一だということではない。違うけれど似ているのだ）。さらに、あまりにも自分がほかの人々と違うのであれば、落ち着かなくなって周りに合わせたくもなる。自分は他者とどういう点でどれくらい似ていて、どれくらい違うのか。「自分」の輪郭は他者からの「隔たりを気遣うこと」によって描かれるのであり、その意味で他者関係に依存している。このことをハイデガーは「懸隔性《けんかく》」という用語で言い表している。

相互共同存在は〔……〕こうした隔たりへの気遣いによって落ち着かなくさせられている。実存論的に表現するなら、相互共同存在は懸隔性という性格をもっている。(SZ: 126)

私たちが世界の内に存在していることには他者と一緒にいるという共同存在が含まれているが、共同存在は単なる並存ではなく、相互に関係し合う「相互共同存在」である。日常性におけるその相互性とは「隔たりを気遣う」ことであり、この気遣いは自分と他者を比較することを含んでいる。重要なのは、何であれ二つ以上のものを比較するには、その二つのもの以外に、比較のための基準や尺度が必要ということだ。コップと皿を比較するという場合には、皿のほうがコップよりも大きいとか、コップのほうが皿よりも色が濃いとか、何らかの観点から比較がなされている。この場合、サイズや色が尺度となって比較が可能になっているのであり、こうした尺度をまったく用いずにコップと皿を眺めても「比較」と呼べるような行為はできない。自分と他者を比較するときにも、背の高さ、足の速さ、頭の良さなどの尺度が必要であろう。

　私もあなたもお互いに比較し自分の個性を認識しようとするが、そのとき、揃って同じ尺度ないし物差しで自分も他者も測るようになる。つまり、私たちはそれぞれ固有であるからこそ、その違いや隔たりを気にするようになるが、まさにその違いの認識のために同じような物の見方をするようになるのだ。もっとも、背の高さ、足の速さ、頭の良さなどであれば、身体測定、スポーツ競技、学力試験のように、きちんとそれぞれの違いがいわばミリ刻みで認識できるための特別な措置が施されている。しかし、これらは制度化された例外であり、日常生活における隔たりの気遣いには細かい測定値や点数が用意されているわけではない。例えば、周りへの優しさとか、仕事の器用さについて、自分はどうだろうと思うこともあるだろう。しかし、優しさとか器用さについての公式競技や試験があるわけではない。とはいえ、他者と自分を比較して、もっと優しくなろうとか、自分は器用さに欠けるな、というふうに自己を理解することはある。

　そのとき、私と他者を比較するための尺度としての「優しさ」や「器用さ」はどこから来るのだろうか。自分自身を尺度にする（「優しいとは私のような人のことだ」）ことはできない。それはまるで、自分の身長がどれくらいかを知るために、自分の身体を物差しにしようとするようなものだ。自分の身長を測るためには、自分の身体を（その身体とは別の）物差しに押し付けることが必要なのだから、ほかでもない自分の身体だけは自分の身長の物差しにすることができず、物差しは何であれ自分以外のものでなくてはならない。同様に、自分の優しさで自分の優しさを測ることはできず、自分以外の誰かを尺度にしなくてはならない。

では、自分の恋人こそ優しいと信じているから、この人を尺度に自分の優しさを測るとしよう。しかし、あるとき、恋人の優しさはうわべだけのもので、やっぱり優しくはなかったと判明するかもしれない。そのとき、その恋人もまた、「（本当は）こういう人が優しい」という別の尺度でその優しさを測られたのである。すると、私、あなた、彼／彼女など、色々な人の優しさの違いを見えるようにする共通尺度とは何だろうか。それは、一般的にどういう人が優しいと呼ばれるかについて社会的に共有された理解だろう。つまり、「ひとがこういうふるまいのことを優しい（器用だ）と言っている／優しさ（器用さ）とはこういうものだ／優しい（器用な）人はこうするものだ」という世人の尺度を用いてこそ、自分や他者がどのあたりに位置するかが（いわば客観的に）見えてくる。こういう尺度のことをハイデガーは「標準（Durchschnittlichkeit）」と呼んでいる。

世人にとっては存在することにおいてこの標準が本質的に問題なのである。それゆえ、世人は、当然とされているもの、ひとが通用させたりさせなかったりするもの、ひとが成果を認

めたり認めなかったりするものの標準の内に、事実的に自らを保持している。（SZ: 127）

ハイデガーの議論によれば、「こんなのは私ではない」というかたちでの自己喪失は、他者に似通っていることとも、他人よりも劣ることとも一致しない。個性的だと言われる人もいれば、個性がないと言われる人もいる。賢い人も賢くない人もいるし、器用な人も器用でない人もいる。人々はこうした面で似通っていない。しかし、劣るにせよ勝るにせよ、他者と自分の違いを認識するには、自分自身をその生き方の尺度にすることはできない、という点が重要だ。性格などについて周りが気になって仕方ないというのであれ、競技や試験で他者との違いを正確に知りたいというのであれ、他者と自分の隔たりを知るためには共通尺度がまずは必要になる。自分の個性が肯定的に示されたとしても、その生き方を自分自身で選んだわけではないこと、標準的物差しに従って生きてきたことは、かえって赤裸々になりうる。典型的な競争コースを歩んで勝ち進んでいる人であっても、「こんなのは私ではない」と思い至ることはよくある。社会的な共通尺度抜きには、自分自身も他者の姿も見えなくなってしまう。そのとき、忙しい日常の本当の主人公が「世人（ひと）」であることは決定的になっているだろう。私でもあなたでも彼／彼女でもない、世人が私たちの個々の人生の大部分のあり方に強い影響力を及ぼしているのだ。

ゲームの喩え

スポーツを含めて、一般にゲームは勝ち負けをはっきりさせるためにルールを厳密に定めた営みである。ハイデガーの世人論は、日常生活というのも多かれ少なかれゲームに似たものであるという印象を抱かせるところがあり、実際、ゲームの喩《たと》えで世人論を解釈する論文も見られる。だが、この解釈のやり方には長所と短所がある。この点を見ることで、ハイデガーの議論の要点をクリアにしてみよう。

世人の日常に光を投げかけるうえで、ゲームの喩えが有効であるポイントは、一つには、参加する限り誰もが同じルールに従うという点があるだろう。野球に参加するためには、誰であれ野球のルールに従い、それによって、誰が上手くて誰が下手かなどがはっきりと見えるようになる。逆に、ルールに従おうとしないとか、「私にとってはこれが野球のルールだ」と言って（ファウルボールをホームランと言い張るなど）マイルールを押し通そうとするなら、その人は参加させてもらえないだろう。私たちの日常も似たようなものだ。世人は一連の「ひとは～するものだ」という規範の担い手であり、私たちはこうした規範を尺度にすることで、一種の対人ゲームに従事している。能力があるとかないとか、優しいとか冷たいとか、きちんとしているとかルーズだとか、さまざまな観点から私たちは自分と他者を比較し、それによって自分の輪郭を描きつつ生きている。「私にとってはこれが優しさだ」と――誰かの首根っこを思い切りつかまえながら――言ってマイルールを押し通すことは日常の中断を意味するだろう。なぜなら、その時にはルールに従ったゲームを続けるのではなく、ルールの制定を身勝手に始めていることになるからであり、他者との共同存在を毀損したものと見なされるだろうからだ。
ゲームの喩えのもう一つの長所として、ルールが道具の使い方に埋め込まれている、という点を挙げることができる。野球であれ将棋であれ、ゲームのルールは道具の適切な用い方と切り離せない。内野ベースをどういうときに踏みどういうときに離れてよいか、角や金の駒はそれぞれどのように動かしてよいか。私たちは膨大なルールを頭の中で暗記しているだろうか。いやむしろ、実際にゲームの道具をどのように用いるかを実践的に学ぶことで、ルールを（いわば記憶を道具に託して）覚えているだろう。日常生活における「ひとは～するものだ」という一連の規範も似たようなものではないか。運動能力は鉄棒などをどう使えるかによって、優しさは座席を譲るなどの行為によって、器用さは包丁などの扱い方によって、プラスにもマイナスにも可視化されるだろう。このときに基準となっている「ひとは～するものだ」は、単に言葉上のものではなく、道具のなかでいわば物質化されている。私たちは「ひとは～するものだ」を具体的に世界内部的存在者と交渉するなかで学び、維持している。次の引用文を見てみよう。

身近な環境世界、たとえば職人の仕事世界の〈記述〉は、制作中の道具に加えて、その〈製品〉を用いることになると見込まれている他の人々も〈一緒に出会われる〉ことを明らかにしていた。こうした道具的存在者の存在様式には、つまり、こうした道具的存在者の適所性には、その道具的存在者がその〈身体に合わせて裁断されている〉はずの可能的な所持者へ

の本質上の指示が含まれている。(SZ: 117)

そもそも包丁であれ座席であれ野球のバットであれ、あらゆる道具的存在者はその利用者の身体に合わせて作られる。とはいえ、厳密なオーダーメイド以外、特定の誰かの身体に合わせるというより、大量生産の場合には標準的な身体――世人的な身体――を想定して作られる。バットがすぐに折れれば、バット自体ではなく製作者の腕が問われる。さらに言えば、道具的存在者の存在には「~するために」という用途が含まれている。この用途を明示しようとすれば「取り扱い説明書」のようになるが、それほど厳密でなくても、標準的な使用法があり、そこからの逸脱は社会規範からの逸脱をたいてい意味している。包丁で人を切ることも、バットでガラスを叩き割ることも、電車の座席で寝ることも、行為としては可能である。しかし、そういう「ための」ものではないという道具的存在者の理解がそのまま「ひとは~するものだ」という規範を含んでいるため、私たちはこうした行為を規制する。道具的存在者とは単に中立的な事物ではなく、私たちの規範の担い手なのだ。

ゲームの喩えはなかなか有効であるが、しかし、「日常とは結局はゲームだ」とまで言おうとするなら問題が生じてくる。まず、ゲームのルールは公式の手続きを踏んで制定されたり改定されたりし、(実際には道具の使用を学ぶことで徐々に習得するとはいえ)教科書的な本を読んでルールを覚えることが可能である。しかし、日常生活に含まれる一連の「ひとは~するものだ」

という規範には公式の制定というプロセスはなく、まさに日常生活をすることを通じていわば体で習得していくしかない。外国暮らしを始めるという場面を考えるとよいかもしれない。非日常的な旅行ではなく、外国で日常生活をしようとするなら、「ドイツの生活習慣」のような本をいくら読んでも、結局は現地の生活に慣れない限り（標準と自分の隔たりを気遣うことなくしては）、いつまでも旅行者の立場から抜け出せないだろう。

例外の監視が規範を維持する

世人の規範はいわば「空気」のようで、内容を明示的に述べることは難しい。けれども、たしかに効力を及ぼしている。ハイデガーは、こうした規範の維持を説明するものとして、「でしゃばってくる例外の一つ一つを監視する」（SZ: 127）という標準の機能を挙げている。

一般に、何が普通なのかを言うことは難しいが、何が普通でないかを検出することは簡単である。例えば、電車内での普通の過ごし方について誰もが一致するマニュアル的知識があるわけではないが、（生活習慣の異なる外国人が入ってきたときなど）車内への入り方とか、声の出し方とか、荷物の拡げ方に関して、「普通ではない」と思われる事例が発生したら、即座にほとんど誰もが検出する。そして、あからさまに指差さないとしても、それとなく「例外の監視」を始め、その人たちが降りていなくなると、誰もが規範を遵守した日常が回復するのを確認し、安心したりする。逸脱事例の検出を通じて、「ひとは〜するものだ」という規範に私たちは互いに同調するわけだ。例外の監視は、効率よく規範を維持する日常の自動装置である。ハイデガーは、世人の標準への気遣いは、「一切の存在可能性の均等化という現存在の本質上の傾向」（SZ: 127）をあらわにしていると言う。注意が必要なのは、監視されている「例外」とは、世人の一連の規範に従っていない事例であり、単に目立つ行動をすることではない、ということだ。能力が高いのであれ、容姿が優れているのであれ、一定の尺度に従うことで、ある人はほかの人から目立ってくる。このことは日常性にとって問題ではなく、まさにこのような隔たりへの気遣いこそが日常に快活さを与えている。むしろ、検出される例外とは、勉強もしない、スポーツもしない、服装にも興味がない、といったふうに、社会の共有された尺度に従おうとしない者だ。この場合、その人は単に目立つのではない。どういう人間なのかを認識するための手がかりがなく、人々の目に不気味に映る。均等化はこうした存在を標的にするだろう。

先の電車での例でも、マナーが特に良いとか悪いとかというよりも、そもそも（この場合は日本での）「ひとは〜するものだ」という規範に従おうとしていないことが、人々を苛立たせる。仮に、いかにも典型的なふるまいではなかったとしても、その外国人が日本ふうに合わせよう（同じ尺度を用いよう）としているとわかれば、人々は一気に寛容になる。その外国人と自分との隔たりが同じ尺度で見えるようになり、不気味さが軽減されるからだろう。

先に「Man macht so.（ひとはこういうふうにする／こういうふうにするものだ）」という「ひと」の用法を挙げた。こうしたことを私たちはいつ言うのだろうか。おそらく、例外を検出したときだろう。大人が子どもに「みんなこうしているよ」と言うのは、たいてい、子どもが社会的に共有された規範からはみ出しているのに気づいたときである。そのとき、子どもがほかの子どもよりも優れていて欲しいと願っているわけではなく、ただ、その社会の通常の参加者であることを望んでいるだけであろう。日本ふうにふるまおうとしている外国人に、「こういうふうにするんだよ」と声をかける人もいるかもしれない。この時には、共通の尺度に従うということが、その人の見た目以上に、仲間であることの証拠として理解されているのだろう。

ハイデガーは、均等化に関して、「すべての戦いとられたものは手頃なものになり、秘密はどれもその力を失う」(SZ: 127) と述べている。ここで念頭にあるのは、生活習慣が違うとか異端であるとかではなく、既存の判断基準ではそのすごさがまったく理解できないような、とんでもない(英語で言えば、extra-ordinary な)哲学のことであり、明言されてはいないが、存在の意味への問いへとかきたてられたプラトンやアリストテレスのことだろうと思われる。ハイデガーからすれば、存在とは何かは自明だとして、この問いを不要なものとするような今日の私たちが、彼らの哲学を理解することはほとんど不可能である。かえって私たちは過去の哲学を自分たちに馴染みのフレームにあてはめて簡単に理解したことにしてしまう。実在論か観念論かなどと設定した枠組のなかで、アリストテレスは実在論、プラトンは観念論などと振り分けたりする。「存在とは何か」という大胆に開かれた問いを問い直す代わりに、既定の尺度でそれぞれの隔たりを測るだけになる。自分たちと同じ尺度に従わせないと、理解不可能だからだ。古代哲学のもつ秘密の力がなくなる代わりに、誰にでも近づけるものになる。哲学者による哲学の世人化に対するハイデガーの抵抗は、本書第二章で論じたような、ロゴスを理性や合理性として、アレーテイアを真理として簡単に理解可能なものにすることの拒否とつながっている。

没道徳性を生きる

「ひとは～するものだ」という標準を尺度にして自分と他者の間に隔たりを見出すことは、それ自体、そのような標準を維持する活動に参与することである。標準がまずあってその次にそれを用いて自他の違いを認識するというよりも、自他の違いを認識するために繰り返し用いられることによってその標準は（パフォーマティブに）維持される。世人としての私たちは、標準に従ってふるまわない例外事例を検出しつつ、標準を再生産する共同活動に参与し、しかもほかの誰かがこの活動から離脱することを許容しない。だから、標準という尺度は、それを使用するかどうかが各自に任されているような中立的な道具ではない。それを使用することが各自に暗に強制されている、日常のなかで自ずと作動している規範である。

私たちの日常的な共同生活を支えている世人の標準は、単に「ひとは～している」という記述にとどまらず、「ひとは～するものだ」という規範性を含んでいる。公共性というものが、各自が意見を述べて公平な議論を行えるような理想的な対話状況だとすれば、「～するものだ」などと言われれば、「なぜ～しなきゃいけないのか」と問うことが可能だし、その根拠こそが議論の焦点になるはずだ。ところが、ハイデガーが私たちの公共生活の実相として提示する世人の規範に特徴的なのは、人々のあるべき姿を方向づけているにもかかわらず、議論や合意形成によって定められたわけではない、ということだ。特段の根拠はなく、単に「ひとは〜している」という事実がするりと「ひとは〜するものだ」という規範にすり替わっている。

単に誰もがそれに従っているというだけの理由で、根拠は不明な規範に誰もが従う——何だか薄気味悪い状況である。しかし、「こうするものだ」とか「こう言われている」という根拠を一々議論するようでは、日常は進まない。それはそうだが、この私たちの日常というのは、倫理や道徳の観点から見たとき、問題を含んでいよう。私たちは、人の発言や行為には、なぜそんなことを言ったりやったりするのかを示す根拠や理由があると思い、だから時として、他人の発言や行為の理由を問いただしたりする。しかし、日常的な発言や行為のほとんどについてはそんなことをしても虚しい結果にしかならない。「こうするものだ」「こう言われている」という以上の理由がないからだ。ハイデガーはこの没道徳性を、日常性においては自らのやっていることや言っていることの責任が問われないという事態として見ている。

世人はすべての判断や決断を前もって与えるがために、そのときどきの現存在から責任を取り除く。世人は、〈ひと〉が絶えず世人にすっかり依存することを、いわば味わうことができる。世人は実に容易に一切の責任を負うことができるのだが、それは、誰一人として何か

を請け合う必要のある者ではないからである。(SZ: 127)

自分の言っていることとやっていることの責任を互いになすりつけあう、ということではない。そうではなく、互いに責任を問わずに済ませる、ということだ。「最近の若者は内向きだ」と誰かが発言するとき、その発言が真であるかどうかについて、その人には責任を取る準備があるのだろうか。「そう言われている」と言うのであれば、この責任は世人（「ひと」）に負わされているが、しかしこれは現実に名と顔をもった誰も責任を問われないということにほかならない。世人の独占的優位においては、自らの行為に対する理由としていつでも「こういうふうにするものだ」と言うことが可能である。責任や善悪の観点から行為や生き方を問題にすることは重苦しい。人々の滞りない日常の進行にとって没道徳的であることはむしろプラスである。

世人はそのときどきの現存在からその日常性において重荷を軽減する。(SZ: 127)

責任ある主体としてふるまうことは道徳性の前提だとしばしば考えられてきた。しかしハイデガーの議論では、まず日常を生きるものとして現存在はさしあたりたいてい責任問題を回避するのであって道徳性を欠いている。より普通の言葉で言えば、私たちは発言の真偽や行為の善悪よりも、単に「こうするものだ」という慣例に漫然と従って共に生きる。それが対立の少ない共存の作法だからだ。

非真理を生きる

だが、この世人社会は酷い状態を招き入れかねない。例えば、肌が有色の人よりも白色の人を優遇することが当然視されている社会では、その善悪を問う者がいても、「ひとは〜している／〜するものだ」という一言が威力をもっていれば、たちまち道徳は沈黙させられる。重要なのは、ハイデガーが私たちの没道徳性を「悪意」のような特殊な意図に求めていないことだ。むしろ問題は「知」なのである。

> 世人の内へと没入することは公共的な既成解釈の支配を意味する。(SZ: 222)

世人であるとは、物事を自ら根本的に理解することなく、ひとが「そういうものだ」として共有している既成解釈に従って世界を切り取り、その見方で生きることである。これは破滅的な結果になりうるだろう。万人が事柄を見誤っているということがありうるからだ。かつてヨーロッパでは、地球ではなく「天体が回っている」ことが常識だった。合衆国では「黒人は知的に劣っている」と長い間信じられてきた。これらはコペルニクスの地動説や、人種についての歴史的・遺伝学的研究によって否定されてきた。世人の語りの最大の特徴は、社会が大規模に無知に陥るということにある。こうした世人の語りが「空談」と呼ばれる。

> 語ることが、語りが話題としている存在者との一次的な存在連関を喪失しているか、ないしは決して獲得していないために、語ることは、この存在者を根源的にわがものにするという仕方においてではなく、語り広めて語り真似るという仕方で伝達する。語られた内容そのものはさらに広い範囲へと広まり、権威的な性格を帯びる。ひとが言うのだから、物事はそうなっているのだ、と。この様に語り広めて語り真似ることのうちで、すでに最初から地盤の上に立つことを失っていたのが完全に地盤を失うまでにいたる。このように語り広めて語り真似ることのうちで空談が成立する。(SZ: 168)

空談においては、「ひとは〜と言っている」という内容はその真偽において問題にならない。語りとはそもそも互いに何かを「見えるようにさせる」ことであり、言葉による伝達の最高の可能性は、聞くひとが「語りが話題としている存在者」を理解できるようになることである。先の例で言えば、「天体」や「黒人」が本当にどういう存在であるかを自らそれが存在する通りに理解するチャンスを得ることだ。ところが、空談において事態は逆に進行する。ひとは、語りの糸口とされた存在者を自ら理解しようとする代わりに、「天体は回っている」とか「黒人は知的に劣っている」といった「語られた内容」を既成解釈として受け入れ、これを語り真似、語り広める。その内容の真らしさは、誰もが言っているという世人の権威によって与えられているに過ぎない。このことは、学問的に偽と判定された内容だけに言えることではない。「雨に濡れると風邪をひく」とか「最近の若者は内向きだ」などについても同様のことは生じうる。空談においては、存在者への存在関連を失ったまま、それがどのように存在する（ように見える）のかだけが伝達される。空談は、真理の重みを省みない迷信やステレオタイプの発生装置だとも言えよう。

世人の無知は、何も知らないという無垢な状態ではなく、むしろ、存在者をそれではないものとして偽装する可能性を高めることに特徴がある。世人は、赤ん坊のように言葉を喋らないのではなく、むしろ、喋ることを重要な活動としている。私たちは世界内存在する限り、他者と一緒に存在（＝共同存在）するが、他者関係と呼ばれるものの基本はコミュニケーションであり、世の中がどういうものであり、どういうことをするものでどういうことはするものでないのか、などを絶えず語り合っている。何かを語れば、その内容は真である可能性もあるが偽である可能性もある。つまり、語れば語るほど偽を語る可能性も高まるのだ。世人は、「ひとは〜と言う」と語り広める。真理を気にしないからといって、単に音を発しているのではなく、存在者について語る以上は、真理の問題——存在者が存在する通りに語っているのか——から無縁であるわけにはいかない。語るたびに存在者を偽装しているかもしれない。世人としての日常は、真理が問題にならないと同時に、あるいはだからこそ気がつかないままに、見せかけの世界を固着させるという二重の非真理のなかに生きることだ。この非真理内存在をハイデガーは「頽落《たいらく》」の一側面と見なした。

> 存在者は完全に覆い隠されているわけではなく、まさに発見されてはいるものの、同時に偽装されているのだ。存在者は自らを示してはいる――しかし、見せかけという様態においてなのである。同様に、以前に発見されたものは、偽装されたり覆い隠されたりしていることへと再び戻って、その状態に沈み込む。現存在は、本質上、頽落しつつあるがために、自らの存在の仕組みに従って〈非真理〉の内で存在している。(SZ: 222)

以上、見てきたように、世人とは一方で、道徳に無関心であり、他方では真理に無関心である。没道徳的かつ非真理の内に生きると言えば、とてつもなく非合理な存在のように聞こえる。だが、そのように聞こえるのは、人間は合理的存在であるはずだという一種の理想を前提する限りである。第一章で『存在と時間』がなぜ実存哲学でないかを説明したときに触れたように、ハイデガーは実存の特定の理想に基づかずに、日常性から出発することを自らの独自の試みと自負していた。だから、私たちは現に、道徳も真理もない日常を生きるそういう存在だとハイデガーは指摘したいだけである。これが単なる悲観ではなく、幻想のない現実的な見方であることは、ハーリー・フランクファートによる「嘘(lying)」と「でたらめ(bullshit)」の区別を参照するとはっきりすると思われる。*

「ひとは～と言っている」という世人の空談は、真実でないとわかっていながら誰かを欺《あざむ》くために語られるような「嘘」ではない。嘘は、他人を欺こうとして、真でないことを偽《いつわ》って言う行為である限り真理に関わっているし、道徳的にも問題になる。他方、「でたらめ」は、フランクファートによれば、真理への関心の欠如や物事の実態への無関心を特徴としている。空談はこれに近い。真かどうかにかかわりなく、語り真似られ広められ、誰もその発言の責任は問われない。しかし、世界を偽装しているので、私たちは非真理の内に生きることになる。これが日常の真相であることを否定できるだろうか。ハイデガーの立場から言えば、これに関連する問題は、今日さまざまな情報通信メディアの発達で強化されてきてはいるが、根本的には、古代ギリシャにすでに存在していたのである。

では、真理と道徳にはどういうチャンスがあるのか。喪失された自己を取り戻すことが鍵になることはすでに予想されるだろう。ハイデガーの考えでは、私たちは最初から代理不可能な自己に到達しているのではなく、さしあたりたいていはまさに自分の固有性を気遣い、他者と自己を比較することで世人の支配にますます手を貸している。だが、世人的なあり方から変わる――変様する――ことで（本来的に）代理不可能で「自己固有な自己」に到達しうる、という方向が私たちには残されているのではないか。ハイデガーはそのように考えることを提案する。

日常的な現存在の自己は世人自己であり、私たちはこの世人自己を自己固有な自己から、す

なわち、ことさらにつかみとられた自己から区別する。(SZ: 129)

自己固有な自己存在は、世人から引き離された主体の何らかの例外状態に基づいているのではなく、本質上の実存カテゴリーとしての世人の一つの実存的変様なのである。(SZ: 130)

この自己固有性は、他者と自分の隔たりを気遣うという他者関係——競争や相互評価——のあり方を変化させることを要請する。これは「共同性から個人へ」ということではなく、共同的に語る動物である私たちの他者との関係や語りはどう変わりうるか、という問題である。自己固有性にもそれに特有な共同性と語りがある。それは世人の公共性からの変様によってのみ到達される可能性があるが、死ぬまで到達できない可能性もある。私たちは、『存在と時間』の後半(第二篇)でフォーカスされる死や自己固有性の議論に目を向ける段階に来た。

＊

本章での議論をまとめよう。いったい「世人」とは、どのような者のことだろうか。世人とは、「ひとは〜と言っている」「ひとは〜する」という場合の主語である不定代名詞「ひと(man)」

＊ フランクファート『ウンコな議論』山形浩生訳、筑摩書房、二〇一六年。この本の原題は『でたらめについて(On Bullshit)』だが、「でたらめ(bullshit)」の shit が「ウンコ」を意味するためにこのような邦題が付けられている。

を中性名詞化したものであり、日常言語はこのように誰でもあって誰でもない人称なき主体（ないし非‐主体）を出現させている。私たちが日常的にこのような世人であるのは、見た目やふるまいがみんな一様になるということではなく、むしろ、個性を追求し他者との隔たりを気遣うためにこそ、「標準」という共通の尺度に従うからである。この標準は例外を監視することで、規範的に機能し、維持される。この監視の目は、外見上目立ったふるまいに向けられるというより、共通の尺度に従い、その社会の通常の参加者であるかどうかに向けられる。私たちは「ひとは〜するものだ」という世人の標準を規範として日常的に行為するなかで、自らの行為や存在への責任を回避し合うという没道徳性を生きている。また、日常性においては、「ひとが言うのだから、物事はそうなっている」という「空談」によるコミュニケーションが優勢であり、私たちは、本当にそうであるかを問題とする真理への関心を欠いた「でたらめ」の語法で世界を見ている。あるいは、世界を偽装し、偽装された世界を生きている。

実存とは、存在するなかで自分自身の存在が大切であり問題なのであり、その存在は私のものだという性格をもっていた。ところが、日常性において実存はこの自らの性格を損なっている。では、世人自己から区別された自己固有な自己を私たちはいかにしてつかみ取れるというのだろうか。『存在と時間』の後半部は、死、良心の呼び声、時間性などの議論を含み、この問いに答えようとしている。第三部では『存在と時間』後半部の要点を見ていこう。

第三部

『存在と時間』後半（第二篇）の要点

第八章
「死への先駆」は無茶な要求か

「死のときを想え」？

『存在と時間』には「死へとかかわる存在」という有名な概念があり、『存在と時間』第二篇第一章の全体（第四十六－五十三節）がこの概念の探究にあてられている。私たちが存在することには「死へとかかわる」という要素が含まれるというわけだが、では、どう「かかわる」のだろうか。ハイデガーは、死に特有な可能性へのかかわり方を「先駆」と名づけ、この先駆が「自己固有な実存の可能性」（SZ: 263）として明らかになるとも言う。死への先駆において、世人への誘惑を断ち切って最も固有な自己への到達ルートが開かれるというわけだから枢要な概念だ。しかし、死への先駆とは一体何のことだろうか。

ハイデガーの議論は次のような話に結びつけて説明されることがある。その説明は正しくないのだが、なぜ正しくないかを吟味することに意味があるので、まずは誤っているが流布しがちな説明として提示したい。

あと○日で死ぬとしたらどうする、と子どもたちが話していることがある。余命一カ月だと告知されたら自分ならどうするか、といったことを考えたことがある人も多いだろう。人生の終わりを想うとき、人生のなかで本当に大切なことは何かが身に迫ってきて、余計なことをする代わりに自分が本当にしたいことをやる決意が芽生える。「死への先駆」とはこのように「死のときを想う」ことで、ことさら真剣に人生と向き合うことである。(※)

たしかに、「死のときを想う」ことが人生を振り返るきっかけを与えるのはたしかだろう。「もし△△までに死ぬとしたら」という思考実験をしたことがある人は少なくないだろうし、子どもでさえしている。あるいは、「△△まで」という猶予さえない人生最後の日を思い浮かべて、その時、私ならば何をするだろうと考えたことさえあるかもしれない。私自身は、もしこれが最後の食事となったら何を食べるか、と問い、蕎麦だ、という答えを何度か繰り返した結果、私の最大の好物は蕎麦だと結論している……。

けれども、常々このように死のときを想えというのは、無茶な要求ではないだろうか。日常はやるべきことで満ちている。配慮的気遣いで生活は一杯であり、死のことを想っている暇などほとんどない。なるほど、「あと何日で死ぬとしたら」という思考実験もたまには悪くない。だが、死のときをいつも想いながら過ごすというのは現実的でないだけでなく、緊張感が高すぎて意味があるのかもどこか疑わしい。（毎回、これが最後だと思って蕎麦を食べるよりももっと普通にリラックスして食べたい、と思うかもしれない。）

しかし安心して欲しい。なるべく常に死のときを想うことを勧めたり、まして要求したりする文章は『存在と時間』には存在しない。むしろ逆である。（※）のような発想では死の現象を取り損なうと批判している。

死へとかかわる存在ということで死の〈現実化〉のことが言わんとされているのではない以上、死の可能性における終わりに滞留することを意味することはできない。〈死のことを想う〉という場合にそのようなふるまいが見られるだろう。（SZ: 261）

ここで問題になっているのは死の「可能性」の意味である。（※）のような解釈においては、死の可能性は「まだ現実化していない」という意味で理解されており、しかしまだ現実化していないその「終わりに滞留して」「死のことを想う」ことが推奨されているように見える。だが、死への先駆という場合に言われている死の可能性は、この意味では捉えられない、というのだ。

死の可能性Ⅰ——落命の予想

ではまず、まだ現実化していないという意味での可能性とはどういうものか。この可能性については、例えば、明日は雨が降る可能性があるとか、数十年後に地震が起こる可能性があるとか、あるいは、このまま登っていけば山頂に到達する可能性がある、という仕方でも語られる。このとき、降雨、地震発生、登頂成功などは、まだ現実化していない出来事であり、こうした可能性への関わり方を、ハイデガーは「予想」（SZ: 261）と呼ぶ。これらは起こりそうだがまだ起こっていないのだ。死についても、同様に、まだ起こっていない世界の出来事として予想し、そのことを想うことができる。

ハイデガーは、予想されているが現実化していない出来事としての死を「落命（死んでしまうこと）（Ableben）」と名づける。これに対して、「死へとかかわる存在」にふさわしい実存カテゴリーとして「死んでいくこと（Sterben）」が導入される*（SZ: 247）。その上で、両者を厳密に区別し、「落命」の概念では「死んでいくこと」の理解には届かないと主張した。死んでいくことは、死んでしまう（落命）ときのことを予想することとは等しくないのだ。

雨が降ったり、地震が発生したり、登頂に成功したりすることについては、たしかに可能性が

---

* この訳語は以下の論文で提案されているものである。本章の議論はこの論文と、著者の松本氏との個人的対話に大きく影響を受けている。松本直樹「死を語る言葉をどのように聞くか——ハイデガー『存在と時間』における『死の実存論的な分析』について」、『宗教哲学研究』第三十四号、二〇一七年。

現実に変わるのを見ることができる。だが、自分が死んでしまったら（命を落としてしまったら）、私はもはや存在しないのだから、私は自分の死の可能性が現実に変わるところを見ることはできない。だから、落命という意味での死の可能性は、それが自分の死についてのものである限り、想像的な「想い」の域を超えることはない。

もっとも、私たちの社会を見渡してみるとき、死についての語りのほとんどは、どういうふうにあの人は死んでしまったか、どういう終わりを私なら迎えたいだろうか、という、落命の出来事についてのものである。こうした出来事については、ルポルタージュや自己啓発から、人は何が病因で死んでしまうのかを問う医学的アプローチ、死んだらどうなるのかといった死生観や呪術や葬式についての民俗学的アプローチなど、学問も含めて実に多くが語られている。ところが、ハイデガーはこれらの知識や情報は、死の実存論的分析に学ぶべきものを与えない、と言う。

なるほど、ある人の死を感動的に叙述したり、死後の世界を物語ったりすることはたしかに、「偶然的で恣意的に捏造された死の理念」（SZ: 248）を呼び込みがちであり、遠ざけておくべきかもしれない。しかし、死因の研究のような学問的知識もなぜ役立たないのだろうか。その理由は、死の科学も、死の理念を語ることと同じく、一般にひとはどう死ぬかについて語っており、この私に当てはまるか当てはまらないかはわからない、そういう偶然性のなかにあるからだ。ともかく、私がどういうふうに死んでしまうのか、その最後のときを予想したり思い描いたりして、なんとか終わりに達しようとすることは、ハイデガーの目論見にはない。

> 死ということで言わんとされている意味での終わることは、現存在が終わりに達していることではなく、この存在者の終わりへとかかわる存在のことである。（SZ: 245）

私が死へとかかわるあり方は、さまざまな死の理念に精通したり学問的知識を増やしたりせずとも、本来はずっと近く、確実なものとしてある。落命に関する説明は、どれほど精緻であっても、この「終わりへとかかわる存在」については何も語っていないのである。

死の形式的規定にとどまる

「終わりに達していること」ではなく「終わりへとかかわる存在」に焦点が当てられるとき、話題になっているのは、ある意味では、存在の形式的な了解事項に過ぎない。つまり、存在することには終わりがある。存在することには終わりへとかかわる存在であることが含まれる。この世に生まれてきた限り、各自は自分で必ず死んでいく。つまり、私たちは死へとかかわりつつ存在する。単にこれだけのことだと言えば、たしかにそうだ。

だが、これらが理解されていなければ、先のような、落命についての膨大な語りも生じえない。死への先駆は、命を落とすときのことを具体的に思い浮かべることではなく、「実存一般の不可能性の可能性」（SZ: 262）という死の形式的規定にとどまることだ。硬い表現に聞こえるが、要は、実存しえなくなる可能性ということであり、第二章で見た「形式的告知」の要領で、さまざまに積み重ねられた死の解釈の手前に踏みとどまらんとしているわけである。方法論的に気を配らないと、死の理念や落命の情報に目を奪われて、率直に死の実存論的分析を進めることができなくなるからだ。

依然として、死のときを想うことと死への先駆の違いがよくわからない、という人もいるだろう。そこで映画の比喩を用いるとイメージがしやすいかもしれない。*

死のことを想え、それも常に想え、という要求は、映画を観ているときに常にラストシーンのことを考えろ、ラストシーンを思い浮かべてどういう終わりを迎えるかを考えていろ、という要求に似ている。これは無茶な要求であろう。映画を観ているとき、私たちはスクリーンのそのつどのシーンを追いかけなくてはならない。ラストシーンを常に思い浮かべていたらそもそも映画を観るという行為自体が成り立たないし、映画を観るという行為を疎《おろそ》かにしてラストシーンを予想するというのはナンセンスである。

だが、映画を観ているときにラストシーンを常に思い浮かべることと、その映画には終わりがあることを常に理解していることは全然違うことだ。映画には終わりがあることを理解していないのであれば、ラストシーンも云々できない。どれだけ経っても終わりがない（永久に終わらない）のであればそれは一つの（ストーリーを追える）映画としては存在できないだろう。つまり、映画が終わりをもつことを理解することは、映画の存在を理解する形式的条件である。私たちは、さまざまな配慮的気遣いに気を奪われながらも、自らを死へとかかわる存在として理解している。そのために、最後の瞬間を想い続ける必要はないのである。（ただし、後で明白になるように、この映画の喩えは、鑑賞者が映画の終了時間、あるいは上映時間を知らないという条件のもとでのみ有効である。）

死の可能性Ⅱ――生まれたときには死ぬのに十分な年齢になっている

映画を観ているとき、私たちは個別のシーンに没頭していても、映画が終わりへと向けられていることを理解している。これは、終わりがあるという基礎的理解は、常に緊張感をもってこの終わりに注意を向ける、というふうに成り立つものでないことを示唆している。存在についてもいつも死へと私たちの意識が向いているわけではない。だからといって、自分が死んでいくことをすっかり忘れてしまう、ということもない。他方で、今後の天気予報とか、病院の予約とかは、すぐに忘れてしまうとしても。忘却不可能性というこの点からも、死の可能性は、〈予想されているが現実化していない出来事〉という通俗的解釈に基づいて把握すべきでないことが示唆されている。

＊　古東哲明の『ハイデガー＝存在神秘の哲学』（講談社、二〇〇二年）第三章３「舞台はめぐる」では、ハイデガーの死の議論が映画の構造に言及することで説明されている。本書とは違う仕方でだが、比較してみても面白いかもしれない。

しかし、ハイデガーは独自の着想によって死の目新しい捉え方を提示しようとしているわけではない。次の引用文を見て欲しい。

死は、現存在が存在するや否や、現存在が引き受ける存在の一つの仕方である。「人は生を受けるや、もう死ぬに十分に年を取っている」。(SZ: 245)

括弧内はドイツ中世末期のヨハネス・フォン・テープルという人が書いた『ボヘミヤの農夫』という作品からの引用である。作品の文脈としては、若くして死んだ人のことを嘆くことは不当だ、高齢は高貴な宝などではない、ということが話題となっている。そのなかで、「人は生を受けるや……」という文章が出てくる。

この文章から読み取れる死生観は、まだ現実化していないが予想される可能性としての死という通俗的な考えとは違う。後者の死は、人生の最後に付け加わる出来事としてイメージされている。生まれ、成長し、老いて、最後に、死んでしまうというわけだ。このイメージに基づく限り、私たちは、生まれてきたばかりの赤子にすでに死が切迫しているとはたいてい考えない。自分についてもまだ若い、死はまだ随分と先のことだと考える。年を取っても、なかなか死を我がことと思えなかったり、重い病気をしていても余命を告げられるときには(この自分が本当に死ぬのかと)やはり驚いたりする。ところがこの引用文では、生まれて存在し始めるや否や、私たちはすでに死ぬことができる、ということが指摘されている。存在することはすでにその始まりから、終わりへとかかわることであり、もはや存在しえないという死の可能性を含んでいる。

この点は、ハイデガーが言っている「可能性」がどういうものかを理解するのに重要なヒントを与えてくれる。彼によれば、死の可能性は、存在し始めた後に偶然的に取得するものではない。人生が始まってからあるときに、病気になったり、襲われたりすることではじめて、死の可能性が生じるのではない。生きているなかで、昇進の可能性が生じるとか、会社倒産の可能性が生じるというのとは違う。これらは予想したり予想が外れたりする、現実化していない出来事としての可能性である。降雨であれ、会社倒産であれ、その可能性が予想されても、結局、雨は降らなかった、会社は倒産しなかったということがある。しかし、死の可能性にはこういう偶然的で気まぐれなところがない。結局、私は死ななかった、という人生は存在しない。危機を免れても結局は死ぬのであり、その死が早すぎたり十分遅かったりするという違いがあるだけである。このことをハイデガーは、現存在は死の可能性に被投されていると表現している。

死は、現存在がそれぞれ自分で引き受けるしかない一つの存在可能性である。(SZ: 250)

現存在が実存するときには、現存在はこの〔=死の〕可能性へともうすでに被投されている。(SZ: 251)

この可能性に否応なしに投げ込まれているのだ。ここで、実存カテゴリーとしての可能性が「存在できる」という一種の存在能力を意味していたことを思い出そう（第三章参照）。私たちは、鳥のように空を飛んで存在するのではなく、地上で移動して雨風をよけて存在する可能性へと被投されている。こうした可能性は空虚に思い描かれるイメージではなく、私たちは現にこうした可能性へと自らを企投して世界内存在している。死の可能性へと被投されているとは、死の可能性（死にうること）は私にいつか起こる出来事ではなく、存在する限り、いつでも自己に属している何かだということを意味している。

選択の余地なく私たちには最初から死ぬ能力がある。死ねてしまう。しかし死ぬ能力は、世界内存在の能力とは違う。むしろその否定である。死ぬことができるとはもはや世界内存在しないことができる、ということだからだ。この世界からいなくなることができる、というこの能力は「最も極端な（äußerst）」存在能力と呼ばれる。世界内で営まれるあらゆる活動の能力を凌駕しているからだ。

歩ける、話せる、計算できる――こうした基礎的能力もすべて生まれた後に取得されたり喪失されたりするものだ。これに対して、死に能《あた》うことは、存在するや否やすでに獲得済みで存在する限り喪失不可能な唯一の能力である。そういうとんでもない存在能力があることを（一般論ではなく）自分のこととして理解するあり方が、死への先駆である。死への先駆は、「最も固有で最も極端な仕方で存在できること〔＝存在能力〕の理解の可能性」（SZ: 263）として明らかになる、とされる。

死への先駆が、最も固有な存在能力あるいは「自己固有な実存の可能性」（SZ: 263）だという点は後に見ることにしよう。なおも気になるのは、私たちは、自らが死へとかかわる存在であることをどうやって理解しているのかである。たしかに、生まれるや否や、死ぬことができる年齢に達しているのは事実だ。しかし、赤子がこのことを知っているとは思われない。とはいえ、後から「いつ死んでもおかしくなかった」と振り返って、いつでも死ぬことができた、と理解することは可能である。どのようにして、いつでも死にうることを私たちは理解するのだろうか。

恐れと不安の違い

普通はこう考えるだろう。私たちは他人が死んでいくのを見て、私もその人もあの人もいつかは死ぬことになるのだ、というふうに、人間の死というものについて知る。これは日常のなかで私たちが「人間は誰しも死ぬ」という一般的知識を自然と学ぶ仕方だろう。

ところが、自分はいつでも死にうるということ、そういう可能性へと被投されていることを、一般的情報を得るように知るわけではない、とハイデガーは考える。なるほど、このような仕方では、この自分がいつでも死にうるというときの、自分はいつでもという要素は理解されはしない。なぜなら、先の一般的知識が言っていたのは誰もがいつかは死ぬということだからだ。「誰もが〜するものだ」という世人の語法はまさに存在の各自性を解消するものであり、「いつかは」という時間理解は、これまでにも死にえたし、これからもいつでも死にうるという「死へとかかわる存在」の核心を曖昧にしてしまうのである。

現存在は自らの死に委ねられており、それゆえこの死は世界内存在に属しているということについて、現存在はさしあたりたいていは、何らの表立った知識も、まして理論的知識などもってはいない。死への被投性が現存在に、ますます根源的に、また強烈にあらわになるのは、不安という情態性においてである。(SZ: 251)

「誰もがいつかは死ぬ」ことは経験的知識の問題かもしれない。しかし、「自分はいつでも死にうる」という実存論的な可能性として自らの死を理解することにとっては、不安という情動的要素が鍵になる。あなたは存在している限り、いつでも死にうる——この事実を本当に自分のこととして、その当事者として受け止めようとしたらどうだろうか。どこか他人事のように聞こえる、あるいは他人事にしたい、という思いが生じないだろうか。「誰もがいつかは死ぬ」ことを知識として知っていても、自分のことになると「不安」がその可能性の露呈に伴ってくるのである。

また、ハイデガーは、「死への不安は、落命への恐れと混同されてはならない」(SZ: 251)ことを強調してもいる。

恐れは、私たちが自己に当面しつつ自己から目を背けることに結びついている。道の向こう側で吠えている犬が怖いというとき、私たちはほかの誰でもなく自分自身がその状況のなかにいて自分自身で状況に対処しなくてはならないことを見出す。犬から十分距離が出来たとき、恐れはなくなるかもしれない。しかし、なかなかそういかないとき、私たちは「普通、急に動かなければ、犬は噛みつかない」といった世人の語法で気持ちを落ちつかせようとするかもしれない。

同様に、私たちは「落命（死んでしまうこと）」を恐れる。降雨や会社倒産のように、予想できるがまだ現実化していない出来事として死を捉え、どうやってこの出来事が現実にならないで済むかを思案する。吠えている犬と同じように、恐れはその対象（出来事）が遠ざかっていけば消えていく。

ではどうやって死の出来事を遠ざけられるのだろうか。考えられるのは、死のリスクを避けて、死ぬまでの時間を引き延ばすことだろうか。八十歳を超えても生きられるように、日頃から生活習慣に気をつけ、リスクの高い病気にかかっていないかを定期的にチェックする、といった心がけもその一例だろう。まったく普通の死への態度だが、これは自分の死の可能性への態度では実はない。なぜなら、平均寿命は大体これくらいだから、自分にはまだこれくらいの時間がある、と考えるとき、そこで問題になっているのは「ひとは平均的にどれくらいの年齢で死ぬか」ということであり、典型的に「世人」の死だからである。また、こうした生活をすれば長く生きられるという知識も、平均的に言えば、ということであり、仮にその知識が正しくても、そのことによって「いつでも死にうる」という存在能力が減じることも、まして消えることもない。要するに、落命の出来事としての死を恐れることは、不可避的に、他人事として自分の死を捉えることを含むのである。

公共的な現存在解釈は〈ひとは死ぬ〉と言う。というのも、このように言うことによって、ほかのどんな人も、そのひと自身も、次のように自分に言い聞かせることができるからだ。死ぬのはそのつどちょうどこの私ではない、と。というのも、こうした世人は誰でもない者だからである。(SZ: 253)

自分はいつでも死にうることを教える気分は恐れではない。なぜなら、私たちは恐れを一般的知識に訴えて解消し、それによって世人の死へと焦点をスライドさせるからである。ではなぜ死への不安こそが自分自身の死の可能性を理解させるのだろうか。

何が不安なのかと言えばそれは世界内存在自身である。何ゆえに不安なのかと言えば、現存在が存在しうること〔=存在能力〕そのものゆえである。(SZ: 251)

不安と恐れは一見似た概念だが、まったく違う。恐れはその対象(出来事)をもつが、不安にはこれという対象がなく、むしろ漠然としていて「何もかも」不安だという言い方がふさわしいくらいだ。つまり、不安の対象は何かをあえて言うなら、(何が起ころうとも)ともかく世界内存在しているということである。そして、世界内存在が不安の対象になるのは、まさにこの世界内存在にある種の不条理があるからである。つまり、世界の内で存在できるという根源的な存在能力には、自己否定的な部分がある。つまり、世界内存在には、いつでも死にうるという存在能力、世界内存在にはそれが終わりうる能力が最初から備わっている。だから、いかに世界内存在しうるかという問いは、(人間の親から生まれたといった事実だけでなく)もはや世界内存在しえない可能性が自分にあるという事実を抜きにしては、真に具体的に問うことができない。死とは「被投された可能性」の最たるものである。

「死のときを想う」というあり方には、不安よりも恐れが関与する。恐れは、現実化していない未来の出来事として死を予想するが、まさに予想ゆえに、その「とき」を気遣っているからだ。平均寿命であれ医療者による告知であれ、死の「とき」が一般的知識に基づいて確定されようとしている。しかし、不安はいかなる世界内部的な出来事にも向けられておらず、端的に世界内存在(しかも、終わりへとかかわるという仕方で世界内存在していること)そのものが問題である。終わりへと向けられている「とき」は、カレンダーや時計でこの時と限定できるものではない。死へとかかわる存在は「いつでも」死にうるのであり、別の言い方をすれば、これは「とき」は不定ということだ。(それゆえ、先の映画の喩えは、鑑賞者が終了時間〔上演時間〕について知らず、ともかく映画には終わりがあることを理解しているという条件のもとで有効である。その場合、映画はいつでも終わりうるのであり、その分、あらかじめ終わりのときを知っている場合よりも、落ちつかず、不安になるだろう。この体験は、ラストシーンを予想して思い浮かべるのとはまったく違う。）

ときは不定、けれど確実

ハイデガーは、自分自身の死には、そのときが不定であることと、それでいて確実であることが含まれる、と言う。これは意表をつく主張だろう。というのも、普通、何かが確実に生じると言われるときには、それがいつ生じるのかも確定できる、と思われるからである。天気予報で、台風が来るのは確実です、でもいつ来るかはまったくわかりません、と言われれば、奇妙に思うだろう。ときは不定だけど確実に生じる、という言い方は普通ではない。死の可能性は、現実化が予想され恐れられる出来事とはまったく異なる意味をもつことが示唆されている。

なるほど、「死がやってくるのは確実だ」という言い方はありふれている。しかし、ハイデガーは、死の確実性を私たちがどう理解するのかを問う。哲学的に見れば、確実性は真理の性格であり、どういう意味で確実と言っているのかは探究に値するからである。例えば、6＋6＝12は、確実に真である。ほかのありようを思考することも不可能という意味で「必当然的」な真理と言われたりする。死の確実性も、揺るぎようのない必当然的真理として学ばれたのだろうか。

そうではなく、次のように思われるのではないか。

日常的に確実だと確信することの根拠はどこにあるのか。単に互いに説き伏せ合うことにおいてでないことは明らかだ。ひとはそれでも他者たちの〈死亡〉を日々経験している。死は否定不可能な〈経験的事実〉なのだ。(SZ: 257)

この考えによると、私たちは、理屈で説得されることによってではなく、経験を通じて「死がやってくるのは確実だ」と確信するようになる。身近な人の死だけでなく、新聞、テレビ、インターネットなどを通じて他者の死亡事例が伝えられる。そのうち誰もが死ぬ運命にあることがわかってくる。もっとも、「6 + 6 = 12」のように別様には考えられないというわけではなく、これまで人間はみんな死んできたのだし、今後もそうだろうという蓋然的な確実性にとどまる。不死身の人間を想像することは一応可能である。しかし、経験的に見て、どうやら誰もが死ぬことは確実そうだ。平均寿命がそのときを予想させてくれる。自分も例外ではなさそうである。「死がやってくるのは確実だ、だが、当分はまだ……」というのが、世人の死の語りである。

世人化された死の解釈は、平均寿命を気遣ったり死んでしまうまでの猶予期間を確定したりしようとする。予想される死のときをなるべく確定することと、死は誰にでも確実にやってくることとは一体で理解されている。本章冒頭の(※)に見られた「あと○日で死ぬとしたら……」という思考実験も同様だろう。他方、ハイデガーは、死の可能性は、ときが不定であると同時に確実だと述べていた。これは一体どういうことだろうか。

重要なのは、実存カテゴリーとしての可能性は、現に可能であること、存在能力のことだという原点を確認することである。一般に、能力というものはなかなか失われず、忘れることもない。例えば、自転車に乗ることができる、という場合、自転車に乗ることは（現実化していない未来の可能性ではなく）すでに現に可能であり、私は自転車に乗ることができる。この能力は私が自転車に乗っているときに発揮されるが、しかし乗っていないときにも保持されている。眠っていても私が自転車に乗れる人であることに変わりはない。また、自転車をいつどこで買ったかとか何製であるかといった情報を忘れても、自転車の乗り方を忘れることはなかなかない。自分が自転車に乗っているところをありありと想えるかどうかも全然問題ではない。自転車に乗ることはいつでもできるし、それも確実にできる。逆に、能力という点から見たとき、限定されたとき（例えば、起きた直後はダメで、道路は舗装されていなければならないなど）しか自転車に乗ることができないとすれば、確実に自転車に乗れるとは普通言わない。つまり、能力に関しては、ときが不確定であることと確実であることが一致するのである。

存在という根源的能力の場合、これを不可能にするのは死でしかない。この実存の不可能性の可能性もまた一つの存在能力であり、眠っていても失われない。自分の年齢や履歴に思い違いや忘却があっても、死のことをまったく想わなくても、死ぬ能力は損なわれない。このように考えると、一見突飛なハイデガーの次の発言も奇妙でないことが分かる。

> 死はあらゆる瞬間に可能だという死の確実性に特有なことを世人は覆い隠す。死の確実性には、そのときが不定であることが伴っているのだ。（SZ: 258）

念のために注記しておくと、死ぬ能力はいつでも自殺できる能力と同じではない。自殺できるためには、例えば移動したり一定の道具を扱ったりする行為能力が必要であり、これらの能力は自転車に乗る能力と同様に、存在するなかで取得され、場合によっては喪失されうるものである。他方、死は厳密に「あらゆる瞬間に可能」であり、この点で他の行為能力の確実性から区別されるのだ。

知識とは異なる確実さ

自分は存在している限りいつでも死にうるということは、知識ではなく不安によって判明になるのであり、死に特有な確実さは数学的知識や経験的知識の確実さとは違うと、ハイデガーは言う。ではこの確実性はどういうものなのだろうか。

ハイデガーはこの確実性について、「確信している（Gewiß-sein）」（SZ: 258）という言い方をしている。確信しているというのは、理論的な証拠が与えられたから確実だと納得したりするのではなく、そのような証拠がなくても疑わない、ということだ。ただし、このことは、疑いえないと絶対的真理を主張することとは違う。

ここで、「手があること」を疑うことに意味があるかという問いを参照することは有意義である。[*] 通常、私たちの知識（例えば、私のMacのOSが10・14・6であること）は、それを疑ったり、それに証拠を与えられることで真だと判明したり、その知識をくつがえす証拠が与えられることで間違っていると判明したりする。しかし、「手があること」も、同じように疑ったり、間違っていると判明したりすることがありうるだろうか。試みに、手があることを疑って、その証拠を探してみても（例えば、手をまじまじと見て、手が見えていることを確認したり、手をつねってみて、手に痛みがあることを確認したりとか）、それらは「手があること」を確実にする証拠になる（「手があること」を確実にする何かを付け加えた）ようには思われない。むしろ、これらの証拠を探索する行為は、どれも「手があること」をかえって前提せずにはなされえないように思われる。逆に言えば、手があることはもう絶対に確実だと思えるとしても、それは、手があることについて十分な証拠が提示されたからではないのではないか。手があることが確実であるのは、証拠が挙げられて確かになるという知識の典型パターンとは異なる意味において、であろう。自分の手があるのにそのことを疑っている人がいれば、彼の知識が間違っているというより、彼のどこか（視覚とか体性感覚とか）が変調を起こしたと思われるだろう。

さて、私はいつでも死にうることを確信しているという場合の確実性は、証拠の探し方が不明な点で、「手がある」ことを確信しているという場合の確実性に似ている。もちろん、手があることを疑って、まじまじと手を見たりつねったりするのと同様に、自分が死にうることを疑って、あえて火の中に飛び込んだり、飲食を一切やめてみたりすることはできる。しかし、そこで得られた知識は、これだけやっても今回は死ななかった、ということでしかない。つまり、これらの証拠の探索行為は、自分が死にうる存在であることを証拠立てるのではなく、むしろ死にうることを前提した上でなされており、死にうるという理解に何も付け加えていない。証拠を探し続けるよりも重要なのは、知識の確実性とは異なる仕方で、そうした知識を必要とせずに、いわばあまりにも自分自身の近くにおいてすでに理解されている事柄があることに思い至ることだろう。

> 可能性としての死へとかかわる存在の、最も近いこの近さは、現実的なものには可能な限り遠いのである。（SZ: 262）

* この問いには、最晩年のウィトゲンシュタインがハイデガーと同じく「確実性（Gewißheit）」の問題として触れていた（ウィトゲンシュタイン『確実性の問題』（ウィトゲンシュタイン全集 九）黒田亘訳、大修館書店、一九七五年、7頁）。『存在と時間』と『確実性の問題』の比較検討はしばしばなされてきた。例えば、Herman Philipse, Heidegger and Wittgenstein on External World Skepticism, in David Egan, Stephen Reynolds, and Aaron James Wendland (ed.) *Wittgenstein and Heidegger*, Routledge, 2013. ただし、そこでの主題は、死の確実性ではなく、第三章で見た外的世界の証明問題である。

この近さにとどまることこそ、ハイデガーが死への先駆ということで言いたかったことである。自分は存在する限り、常にすでに死にうるのであり、死にゆくという仕方で存在している。死の能力は、これを確実だと悟るために証拠を求めるならば、そのつどすでに死にうることは前提されていることが発覚して、これを疑うことの無意味さを際立たせるようなものである。私たちは自分が死んでいくことを、自分に手があるというのと同じように、端的に確信しているからである。

私が身体をもつことや私が生きているということを、生物学的な意味でのみ捉えることはできない、と言えば、たいていの人は賛同するだろう。日本語では、ドイツ語の Leben（生《せい》。英語では life）は、生とも、生命とも、生活とも、命とも、いのちとも訳せるぐらい、多様な意味をもつ。ドイツ語の Körper（身体。英語では body）も、身体とも、体とも、からだとも訳せるが、例えば、「からだ」というときに生物学の言語とは別のニュアンスがあることは明らかだろう。ところが、私たちは存在し始めるや否や、すでに死ぬに十分なほど年を取っている、というとき、ほとんど誰もがこの死にゆく能力を生物学的な、つまりはハイデガーが「落命」と呼ぶ機能停止の意味で思い浮かべるのではないか。そうだとすると、私たちは、死についてはむしろ奇妙なほどにニュアンスの乏しいイメージしかもてていないことになろう。

結局、死への先駆は無茶な要求だという印象もここから生じている。死の「ときは不定、されど確実」という姿をそれとして受け止めず、その「とき」を確定しようとして自らの死を知識の対象にし、その証拠を与えてくれそうな情報に飛びつく。証拠によって確実性を高める知識というものしか自己自身を理解するための資源がないなら、死の確実性――死にうることを確信していること――の独自性を捉えられそうにない。

映画を観ているときに、それがいつか終わるのかどうかを疑っていて、映画が終わる証拠を探し回っている人がいるだろうか。死への先駆は無茶な要求か、という問いにはこう答えるべきだろう。存在することはそれが終わる可能性を含んでいるのであり、存在することは終わりへとかかわる存在だ、ということは、存在理解の一部のはずだ。この意味で、存在することにはその否定の能力が含まれていることをよく理解すること。そんなことが無茶な要求であるはずがない。それを無茶な要求のように見せているのは、可能性と言えば「現実化していないもの」のことしかないという一面的な考えや、死について知ると言えば、自分の死ではない他人の生の終わりの顚末を好奇心で知るという慣習である。死への先駆は、自らの死をも誰のものでもない世人の死についての情報で埋め尽くす、私たちの日常的な死からの退避傾向ゆえに、奇妙に神秘化されてしまった。だが、存在している限り、死にうる能力がいつでも保持されていることを疑っていないというのは、特殊な要求ではなく、元来、すでにそうである実存の事実のことだ。死への先駆は、無茶な要求に応えるどころか、実に当たり前の事柄に目を向けることしか求めていない。

自己固有な実存への道

ハイデガーは「死のときを想う」ことが自己固有な実存への鍵だと考えていたわけではなく、むしろ逆に、死のときを予想したり確定したりしようとすることで私たちは世人の公共性に引きずり込まれることを力説していた。私たちは、存在する限り死ぬ能力があるという当たり前の事実から繰り返し目を逸らす。だからかえって、人生のわずか最期に命を落とすことについての思弁、説教、あるいは経験科学的な知識は山積していく。逆に言うと、終わりへとかかわってそのつど存在しているという簡素な事実にとどまるとき、私たちは、世人への誘惑を断って「自己固有な実存の可能性」へのルートを手に入れるはずなのだ。ハイデガーは、先駆が開示する死の可能性に含まれる「最も固有」という性格に、このルートが開けるところを見ようとする。

まず、死は「最も固有な可能性」であるとはどういうことか。「最も固有(eigenst)」は「固有(eigen)」の最上級である(英語ではmost ownと訳される)。私があなたではなく、あなたは私ではないという人称的区別ならば、私たちの存在理解の基本にあり、その意味で各自はすでに「固有」ではある。しかし、第七章で見たように、私たちはだからこそ、自らの個性を確認しようとして、落とし穴にはまる。自分と他者の間の「懸隔性」を認識するには尺度が必要であり、その尺度となるのはたいてい世人の平均的標準である。死の「最も固有な可能性」を世人の個性から区別する重要概念は「代理不可能性」だ。

> 配慮的気遣いの日常性においてはそのような代理可能性が、しきりに絶え間なく使用されている。どこかへ出かけることや、何かをもってくることはいずれも、最も身近に配慮的に気遣われている〈環境世界〉の範囲内では代理可能である。(SZ: 239)
>
> この代理可能性が完全に挫折するのは、現存在の終わりへの到達を成り立たせ、そういうものとして現存在に全体を与える存在可能性の代理が問題である場合である。誰も他者からその人が死んでいくことを取り除くことはできない。(SZ: 240)

家の建築の例で言えば、打ち合わせに出かけたり、材料を調達したりすることは、誰かに代わりにやってもらうことができる。ハンマーで釘を打つことも木材を接合することもそうだ。もちろん、「ひとは～のようにするものだ」という世人の基準に照らして、上手いとか下手だとか、遅いとか早いとかいう差異は生じるし、この差異が各人に「固有な」性格を与える。しかし、死について私の代わりに誰かに死んでもらうということはできない。私が政府要人のガードマンで、その政治家が暗殺されそうになったときに果敢に飛び込んで代わりに死んだとする。それでも、「このように誰かのために死ぬということは、それによってこの他者からその人自身の死がほんのわずかでも取り除かれたということを決して意味しない」(SZ: 240)。その政治家は、これによって死期を遅らせたかもしれないが、より死ににくくなったわけでも、死なない(不死身の)存在になったわけでもない。存在する限り、死ぬ完全な能力がなおもこの当人に属している。

死の能力は、どういう行為の能力があるかどうかにかかわらず、どういう社会的地位にあるかにかかわらず、万人に分配されている。そして、行為の多くは上手い下手は別にして原理的に他者によって代理可能であるのに対し、死は、どんなに優れた能力をもとうがどんなに偉かろうが、自分自身で引き受けるしかない卓抜した可能性なのである。いつどういうふうに死ぬかと計算したり予想したりするのではなく、自分は死んでいくのであり、そもそもすでにいつでも死にうるのだ、という可能性に身を開いたとき、「何をしたところで結局は」と付け加えたくならないだろうか。どれだけ個性や能力を賞賛されようと、どれだけ他者との違いを見せつけられて意気消沈しようとも、死へとかかわる存在であることに変わりはない。

平均的日常性における私たちは他者との違いや個性を追求してかえって非自己固有性に陥るが、「最も固有な可能性」はこれとまさに逆のベクトルをもつ。死という「自己固有な実存の可能性」においては、行為能力の差異も社会的地位ももはや問題ではない。

この意味で、死ぬ能力に関しては、それ以外の行為の能力とは異なり、環境世界の道具や公共世界の他者たちがどうあるかは重要でない。つまり、死の可能性はこうした「没交渉」を特徴とする。世界がどうあろうと、存在する限りは死の能力が各自に最初から与えられており消えることもないことに何の影響もない。「最も固有」と「没交渉」が一体となって死の可能性は、現存在を世人の評価合戦から切り離し、「単独化」するのだとハイデガーは表現する。

先駆において理解された死の没交渉性は、現存在を現存在自身へと単独化する。この単独化は実存のために〈現〉を開示する一つの仕方である。この単独化が明らかにするのは、最も固有な存在しうることが問題であるとき、配慮的に気遣われたもののもとでのすべての存在と、他者たちと一緒に存在する共同存在はどれも役に立たないということである。(SZ: 263)

『存在と時間』は、誰もが違う個人であることを前提して、次にそうした個人たちが互いの合意や契約によって一緒に生きる、という図式を取らない。逆に、まず私たちは世人の規範に従って互いに一緒に暮らす存在なのだが、その世人の規範から身を引き離すことで単独の〈個〉になれると考えられている。

*

本章での議論をまとめよう。死への先駆は無茶な要求か。そんなことはない。まず、無茶な要求に見える理由は、死への先駆を、死のときのことを毎日想うように勧める教えと取り違えているからである。ハイデガーによれば、死の可能性は、予想されているがまだ現実化していない出来事の可能性という仕方では理解できない。この可能性Iは、台風などの世界の出来事の可能性と同じ意味であり、この意味での死は「落命(死んでしまうこと)」と呼ばれる。他方、現存在の可能性IIとは存在能力(存在しうる)に関わるものであり、死の可能性(死にうること)はいつか起こる出来事ではなく、存在する限り、いつでも自己に属している可能性であって、こうした可能性へとかかわるあり方が「死んでいくこと」と呼ばれる。この可能性は、歩ける、話せるなどの行為の能力とは異なり、存在する限りすでに獲得済みで喪失することのありえない傑出した可能性であり、この可能性に現存在は被投されているということがハイデガーの論点である。

一方で、出来事としての可能性Ⅰという点からみた死は、誰もがいつかは死ぬが自分にはまだ関係ないというふうに表現され、世人の死として語られる。他方で、可能性Ⅱにおける死は、「誰もがいつかは」ではなく「自分はいつでも」死にうると表現されるものであり、時間性の理解に明確な違いがある。この時間的理解は、死は確実だがそのときは不定だという、確実性と「とき」の不確定性のセットとして分析される。死のこの確実性は特異である。というのも、可能性Ⅰのような出来事の可能性については、その予想が確実であるためにはそのときが確定的に言えなくてはならないからだ。他方、可能性Ⅱとしての死は、それが現実化する時期についての予想の正確さには左右されずに、端的に確信されている。死への先駆において重要なのは、こうした死の自己への近さにとどまることである。死への先駆が無茶な要求に見えるのは、死へとかかわる存在の近さを飛び越えて、死をいつか起こる出来事という意味での可能性Ⅰでしかイメージできていないからである。

死への先駆は、単独化した最も自己固有な実存可能性を開く、とハイデガーは言う。以上の議論から明らかなように、単独化とは、人里離れた場所で独りぼっちになるということではない。

むしろ、これまで慣れ親しんできた事物や他者たちとの従来の関わり方が一度中断され、世界を生き直す機会だと言ったほうが良い。世人の規範の代わりに自分自身を生き方や行為の尺度にできる可能性、と言ってもよいだろう。〈自律〉とも言いたくなるこのあり方は、世人の没道徳性を考慮すると、他者を絶した孤独の境位ではなくむしろ他者とともに存在する仕方として、重要な意味をもつだろう。「倫理的」と言ってもよい。次章では「ハイデガーと倫理学」について考える。

第九章
『存在と時間』に倫理学はあるのか

エートスの学としての倫理学という発想

『存在と時間』に倫理学はあるのだろうか。『存在と時間』は存在の意味を問う存在論の本であり、実存主義の本でも倫理学の本でもない。その意味では、『存在と時間』に倫理学などないと言えば、それで終わりそうだ。しかし他方で、これから見るように、責めや良心など、倫理学的としか言いようのないテーマが扱われているのも事実である。実存論的倫理学といったものがそこにあるのではないか、と期待してもおかしくはない。

ここで興味深いエピソードがある。『存在と時間』から二十年経った一九四七年に出版された『「ヒューマニズム」について』で、「いつ倫理学の本を書くのですか」という、ある人からハイデガーに向けられた質問が取り上げられた（BH: 353/114頁）。そこでのハイデガーの応答は、きっぱりと「倫理学の本」を書く可能性を退けるものだった。けれどもそれは、存在論に比べて倫理学など不要だという意見表明でもなかった。

ハイデガーはそこで、そもそも「倫理学とは何か」を問い直すように求めている。その問い直しにはやはり、第二章で翻訳論的エポケーと呼んだ方法が用いられる。倫理学（Ethik）の語源となる古代ギリシャ語のエートスは、現在の私たちが自明視している存在論と倫理学の学科区分に従うものではなく、むしろ居場所や住処のことを表していた（BH: 354/117–118頁）。それゆえ、「人間の居場所のことを考える」のが「根源的倫理学」だと言うのである（BH: 356/124頁）。

ならば、私たちとしては、『存在と時間』においても、世界内存在の「内存在」は、空間的な内部性ではなく、「住まうこと」や「滞在すること」を意味すると言われていたことを思い出さずにはいられまい。すると、世界内存在の探究は、そのままエートスの学、つまり倫理学だということになり、その意味で、『存在と時間』の存在論はそのまま倫理学なのであって、それゆえ、「倫理学の本」を『存在と時間』と別にもう一冊書く必要はない。これが、「いつ倫理学の本を書くのですか」という問いに対するハイデガーの（冷淡な）回答の内実だと思われる。

なぜ倫理学がないように見えるのか

では、たしかに『存在と時間』は倫理学の本としても読める、とすんなり思えるか。なかなか難しいかもしれない。それは倫理学ということで普通イメージされるものと『存在と時間』とのあいだにギャップを感じるからだろう。

倫理学と聞くと何をイメージするだろうか。西洋の倫理学説に詳しい人も詳しくない人も、人間の行為や生き方の善悪についての学問、くらいのイメージは共有しているのではないか。たしかに、何が善い行為であり何が悪い行為なのか、例えば、嘘をつくことは悪いが、なぜ嘘をつくことは悪いのか、などを考えるのが、近代以降の典型的な倫理学の営みである。こうしたタイプの倫理学は「道徳哲学（moral philosophy）」と呼ばれることが多い。*

たしかに、『存在と時間』にこういう道徳哲学ふうの問いを探しても見つからない。見つかるのは、相変わらず、世界内存在の諸相の体系的探究であり、そのなかに「責めある存在」や「良心の呼び声」という興味を引く概念が登場するだけである。「人間の居場所のことを考える」のが「根源的倫理学」なのであれば、その意味では倫理学かもしれないが、典型的な道徳哲学とは無関係に見えてもおかしくない。

しかし、ハイデガー流の倫理学はいわゆる道徳哲学と無関係だと決めつけるべきでもない。ハイデガーは『存在と時間』と道徳哲学の関係について大胆な自負をもっていたからである。すなわち、『存在と時間』は、道徳哲学の前提にさかのぼり、道徳性というものが私たちに可能になるための条件を問うているのだ、と。ハイデガーは次のように言う。

本質上の責めある存在が、等根源的に、〈道徳的〉な善悪にとっての、言い換えれば、道徳性一般とその事実的に可能な諸形態にとっての可能性の実存論的条件である。道徳性によって責めある存在が規定されることはないが、それは道徳性が根源的な責めある存在を自分自身のためにすでに前提しているからである。（SZ: 286）

簡単に言えば、道徳的な善悪なるものは、現存在が「責めある存在」であることに条件づけられている、ということである。逆に言えば、私たちが責めある存在でないならば、善悪も道徳性も問題になりえない。ハイデガーはずいぶんと強い主張をしている。

責めある存在という概念がどういうものかはこれから考えていく必要があるが、ハイデガーの主張は強いとはいえ、突飛だとも言えない。なぜなら、どんな道徳哲学も、表立ってか表立ってでないかはともかく、私たちの存在に関する何らかの見解をすでに採っているからである。そもそも、私たちの行為やあり方は、単なる自然現象ではなく、道徳的に善や悪でありうるという考え自体、私たちの存在を「単なる自然現象」から区別して理解し、人格とか行為といった概念を

＊　この見方は、エリザベス・アンスコム（一九一九―二〇〇一）の論文「現代道徳哲学（modern moral philosophy）」以来、現代の倫理学に定着している（アンスコム「現代道徳哲学」生野剛志訳、『現代倫理学基本論文集Ⅲ　規範倫理学篇②』大庭健編、古田徹也監訳、勁草書房、二〇二一年）。アンスコムは、何が道徳的に正しい行為なのかとか、何をするべきか／するべきでないかを問う現代道徳哲学に対して、古代ギリシャのアリストテレスのように、勇敢さなどの性格特性を問う徳倫理学の復興を促した。この論文については以下に詳しい紹介がある。佐藤岳詩「アンスコム“Modern Moral Philosophy”の処方箋」、『先端倫理研究』第十号、二〇一六年、5―24頁。

私たちの存在だけに割り振っている。そして、人格なり行為主体には、自分の人生を構想・計画したり行為を統御したりする能力があるなどと考えている。このように、道徳哲学者も、道徳的善悪を語るその時には、人間の存在のあり方についての何らかの見解に依拠している。ハイデガーは、これに対して、人生計画や自己統御の能力をもつことではなく、責めある存在であるということが、私たちが道徳的善悪を云々できるための存在論的基盤だと、言いたいわけだ。

　ハイデガーの言っていることをこのように追ってみると、「ハイデガーに倫理学なし」という印象は――たしかに、和辻哲郎やレヴィナスといった有名な哲学者がそういう趣旨の発言をしているとはいえ――そのままではやはり性急であることがわかる。たしかにそこには、現存在の倫理学とでも言うべきものがある。問題はその倫理学がどういうものか、であろう。

　もっとも、典型的な道徳哲学者の目から見ると、ハイデガーの議論が戸惑いを誘うものであることもたしかである。道徳性を基礎づける現存在の存在様式は何らかの能力を備えた主体や自我であるはずだ、という予断がある限り、ハイデガーの議論は理解できないからだ。彼の論点は、何かができることではなく、むしろ、できない、という「非力さ」が責めという現象の核心にあり、非力な存在であることを受け入れる場合に私たちは道徳的でありうるということなのだ。

　このハイデガーの発想の転換は、しかし、目新しい道徳思想を生むためのものではない。むしろ、現存在の存在は事物的・道具的存在性のカテゴリーでは把握できない（単なるモノでも手段でもない）という存在論的原則によって、道徳的な人格は単なる自然や物件としては扱えないという道徳哲学者の共通了解にしっかりとした基盤を与えるためのものである。逆に言えば、優勢な事物的存在性のイメージで現存在を表象するといった存在論的エラーを犯してしまうと、モノとしては扱えないはずの道徳の現象を逸することにもなる。先に、自我や主体の概念は私たちを恒常的に現前する事物のように捉えているというハイデガーの批判を見た（第三章参照）。この問題は、道徳の領域を確保し救い出すという課題につながっているのだ。

『存在と時間』は、世界内存在の不完全性を何度も暴き、存在の危うさや脆さに目を向けることの重要さを説く。そのことは、世界性、世人、手、死への先駆について論じたときに常に顕著になっていた。道徳的な善悪なるものも、能力の完成された担い手を仮定することなく、むしろ世界内存在の不完全性を出発点にして再考されることになる。世界の内に住まうことの学（エートスの学としての倫理学）の立場から、道徳性の条件が問われるのだ。『存在と時間』第二篇第二章（第五十四―六十節）は、この意味での倫理学に取り組んでいる。

「責めあり」の分析から道徳的要求へ

ハイデガーの議論は、まず、（一）何かに責めがあるとはどういうことかを分析し、（二）特に道徳的要求の侵害において他者に責めを負うようになる場面を特定し、最後に、（三）現存在は責めある存在であり、この責めある存在を引き受けることが（二）のような場面での道徳的責任や善悪の成立条件であることを解き明かしていく、というふうに進む。まず、（一）から（二）

の場面までを見てみよう。

まず、(一) 何かに責めがあるとはどういうことか。考察の出発点はここでも日常的な言葉の用法に立ち戻ることである (SZ: 281-282)。

責めⅠ：責めがあることは「誰かに借りがある」ことを意味する。
責めⅡ：責めがあることは「何かの原因である」ことを意味する。

第一に、ドイツ語のSchuld (責め) は、その複数形が「借金」を意味するように、「借り」のことを言い、通常の用法で「誰かに借りがある」ことを意味する。第二に、Schuldは何かの原因であるとか、それをやった張本人であることを意味する。"Das ist meine Schuld." と言えば、何かの出来事の原因が自分にあることを認めて、「私のせいです」ということになる。

ハイデガーによれば、(一) に関わるこの二つの責めの概念の一方だけでは、道徳的要求の侵害としての (二) の他者への責めは問題にならない。なるほど、例えば、私が空中にボールを投げるなら、私はボールが空中に浮かんでいることの原因であり、その限りで、この出来事への責めがある。しかし、これだけであれば、単にボールを投げるという行為がなされただけである (責めⅡのみ)。他方、私が投げたこのボールが誰かの身体に当たり、怪我をさせたとすれば、私はこの誰かに借りを作ったことになり、かつ、怪我の原因を作った張本人でもある (責めⅠおよびⅡ）。これに対して、子どもがボールで怪我をさせた時に親が謝罪しているとすれば、この親は怪我の原因ではないが、（怪我をした）誰かに借りがある（責めⅠのみ）。誰かに借りがあっても、その原因が自分にあるとは限らない。

ハイデガーによれば、責めの二つの意味が重なるとき（先述の「責めⅠおよび責めⅡ」の場合のみ）、法的にも道徳的にも現存在は直接的に問われることになる。つまり、「借りがあることの原因であることによって、権利を侵害したり、刑罰を受けたりするようになる」のであり、これが「罪を犯す」という状態である（SZ: 282）。権利侵害によって罪を犯すことは、（二）の「他者に責めを負うようになること」（SZ: 282）であり、ここに法的・道徳的な責任が生じる。ただし、ハイデガーは、他者に責めを負うようになることは、法的に規定された権利を侵害した時にだけ生じるわけではない、として、法的次元に回収されない道徳的次元への視界を開こうとする。

> 私が他者に責めを負うようになることは、権利の侵害そのものによってではなく、むしろ、他者がその実存において危険にさらされたり、道を誤らせられたり、あるいは、それどころか破滅させられたりすることの原因が私にあることで、生じる。このように他者に責めを負うようになることは、〈公共的〉な法に背くことなしにも可能である。（SZ: 282）

例えば、他者を危険にさらすことには暴力や窃盗、道を誤らせることには嘘をつき欺くことが含まれるだろう。こうした出来事は犯罪となる場合があるが、仮に法的に犯罪でなかったとしても（例えば、私的な日常における友人間の嘘の場合でも）、道徳的に問題がないことにはならない。ここには、法の侵害から区別された「〈道徳的要求〉の侵害」（SZ: 282）に関わる「他者に責めを負うようになること」の問題が拡がっている。ハイデガーは、道徳的な責めある存在の形式的概念を以下のようにまとめている。

> 他者の現存在における何らかの欠如の根拠であること、しかもその際、その根拠であること自体が、何に対する根拠かという点から、〈欠如的〉なものとして規定される。（SZ: 282）

日常的用法から汲み取られた責めⅠの意味（借り）は「他者の現存在における何らかの欠如」へと、責めⅡの意味（原因・張本人）は「根拠であること」へとより形式的に表現され、この二つの意味が重ねられている。なるほど、所持品を盗むこと、虚偽の情報で道を迷わせること、肉体を傷つけることなどはどれも、他者の実存に「欠如」を生むことに関わっている。そして、自分がこの欠如への原因であり張本人であることは、自分がこの欠如の「根拠であること」と、形式的にまとめられる。

たしかに、ある人の肉体が傷つけられたり、金品が盗まれたりした場合、誰がその欠如の根拠であるかが最初の問題になる。しかし、先の引用文はこの話で終わってはいない。その誰かが特定されても、これだけでは道徳的要求には応えられていないからだ。

私はあなたの金を盗みました、あなたから金が消えたことの根拠です、あるいは、私はあなたを傷つけました、そしてその傷の根拠です、それで終わり。こう言われたら、どうだろうか。いやいや、まだ、終わっていない、全然済んでいないだろう、と言いたくなるに違いない。この点は引用文の後半部に関わっている。私たちは、他者の実存における欠如の根拠でありうるが、この根拠であるということが、何に対する根拠かという点で欠如的だ、という記述だ。つまり、他者が金品を失ったこと、他者が傷を負ったことの根拠であるということは、「他者と一緒に実存する共同存在に発せられる要求を満たしていない」(SZ: 282) という欠如性を含んでいる、ということだ。お金を返すこと、傷を治療させること、深く反省することなど、他者からの要求はさまざまでありうる。それが何であれ、これらの要求にまだ応えていない、だからこの一件は済んでいない、という宙吊りの状態が、道徳的な意味で他者に責めを負うことだと見定められている。他者の欠如の根拠であることを進んで認めているのに、この応答の態勢がないとなれば、その人は道徳的な悪を認めたり責任を取ったりすることを回避していると見なされるはずだ。

謝罪の倫理学

『存在と時間』に道徳に関する議論があることはすでに十分伝わっただろう。ハイデガーは、こうした他者への道徳的責任や善悪が問題になりうる存在論的条件として、現存在の「責めある存在」という存在様式にさかのぼっていくのであり、その議論が肝心なのだが、先に進む前に立ち止まりたい。「責め」に着目した道徳の分析というこれまでのところにも、ハイデガーの倫理学的思考の特徴が現れているからだ。それは「謝罪の倫理学」と呼ぶべきものであり、私たちの最小限の倫理から立ち上げる思考である。

責めの日常的用法に着目した道徳的要求の捉え方は、道徳の負債モデルとでもいうべきものである。他者が失った分（この場合はお金）を返済すべきであるのにまだ返済していないという場面が、道徳的罪責の理解のモデルになっているからである。

負債のような経済的な言葉は日本語では道徳的な「悪の意識」を言い表せないように思われるという和辻哲郎の指摘には多くの人がまずは頷くだろう。しかし和辻は、そういう負債モデルの道徳意識が日本の文化にまったくないかと言えばそうでもないとして、次のように指摘している。

我々は己れの行為の悪の自覚を言い現わす時に、「済まない」とか「済まなかった」とかと言う。しかるにその同じ言葉を我々は負債に関しても用いている。〔……〕さらにまた一般に為さるべきことが為し果たされたとき我々は「済んだ」という。してみると、我々がきわめて日常的にわびの言葉として「済まない」と言っているのは、すでにSchuldの概念と相通ずるものを示していると言ってよい。*

この指摘からすると、ハイデガーが負債モデルで道徳を捉えていることは、「すみません」という表現を用いて謝罪するという最も身近な道徳的場面に定位している、という見方ができる。和辻が挙げている例は、飲酒の禁を破った人が「済まない」と感じる、というものだ。酒はもう飲まないと自分だけで決めたが意志の弱さに負けて飲酒の禁を破ってしまったという場合、自分で決めたことをできない自分を情けなく思うかもしれないが、他人に対して「済まない」という罪責の意識がこみ上げるということはない。むしろ、禁酒できずに飲酒を続けたために家族を苦しめ、友人に迷惑をかけるなど、「他の人の存在に欠陥を生ぜしめたとき、我々はその人に対して『済まない』と感ずる」。** ここで和辻がハイデガーの責めの議論を噛み砕いて話を進めていることは明らかだが、重要なのは、こうした罪責の意識には、借金を典型とするような「契約を破った」という意味はないことを指摘していることだ。「済まない」というのは、法や契約の媒介なしに、日常のあちこちに埋め込まれている道徳意識である。

少し考えてみよう。私たちは、道で誰かにぶつかったら、あるいは誰かの前を横切るだけでも、「すみません」と言う。その時、私たちは、他者に生じる欠如（例えば、視界が妨げられること）に対する根拠であることを意識しており、しかもその欠如を埋めることが「済んでいない」

＊　和辻哲郎、『倫理学（二）』、岩波書店、二〇〇七年、63頁。
＊＊　和辻前掲書、64頁。

ことを認めている。通り過ぎたら、(再び、元の視界が開かれるという意味で)済んだことになるかもしれない。しかし、これで済むとも限らない。その人は鳥の観察をしていて、シャッターチャンスを狙って何時間も待っていた。ところが、私がその人の前を横切った瞬間に、お目当ての鳥が飛び去ってしまったのだ。そのことに気づいた私は、ますます丁寧に「すみません」と謝る。その人が失ったものを埋められていない(済んでいない)だけでなく、私にはそれを埋めることはできないこともわかっている。その人にはもう会うこともなく、「済んだ」という時は来ないだろう。「謝罪」とは、だから、「済んでいない(済まない)」ことを認める行為であり、時として、それでも許しを請うこと(「済んだ」ことにしてくれと依頼すること)だと言える。

だから、道徳性の負債モデルは、物質的な欠如を埋め合わせるというイメージだけでは捉え切れない。許しを乞うという契機が入り込んでくる。実際、「すみません」というたった一言があるかないかに私たちは非常にこだわるし、多くのことを、その一言があったというだけで「済んだ」ことにする(鳥の観察をしていた人もきっと許してくれる)。

もっともハイデガーは謝罪や許しの局面にこれ以上注目しなかった。代わりに、欠如を埋め合わせるという事物的表象では、責めの現象は把握できないという点を強調し、事物的イメージから解放された改良版の責めの概念を提示しようとする。その内容は次に見ることにするが、ここで確認しておきたいのは、ハイデガーの考察は、法的に、あるいは道徳的に悪だと誰もが認めるようなケースから始めるのではなく、最もありふれた足元の道徳現象から始めている、ということだ。その意味で、その考察が届く射程は広い。

道徳性の条件としての存在の非力さ

すでに見たように、ハイデガーは、他者に責めを負うことを道徳的要求の侵害という観点から詳細に論じている。その道徳性の負債モデルの中心には欠如性の概念があった。私が、他者に道徳的な責めを負っている場合、私は、他者における何らかの欠如（金銭、物品、肉体的・精神的傷など）の根拠であり、しかもその欠如をいまだ埋め合わせていないという意味でも欠如的である。この「済んでいない」状態にあることが道徳の基本的な場面であることは「すみません」という表現に現れている通りである。

『存在と時間』の倫理学は、しかし、以上の欠如性の概念は、欠けているものを埋め合わせるという事物的なイメージに囚われていることに注意を向け、現存在の存在を特徴づけるのにふさわしい概念ではないと、議論を展開する。現存在の存在は、事物や道具に適した概念ではなく、実存カテゴリーによって把握されなくてはならない。第二章で論じたように、これは『存在と時間』の基本方針だが、この方針が道徳性の考察において特に重要性を発揮するのは明らかだろう。私たちの行為やあり方は単なる自然現象ではないからこそ道徳的に善や悪でありうるのであり、そのために、事物とは区別された人格のような概念が倫理学にはしばしば必要とされてきたのだから。その意味で『存在と時間』は倫理学の基礎に直接関わっている。

ハイデガーによれば、責めがあるという理念には「〜でない」という否定性がたしかに含まれている。この否定性を、事物的な欠如性のイメージを持ち込まずに、現存在の存在に含まれる特有な否定性として理解することが、『存在と時間』が引き受ける課題だ。

道徳的要求への侵害が「他者の現存在における何らかの欠如の根拠であること」と欠如の概念で規定されたのに対し、責めありの実存論的な概念は「ある無によって規定されている存在の根拠であること」(SZ: 283) と (欠如の語を回避して) 言い表される。現存在が存在することは何らかの「無」によって規定されており、しかもこの、無に規定された存在の根拠である (張本人・当事者である) というのが、現存在の存在を特徴づける意味での「責めある存在」である。「無」というと深淵に聞こえるが、漆黒の広大な空間のことなどを思い浮かべる必要はない。ハイデガーが言っているのは「ない」という否定的な性格に過ぎない。

存在しながら現存在は被投されたものであり、自分自身によって自らの〈現〉にもたらされたのではない。現存在は存在しながら、存在しうるものとして規定されており、この存在しうることは現存在自身に属するものでありながら、現存在が自らにことさら与えておいたものではない。(SZ: 284)

強調された二つの「ない」はどちらも私たちの存在に含まれているものである。問題になっているのは、私たちの存在の根源的な「非力さ（Nichtigkeit）」である。

まず、私は、自分がどう存在しうるかをどう理解しようとも、その存在可能性を（単なる願望や空虚な論理的可能性として構想するのではなく、本当に）自分の存在能力の点で問題にする限り、いくつかの動かしがたい事実の重要性に気がつかざるを得ない。自分がそもそも人間の親から生まれたこと、どこでどういう時代に生きているのか、などだ。それらの事実は、私が自らを企投しうる可能性は「被投的な可能性」でしかないことを示している。私はそれらの可能性へと投げ込まれたのだ。

次に、そもそもこの存在しうるということ、可能性へと自己を企投しうるということ自体、それ以外の仕方では現存在は存在できないという意味で、選択の余地なくいわば課せられたものである。このことは、存在することには、いつでも死ぬ能力が含まれることを考えればよくわかる。死への可能性は現存在が自らに与えたのではなく、そこへと投げ込まれている可能性であり、私たちはこの可能性に関わらざるを得ないのである。ある人のもとに生まれ、ある時代に生き、死んでゆくという（否応なしの）被投性は、自分がどう存在しうるかについての理解を、空想から醒めさせ、具体的状況へと着地させる。

現存在はこのように被投性の重みをかけられた存在である。自己は「自らの根拠を決して意のままにすることはできない」（SZ: 284）という意味で、現存在は非力な存在である。しかし、それでいてこの「根拠であることを引き受けるしかない」（SZ: 284）のだ。自分がどう存在しうるかを問題にし、自らの存在の根拠たらんとすることで、その非力さは明瞭になり、するとますます、ではこの世界で自分はどう存在しうるかをあらためて自己の問いとして引き受けざるを得ない。「自ら存在しながら、現存在は、被投された自己を自己として存在する」(SZ: 284) ということが、現存在の存在を特徴づける責めある存在の姿なのである。

ハイデガー倫理学と道徳上の運

では、このような「責めある存在が道徳的な善悪にとっての条件」だというハイデガー倫理学の強いテーゼに移ろう。これは一体どのような主張なのだろうか。

> 責めある存在は、罪を犯すことからはじめて結果するのではない。罪を犯すことが、根源的な責めある存在に〈基づいて〉はじめて可能になるのである。(SZ: 284)

どこかで誰かのもとに生まれたとか、存在するや否や死ぬ能力をもっているとか、自分ではどうしようもなく投げ込まれている事柄がある。そのような被投性に重みをかけられた存在でなければ、他者に欠如を生じさせる張本人として罪を犯すことは不可能だ、というわけだ。この話は、道徳性の条件といえば、主体の能動的能力に違いないという予断がある限り、理解不可能だろう。

そこで、ハイデガーの話をはっきりさせるために、自らが責めある存在であることを認めないケースについて考えてみたい。言い換えれば、被投されたものであれ自己の存在の根拠であることを引き受けるしかないという実存の要求に応答しないケースである。

Aは戦争中に、夥《おびただ》しい人々を死に追いやる行為をした。Aは、その人々が死んだこと、自分がその死の原因であることを認めている。しかしながら、自分が戦争中にそのような行為をしたのは、さかのぼって言えば、自分が生まれた時代が悪かったからだと言う。Aは、戦後になって自分のことを責め立てる人たちには、「あなたも自分がこの時代に生まれていたらどうしていたか、考えればわかるでしょう」と言う。

このような事例は、現代の倫理学で「道徳上の運（moral luck）」と呼ばれるものに関係している。トマス・ネーゲル（一九三七—）は「道徳における運の問題」という論文のなかで、アーレントの「凡庸な悪」で有名になったアイヒマンを明らかに念頭において、こう述べている。

強制収容所の役人であったある人物は、もしナチスがドイツにおいて政権をとらなかったならば、穏かで無害な一生を送ったかもしれない。そして、アルゼンチンで穏かで無害な一生を送ったある人物は、もし一九三〇年に商用でドイツを離れなかったならば、強制収容所の役人になっていたかもしれないのである。*

＊ ネーゲル「道徳における運の問題」、『コウモリであるとはどういうことか』永井均訳、勁草書房、一九八九年、43頁。

ネーゲルが問題にしたいのは、私たちの人生や行為は自分の統制下にはないものに依存しているということだ。道徳がこのように運に依存していることは、次のような考えをとるならば深刻な帰結を生むだろう。すなわち、私たちが道徳的な善悪を問題にできるのは、その行為を当人が自分の意志で行なった場合であり、外的な要因によって強いられたのではない場合に限る、という考えである。主体が行為を自分の意志で制御していることを道徳の善悪の条件とするなら、道徳上の運を認めることは、そもそも道徳的な善悪を語ることを無効にするほどのインパクトをもつことになる。先に見たAの弁明はまさにこの点を突いて、自分を道徳的に責めるのをやめるように説得している。この説得方法は戦争という場面でなくてもいつでも使われうる。自分がかっとして相手を殴ったのは、短気な性格のためだが、私が短気な性格になったのは、親がいつもガミガミとうるさく叱ったからだ。あるいは、規則だらけの学校でいつもイライラさせられていたからだ。責めるなら、私ではなく、親であるか、学校であるか、そういう学校教育をやっているこの社会にしてくれ、と。

ハイデガーの立場では、現存在の存在には被投性が含まれているがゆえに、私たちは道徳上の運を回避することはできない。このことを認めた上で、道徳的善悪を語るという営みを無効化しないためには、道徳的存在者についての捉え方を、意志を統御する主体という描像から解放しなくてはならない。

自己は、自己そのものとしては自分自身を根拠づけざるをえないのに、その根拠を支配することは決してできないし、それでいて、実存しつつ根拠であることを引き受けるしかない。

(SZ: 284)

現存在であるとは、自分の可能性に重みを与えている事実(例えば、ある時代に誰かに生まれ、死んでいくしかないこと)を、外部から自分の人生や行為を決定する原因として、つまりは、可能性の自由な企投を不可能にするものとしてではなく、むしろ、ほかならぬ固有な自分がどう存在しうるかを——単に願望をもったり空想したりするのではなく——具体的に問うことを可能にするものとして発見することだ。現存在は、被投された実存の状況のなかでも、いや、状況のなかでこそはじめて、自分がどう存在しうるかを真に問いうる、という発想の転換である。

Aは、自分の人生が置かれた時代について超越的な視点から(理路整然と)説明することで、自分は罪を犯してはいない、自分を道徳的に責めないように、と人を説得しようとする。あなたがこの時代に生きていたらどうする、あるいは(ネーゲルの引用文を用いれば)もしこの時代にナチスが政権をとっていなければ、と、仮想的な歴史のなかに自己投入することを求める。しかし、単なる空想的な願望が、では願望通りに存在しうるかという実存の問いになったときに現実に連れ戻されるように、結局、実存は「もし」の思弁にとどまることはできない。ある時代に生まれてこの世界に存在しているという事実を消去することはできないのだ。

Aの問題は、世界外部的で超越的な視点から自分を説明しようとすることで、「被投された自己を自己として存在する」可能性を放棄していることである。この時、道徳性の条件は満たされず、道徳的善悪など云々しても仕方ないという冷笑的態度が勝っていくだろう。短気で人を殴ることと同じように、勇気をもって人を助けても、生まれた環境の要因に還元されてしまうかもしれない。こうしたとき、まだ済んでいないことがもう済んだことであるかのように、だから「道徳的要求の侵害」への責任も問われないように、話が進んでいく。何が道徳性を破壊するのか――。自らの存在の根拠を決して意のままにすることはできないこと、意のままにならないながらも自己を引き受けるのは自己でしかないこと、こうした実存の事実からの離反である。

良心の呼び声――自己固有性の重要さ

道徳性が破壊されるのは、現存在が自らに固有な責めある存在を引き受けないときだ。これが『存在と時間』の倫理学だが、この倫理学は、こういう行為は悪くてあういう行為は善いと言うための特定の基準を示すことはしない。むしろ、私たちが道徳的存在者であるなら、この存在者はいかに存在しているのかを問う。そして、その存在者は、自分の意志で行為する能力を備えた主体や自我としてではなく、むしろ、自分の存在を意のままにできないという非力さの観点からそのあり方を捉え直すべきだ、と提案する。このように言うと、ハイデガーは、自らの独創によって、標準的な道徳哲学に対して新説を唱えているように思われるかもしれない。しかしこの見方は正しくない。

なぜなら、責めある存在についての議論をハイデガーは「良心の呼び声」という典型的な道徳概念を用いて進めているからである。注意したいのは、良心の呼び声は、『存在と時間』の有名概念ではあるが、「現存在の日常的な自己解釈によく知られた」(SZ: 268) ものと見なされている点だ。つまり、良心の呼び声はハイデガーのオリジナルな概念ではなく、むしろ既知の概念として持ち出され、自らの議論を読者に近づけやすくするために用いられているのである。もちろん、非力さの議論にフィットするように良心の概念も主体性色のないものへと改められるのだが。

さて、良心の呼び声という既知の概念が持ち出されるのは、「自己固有に存在しうること」は可能かという問いに対する「証《あかし》」として、である (SZ: 267)。良心の呼び声と呼ばれるもののことを考えてみれば、自己固有な実存、あるいは自己固有な仕方で存在しうることは、単なる理念ではなく、本当に可能だとわかるはずだ、というわけだ。

この問題設定を理解するには、まず、ハイデガーが、自己固有な存在可能性なんてとても不可能なんじゃないか、という疑念を正当なものと見なし、その存在可能性に「証」を与える必要がある、と考えている点が重要である。第七章で見たように、非自己固有性からの脱出は不可能に見えるくらいに、現存在の世人への自己喪失はあまりに根が深い。そのことが共通了解事項としてあるから、世人自己から自己固有な自己への「実存的変様」(SZ: 268) の可能性の「証」として、良心の呼び声が引き合いに出されるわけである。

『存在と時間』の倫理学を包括的に理解するには、世人の「ひとは〜するものだ」語法には責任を回避する日常の没道徳性が現れていたことを思い出す必要がある。「あなたも自分がこの時代にいたらどうしていたか、考えればわかるでしょう」というAの説得論法にも、「誰だってこうするものでしょう」という世人語法の特徴は含まれている。現存在の存在には非自己固有性と自己固有性という存在様態があるというのは『存在と時間』の最も基本的な見方であるが、その見方はそのまま、慣例的規範に従い没道徳性を生きる日常と、善悪を問いうる道徳的次元の開けという問題性に関与しているのである。逆に言えば、良心のやましさのような語で（哲学でも日常でも）一般に言及される道徳意識の問題というのは、ハイデガーの立場から言えば、現存在の実存についての一表現に過ぎない。つまり、現存在は非自己固有性だけでなく自己固有性の存在様態へも開かれていること、言い換えれば、自己固有な仕方で存在しうることは現に可能であることを、例証するような馴染みの経験なのである。

では、良心の呼び声とは何のことだろうか。ハイデガーがまず確認するのは、その声は「呼びかけ（Anruf）」というタイプの語りだという点だ。なるほど、「声」はあらゆるタイプの言語行為に伴うものであり、また、説得でも命令でも質問でも、普通、語りには、伝えるべき内容があり、文としてのまとまりもある。それに対して、呼びかけはかなり異質である。「おい」とか「〇〇さん」などというふうに誰かに呼びかけるとき、その声は、誰が語りかけられているのかだけを示す。内容はまだない。

良心の呼び声はただ呼びかけるだけである。では、誰が呼びかけられているのか。自己であるに違いない。ただし、ハイデガーによれば、呼びかけられているのは世人自己としての現存在である（SZ: 272）。どういうことか。

世人自己は、自分がやっている行為のタイプや公共的な情報で内容を占められている。私たちが誰かを呼ぶときも通常そうした内容によって相手を特定しようとするだろう。例えば、「そこの店員さん」とか「運転手さん」とか、あるいは「そこの自転車の人」とか呼びかけることは、その人の行為のタイプや役割によって相手を呼び止めることだ。あるいは、私（この本を書いている私）であれば「先生」と呼びかけられるかもしれない。しかし、先生は山ほどいるわけだからもっと限定するのであれば、「○○大学の先生」とか、名前を知っているなら「池田さん」とか呼びかけられたりする。職業、所属大学、名前などはどれも、私についての公共的情報であり、また、ほかの人との違いを認識するためのマーカーである。これらの記号を使って、私は誰かに呼びかけられる。何を言われるのかはまだわからない。

では次に、良心の呼び声においては、誰が呼びかけているのか。普通、良心のやましさが語られるとき、内面の葛藤のような状態のことを言う。他者と話しているのではなく自分が自分の中で語っているイメージだ。このイメージに沿って、ハイデガーも、呼びかけているのはほかの誰かではなく自己であり、音もなく沈黙のなかで呼びかけることを認める。ただし、この呼びかけている自己は、呼びかけられている世人自己と同じでないという点が重要だ。むしろ、呼びかける自己は、世人自己とは対照的に、「無規定性」と「規定不可能性」(SZ: 275) という性格をもつ。自分が誰かということについて、馴染みの答えを与えることを拒むのだ。

> 呼びかける者は、自らの名前や身分や素性や威信などを問われても答えないだけでなく〔……〕〈世間的に〉方向づけられた現存在の理解へと自分を馴染ませようとするいかなる可能性も与えない。(SZ: 274)

良心が、世人自己に呼びかけるとき、外面的なふるまいや公共的情報による説明では把握できないものとしての自己が現れている。この二つ目の自己が、世人自己に変様を促すとされる。

> 良心の呼び声は、自らの最も固有な自己でありうることに向かうように、現存在に呼びかけるという性格をもち、しかも、最も固有な責めある存在へと呼び起こすという仕方で呼びかけるのである。(SZ: 269)

呼びかけられた世人自己は、誰が呼びかけているのかを知ろうとする。それが自己であることは間違いない。ではこの自己は誰なのかを知ろうとする。これは、世人的な規定性とは別の仕方で「自分とは誰か」が問い直されることに相当する。「呼びかけられた自己は、自らが何であるかについては無規定のまま、空虚なままにとどまっている」（SZ: 274）。この自己の問い直しが、自らの最も固有な自己でありうることに向かうように呼び起こされる、と言われる出来事である。以上のように、良心の呼び声は、世人自己から最も固有な自己存在への変様が可能であることを示している。

では、世人自己を脱して、実存に開示されるというこの「最も固有な自己」とは何なのか。より正確には、「誰なのか」。まず確認されるべきなのは、それは心の奥に見出される実体のようなものではなく、問われている何かだ、ということだろう。このことは現存在の元来のあり方に帰ることだと言えよう。現存在とは、存在するなかで自分の存在が問題であり、その存在を問いうる存在者にほかならないからだ。

では、世人的な諸規定から解放され、今や真っ白になって「自分とは誰か」をゼロから探し始めるのだろうか。だが、このイメージは、ハイデガーが「実存カテゴリーとしての可能性は、〔……〕宙に浮いた存在しうることを意味していない」（SZ: 144）と言っている以上、遠ざけられなければならない。むしろ宙に浮いた可能性から離れることこそ、「最も固有な自己」の重要な側面である。ここで、先の引用文で「自らの最も固有な自己でありうることに向かうように」が「最も固有な責めある存在へ」と言い換えられていた点が効いてくる。良心の呼び声において、名前、素性、由来などの世人的規定を宙づりにして、自分が誰かが問い直されるとき、これらの公共的情報を全部忘れてしまうとかリセットするとかいうことはありえない。リセットしようとするなら、出生証明書から最近登録した会員情報まで全て無効にしなくてはならないだろう。世人自己から最も固有な自己への変様とは、脈略のない（例えば、ある晩突然吸血鬼になるといった）「変身」ではない。むしろ、自分がこれまでにそうであったそのあり方を、自分がどう存在しうるかという観点から理解し直すことだと言ったほうがいい。

> 被投性を引き受けることとは、自らがそれぞれすでに存在したとおりの仕方において、現存在として自己固有に存在していることを意味する。（SZ: 325）

名前、職業、由来などの要素も、世人的なステレオタイプとしてではなく、自己に固有な実存の可能性に向かって把握し直すことができる。そもそも、名前、職業、由来などを挙げていくことは、ほかの誰でもないユニークな自己を限定する一つの方法である。だが、これらを単に並べ立てることは、第三者が私を紹介する時でも（私が自己紹介する時と）同じようにできることだ。他方で、私がどこで誰のもとに生まれ、どういうふうに育ち、どういう環境にいたか、といった事実は、私がどう存在しうるかという問いの観点から把握し直されたとき、単に自己紹介で挙げる時とは全く違う意味で、私の自己理解の一部となる。それらは私が真剣にどう存在しうるかを考える時にこそ、重みをもって現れる私の被投的事実なのである。この重みは私と同じように他人が感じることはできないし、逆も然りである。各自にとって最も固有な自己は、自己紹介の内容では尽きないし、世人自己にとどまることに抵抗する（すなわち、非自己固有性だけでなく自己固有性へも私たちの実存は開かれている）。

範を示す者としての倫理的人物像

『存在と時間』において、道徳性は、私的な心の状態ではなく、他者の共同存在の要求への応答として捉えられていた。道徳性の条件をめぐるハイデガー倫理学の問題圏も、単に自己理解の深まりのような私的出来事に限られているのではない。最も固有な存在へと呼び起こされることは、他者へのある種の関係をもつのである。

> 自分自身への決意性が現存在をはじめて次の可能性へともたらす。すなわち、共同存在する他者をその最も固有な存在しうることにおいて〈存在〉せしめ、その他者の存在しうることを、率先して範を示して解放する顧慮的気遣いにおいて共に開示する、という可能性である。決意した現存在は他者の〈良心〉になることがある。（SZ: 298）

決意性とは、最も固有な責めある存在へと向けて自らを企投することである（SZ: 296–297）。これまで論じてきたように、被投性を引き受けて最も固有な存在へと私が自らを企投することだ。

そのことが、ひとり私だけのことでなく、他者をしてその人の最も固有な存在しうることへと呼び起こすことになる、というわけである。私が自分の良心の呼び声に応答しているならば、その姿が「範を示す」ことになって、他人も世人自己からその最も固有な自己へと引き戻されることがある。そのとき、他者も世人自己の囲いから解放されうる。

この箇所を読むと私に思い起こされるのは、二十世紀後半のフェミニズムの展開に大きな影響を与えたシモーヌ・ド・ボーヴォワール（一九〇八―八六）である。世人自己から身を離して自分が誰かを問い直し、被投性を引き受けながら最も固有な存在可能性へと自らを企投することで「他者の〈良心〉」になる、そういう姿が立ち上がってくるからだ。

ボーヴォワールは、自分はどう実存しうるかを問うたとき、女性であるという事実が（社会において）どうその可能性を制約しているのかに気がつき、このことを考察した。のみならず、女性とは「～するものだ」という世人的なステレオタイプを破って、結婚ではない自由な恋愛をし、ジャンル横断的に執筆する著述家としての生き方を示した。

ボーヴォワールの姿は世界中で多くの人の心を揺さぶった。彼女は性的であるという事実を、自分を単に決定するものとして作用させるのとは違う仕方で、世人とは別の仕方で自分なりに引き受けることが可能だということを示したからだろう。そういう人の姿は他者にとっても、では自分はどうなんだろう、と思わせる力がある。*

「範を示す」ことは率先してやってみせるということであり、それを見た人に同じようにするべく命じたり説得したりすることではない。ただ、最も固有な自己への変様の可能性を自らの生き方を通じて示すのであり、世人自己で人生は尽きるのではないという「証」になるのである。**

先に見たAのことをもう一度考えてみよう。Aは、自分がその時代、その国に生きていたことを、もっぱら、自分の行為を決定づけ、それゆえに自分の行為の一切を免責するために引き合いに出していた。けれども、彼が、自分が置かれていた状況で何が自分にできたのか、あるいは何がそれを阻んでいたのかを、真摯に考え、そうした来歴をもつ者としてどう存在しうるかを語ろうとしていたらどうだろうか。同じ境遇の人たちの良心になっていたかもしれない。その他者たちは、自分ではどうしようもなかったように思えることについても、ああすればよかった、あん

＊ そして実際、性別を生得的で固定した事実ではなく、可能性として実存的に引き受けられる事実であることをはっきりさせたボーヴォワールの遺産は、さまざまなセクシュアリティによる実存の可能性とその社会的制約を考察する「フェミニスト現象学」という学問分野に成長した。稲原美苗・川崎唯史・中澤瞳・宮原優編『フェミニスト現象学入門——経験から「普通」を問い直す』ナカニシヤ出版、二〇二〇年。なお、私は第一章で確認した意味でハイデガーが実存主義者でないことを認めるが、この「他者の良心」論は、サルトルと、彼とともに実存主義者として活躍したボーヴォワールのアンガジュマンの思想・実践と接続可能だと考え、その可能性を追求したいと思っている。

＊＊ スタンリー・カヴェル（一九二六—二〇一八）は、こうしたハイデガー的な倫理的人物観を、特にラルフ・エマソン（一八〇三—八二）やヘンリー・ソロー（一八一七—六二）といった十九世紀アメリカの思想に結びつけて積極的に受け止めた。以下を参照。拙論「アメリカ哲学の体現者としてのハイデガー——ローティ、カヴェル、ねじれた現象学の異境的展開」、『何処から何処へ——現象学の異境的展開』、知泉書館、二〇二一年。

なことはすべきでなかったと思うことを、罪責感を含めて振り返り、自分自身に対して、場合によっては他者に対しても、語ることを促されるのではないだろうか。そのとき、道徳性はその破壊を免れ、善悪を語る可能性が開かれるのではないだろうか。

*

本章での議論をまとめよう。『存在と時間』に倫理学はあるのか。「人間の居場所のことを考える」のが根源的倫理学だという後年の言明からすれば、世界の内に住まう仕方を体系的に分析した『存在と時間』は倫理学の書でもあるはずだ。もっとも、『存在と時間』には、何が善い行為であり何が悪い行為であるかを示す「道徳哲学」のようなものはない。しかし、道徳性が可能になる条件を問うという課題は掲げられており、道徳的な善悪なるものは現存在が「責めある存在」であることに条件づけられていると主張された。

まず、道徳的要求の侵害は、他者に責めを負うようになることとして分析されるが、その場合、道徳的な責任を問われる側は、他者に何らかの欠如（財産に関わるものであれ、肉体や精神に関わるものであれ）を生じさせた原因であるのみならず、まだ要求を満たしていない（返済していない、謝罪していない、など）という意味でも欠如的である。ハイデガーは、この欠如性を存在のレベルに掘り下げ、自分の存在の根拠でありながらこの根拠を意のままにできないという非力さに「責めある存在」の内実を見出していく。この存在の不完全性を受け入れることが道徳的善悪の基礎である。この主張は、自分に原因があることだけに道徳的責任があり状況や運に左右される事柄には責任はないという道徳観を参照することで理解できる。自己による完全なコントロールを道徳的責任の条件とするこうした見方は、実は、道徳的善悪の語りを無意味にする危険と隣り合わせである。他方、自らに固有な責めある存在を受け入れることで、被投的で不完全な私たちがそれでもなお道徳的善悪を問題にすることが可能になる。

『存在と時間』に倫理学があることは、責めある存在についての議論が「良心の呼び声」という典型的な道徳的概念を用いてなされていることからもわかる。良心の呼び声は、世人としての自己に呼びかけ、自分とは誰かを無規定なまま問いとして残す。この良心の現象には、世人自己から最も固有な自己への変様が可能であることが示されている。「ひとは～するものだ」という根拠なき慣例に従い、没道徳性を生きる世人のあり方で尽きることなく、ほかでもない自己自身がどう存在しうるかを問うその時、そのような問いを生きようとする現存在の姿は、「範を示す」という仕方で他者の良心となり、他者にも、自分はではどう存在しうるかと問わせる。良心の呼び声は、自分だけでなく他者をも世人の囲いから解放し、道徳的な次元を私たちのあいだに開くのだ。

第十章
結局、『存在と時間』は何を成し遂げたのか

未完の書をどう評価すべきか

『存在と時間』は未完の書である。これは有名な事実であり、本書でも第一章で触れた。完成させられなかったのであれば「失敗作」であり、なぜそんな失敗作を人々は読み続けているのだろうか、と思われるかもしれない。あるいは、未完とはいえかなりの分量が刊行されているのだから、既刊部分においてこの書がその当初の狙いについて何を成し遂げ、何は成し遂げることができなかったのかを知りたい、と思われるかもしれない。

こうした問いについては、定番のレスポンスがある。ハイデガーは、存在は多様な意味をもつけれども、いずれも時間との関係で語られることに注目し、存在一般の意味を「有時性」として明らかにするつもりだった。しかし、結局、既刊部分では、最初に問いかけられるべき存在者で

ある現存在の存在の意味を「時間性」として解釈するにとどまった。そこで、研究者間で慣行となっているアプローチは、現存在以外の存在の時間的意味を、『存在と時間』以外の講義録などから再構成して、ハイデガーが『存在と時間』で「成し遂げなかったこと」をなるべく補完してやるというものである。

しかし、このようなアプローチは問い直されてよい。なぜか。

本書第一章で触れたように、『存在と時間』冒頭部では、「〈存在〉の意味への問いを具体的に仕上げること」が「以下の論究の狙い」だとされていた。* 他方、「一切の存在理解一般を可能にする地平として時間を解釈すること」は「当座の目標」と言われていた。このことを思い出そう。つまり、さまざまな意味で語られる存在がどれも時間の観点から理解されるという解釈を完成させることは「当座の目標」に過ぎず、『存在と時間』全体の「狙い」はそこにはない、ということだ。『存在と時間』の狙いを文字通り受け取るなら、評価されるべきなのは、「〈存在〉の意味への問いを具体的に仕上げること」をどれだけ成し遂げられたのか、である。

つまり、こういうことだ。たしかに、『存在と時間』は、存在の意味を、部分的にだが、時間の観点から明らかにし、当座の目標にそれなりに近づいてはいた。このことは、どれくらい「存在の意味への問い」を具体的に仕上げることに役立ったのか。当座の目標に到達できなかったと

---

* この点に着目する必要性は高井寛氏の博士論文によって気づかされた。高井寛『ハイデガーの実存哲学——『存在と時間』の統一的解釈の試み』、東京大学人文社会系研究科博士請求論文。

しても、その途中までの道のりが、元来の狙いにどれくらい貢献したのか。このように問うことができる。狙いが問いの意味を明確にすることである限り、これに役立つのであれば、答えは暫定的なものでもかまわないのである。

　存在の意味への問いを「具体的に仕上げる」というときの「仕上げ（Ausarbeitung）」という語は、すでにそれなりに出来上がっているものを完成させることを意味している。存在とは何かという問いは、漠然とは理解されている。しかし、仕上がっている状態にはなお遠い。具体的に展開してみることによってしか、この問いの意味がしっかりとわかることはないだろう。存在とは何かという問いに時間の観点から答えるという当座の目標に向かって進みながら、この問いが何をどう問うものかがはっきりしてくればよいわけだ。

　どういう問いなのかが最初にはっきりわかっていないのなら、暫定的なものであれ、その答えを出そうとする試みに意味があるのか、と疑う人もいるだろう。問いが明確でなければ探求は始まらないと思うからだ。たしかに、何かを聞かれたけれど、何を聞かれているのかわからないときには、「えっ、どういう意味？」と聞きたくなる。問いの意味を明確化することを相手に求め、相手が問いを明確にしない限り、答えようがないということはあるだろう。

　だが、常に、答えに先立って問いの意味が明確化されていなくてはならないわけではない。例えばあなたが、「朝は四本足、昼は二本足、夜は三本足、これは何だ」と問われたとしよう。何を聞いているのかよくわからない、どういう問いなのか、はっきりさせてくれ、と言おうとするかもしれない。ところが、そのときある人が「人間だ」と答えたとしたらどうだろうか。「ああ、この問いはそういう意味か」と思うのではないか。このとき、あなたは問いの意味を明確化する説明を受けたわけではない。むしろ、「人間だ」という一つの答えに触れることによって、問いの意味がはっきりしてくるのを体験したはずだ。もっとも、「人間だ」という答えがこの問いに対する唯一の正答だというわけではないだろう。「人間だ」という見方が可能だという方が正確だろう。その限り、最終的な答えというより、暫定的な答えと言った方がよい。では、「人間だ」というこの答えがしっくりくるのはなぜだろう。それは、この答えが、もともとの問いが何を言わんとしているのかをよく理解させてくれるからである。

もちろん、右のような「なぞなぞ」と哲学的な問いは違う。だが、暫定的な答えを出すことで、曖昧にしか理解されていなかった問いそのものがはっきりする、という動きは、哲学ではよくある。例えば、「私とは何か」という問いが投げかけられたとき、「私の名前は○○です。△△生まれで、□□の仕事をしています」などと誰かが答えるとする。この答えが哲学的な問いであることを理解してもらうために、おそらく私は、「いや、今聞いているのは、『私』と今発話したこの特定の○○さんの個人情報ではなくて、あなたでもこの私でもあそこの彼女でも、『私』と言うことのできる誰でもいいのですが、そこで私と呼ばれているものは何か、を聞いているのです」などと言う。この説明において、私は「私とは何か」という問いを明確にするために、私とは「『私』と言うことのできる誰がそう発話するにせよ、そこで私と呼ばれているもの」のことだと、暫定的な答えを与えている。もちろん、このような答えを与えることは、満足のゆく回答を提示することではなく、探求の端緒に立ったというだけだろう。しかしこの暫定的な答えによって、「私とは何か」ということで何を問おうとしているかがいくらか明らかになったはずだ。逆に、「私の名前は○○です」という答えは、元々の問いを哲学的な意味ではない（個人情報についての）問いとして解釈していた。ある種の答えは元々の問いの意味をはっきりさせ、ある種の答えは元々の問いの意味を歪めるのである。

存在の意味への問いふたたび

存在の意味を問うとはどういうことかが理解されていない、というハイデガーの問題意識は、自分の言わんとすることが理解してもらえないことへの個人的な嘆きというより、西洋哲学の歴史に対する診断である。存在の意味を問うことへの無理解の典型は、存在とは何かなど自明であり、問う必要がないという決めつけだった。自明だとされる答えは、存在とは事物的に存在することであり、存在するとは目の前にありありと現れていることだ、というものである。つまり、存在は事物的存在性へと一面的に切り詰められ、現在中心の時間観から把握されている。

ハイデガーは、現在中心の時間観によって存在の意味を事物的なものへと還元する傾向を、デカルトやフッサールをも含めた西洋哲学の歴史のなかに確認しようとするのだが、その詳細を省いてもハイデガーの言いたいことは理解できるはずだ。要するに、私たちは何かが存在すると言えば、それが事物的に存在することだと当たり前のように思っている。長さや重さがあり、見たり触れたりできるようにありありとそこにあるというのが何かが存在するということの第一の意味だろう、目にも見えず触れることもできないものは存在しないか、その存在論的身分は怪しいものだろう、と。例えば、過去の出来事はもう存在しないと言いたくなるのは、その出来事を現在はもう見ることができないからだろう。

こうした常識の下では、「存在とは何か」を問うことに関心が向けられたとしても、この問いは次のように解されてしまう。問題は、「何が存在するか」だろう。つまり、現在ありありと事物的に存在することを基準として、ではこの世界に何が存在しているか／していないかを判定するのが存在論の仕事だろう、と。しかし、これは存在の意味への問いへの取り組みではない。なぜなら、その場合には、存在するとは事物的に存在することだという答えを前提した上で、存在者を——知覚可能かどうかなどという観点から——振り分けているだけだからである。これは、存在者の分類には関わっていても、存在者の存在の意味を問うてはいない状況の典型である。

だが、問題はまだ終わらない。存在の多様な意味を事物的なものへと一面的に切り詰めることは、存在の意味への問いへの視野を遮り、この問いを忘却するのと同じだからである。むしろ、存在は多様な意味をもつのに一語で語られるとか、類比的に統一されているという一筋縄でいかない状況にたじろぐことから出発しないと、わざわざ存在一般の意味への問いを立てることの重要性はわからない。何に関してさまざまなものがさまざまな意味で存在すると言われているのか。

第一章で詳述したように、これが存在者ではなく存在の意味を問うやり方なのだ。

すでに見てきたように、『存在と時間』において、存在者の存在は、大きく、実存、道具的存在性、事物的存在性へと分けられる。しかしこれらはどれも時間との関係で存在すると言われているのではないか――。このように問うた『存在と時間』は、なるほど、存在はいずれも時間との関係で語られるという事態の完全な解明には至らなかった。しかし、現存在の存在（実存）と、現存在以外の存在者の存在（道具的・事物的存在性）との対比が、時間性の観点から分析されたこともたしかである。それによって、存在の意味を事物的存在者の現在へと還元することがいかに歪んだ発想であるかも示されている。これらは、何が（どの存在者が）存在しているのかではなく、存在とは何かを問うことの実演である。『存在と時間』は、存在の意味への問いを具体的に仕上げるという狙いに向かってたしかに前進していた。

実存の時間性（一）――先駆と取り戻し

時間性という統一された観点から、実存、道具的存在性、事物的存在性の違いをその多面性を損なうことなく明らかにする。この課題に、『存在と時間』はどう答えているのか。まず、実存の時間性から見ていこう。

実存とは、自分はどう存在しうるのかという点から自己の存在可能性を問い、自己を理解する、そういう存在の仕方であった。私たちの存在は現にある存在のあり方を超えていく点で〈先〉を向いている。このように自らを自己へと赴かせることが、現存在の「到来」の根本的現象だとハイデガーは言う（SZ: 325, 336）。重要なことは、「到来」を単に「まだ来ていない今」としての

〈未来〉と混同してはならないという点だ。到来は、自分をどう理解するかという問いから独立に自動的にやってきて成立するものではないからである。

自分がどう存在しうるかを（単に空想するのではなく、本当に自分のこととして）理解するなら、同時に、自分がすでにどういう存在であるかに関する事実もあらわになる。自分がどうありうるかを真に問えば問うほど、自分がこれまでどう存在してきたか、どうでしかありえないかという固有な事情や背景に連れ戻される。この「すでに存在していること（既在）」は、到来が〈先〉を向いているのに対して〈後ろ〉を向いていると言える。しかし、単に過ぎ去って消失した「もはやない今」としての〈過去〉とは異なる。

実存の既在が、普通に語られる〈過去〉といかに異なるのかは、自己固有（本来的）な理解に注目することで明瞭になるはずだ。ハイデガーによれば、自己固有な到来は「先駆」（SZ: 336）であり、自己固有な仕方ですでに存在しているように存在することは「取り戻し」（SZ: 339）である。先駆とは、自分がどう存在しうるかという可能性の点で最も固有な自己を理解し、自己へと赴くことである。こうした自己理解に対応して、すでに存在していた通りの自己が取り戻される。この取り戻しは、自分の過去について新たに発見するということではない。

例えば、ずっと大工をやってきた人が建築デザイナーになることを真剣に考えているとする。

自分はどう存在しうるかをほかならぬ自分のこととして理解しようとすると、さまざまな事柄が自らの被投的事実として浮かび上がる。幼い頃に大工の仕事を夢見ていたこと。デザインの勉強はしてこなかったこと。今住んでいる町ではデザインを学ぶ環境は整っていないこと。養わなくてはならない子どもがいること。これらはすべて自分に関するほとんど自明な事実であり、調べてみたら小さい頃に住んでいたのは◯◯市だと思っていたが実が△△市だったというような新発見ではない。むしろ、自明な事実が再認識され、実存にとっての重要性をもって取り戻されたのである。このような取り戻しは、何よりもまず、現存在が自分はどう存在しうるかという観点から自己へと赴きうるような存在者だからこそ起こりうる。

時間の相	非自己固有な理解	自己固有な理解
到来	予期	先駆
現在	現在化	瞬間
既在	保持／忘却	取り戻し

根源的で自己固有な時間性の第一次的現象は到来である。(SZ: 329)

道具的存在の時間性——予期、現在化、忘却

では、次に実存ではなく、何かが道具的に存在することはどう時間的に解釈されるのだろうか。注意が向けられるのは、到来を中心とする実存の時間的脈略のなかで、現存在が現在という時間の相において存在者と関わり合う、という局面だ。ただし、自己固有性と非自己固有性（本来性

と非本来性）という現存在の自己理解の二つのあり方に応じて、一方に、自らがどうありうるかという自己固有な理解に対して存在者が道具的に見出される場合があり、他方には、道具的存在者がいかに見出されるかという理解に対して自分がどうありうるかが予期されるという場合がある。道具的存在の時間性は、主に、後者の理解の時間性に即して説明される。

> 現存在は、第一次的には、自らの最も固有な没交渉的な存在しうることにおいて自らに赴くのではなく、配慮的に気遣いつつ、配慮されたものが結果することや拒絶することのほうから、自らを予期している。（SZ: 337）

非自己固有な理解において、私たちが〈先〉に関わるあり方は、道具を用いて制作したり対処したりしているものがどうなるかという観点から、自分がどう存在しうるかを「予期する」というものである。家を建てているのであれ、台風を恐れているのであれ、現存在は、家が完成したらどんな生活になるか、台風が直撃したら自分はどうなってしまうのかなどを予期している。あるいは、こんな家になってしまったらあんな生活になってしまうだろうとか、これだけ補強しておけば大事には至らないだろうとかを予期している。自分がどうありうるかを予期することで自己へと赴くことは、この際、自分自身ではなく配慮されている存在者の行方にいわば主導権を握られている点で、非自己固有的である。

この「非自己固有な到来、すなわち予期には、配慮されたもののもとでの独特な存在が対応している」(SZ: 337) が、このあり方が「現在化」(SZ: 338) と言われる。台風を恐れたり、家を建てているとき、関心の的は、ハンマーで釘を打ったり、ガラス窓を補強したりしているその時々の状態である。現存在は、このとき、存在者を取り集めたり使用したりして目前の存在者のもとに存在している。現在化とは、この先どうなるのだろうという予期(や後述する保持・忘却)との関連のなかで、特定の存在者のもとにあること、道具を手元に引き寄せ、ありありと現在にあらしめることである。

予期と現在化の関係を理解するには、目の前の仕事をこなすだけで精一杯の状態を思い浮かべてもいいだろう。その仕事がうまくいくのか、失敗するのかということから、自分が今後どうありうるかを予期する、というありふれた姿だ。その場合、仕事のその時々の進行状況に関心も労力も集中しており、自己がどうありうるかはそれらの結果から辛うじて予期されている。ハンマーや補強用テープを現在化するという仕方で目の前の作業に没頭しつつ、家が完成したらどんな生活になるか、台風が直撃したら自分はどうなるのか、を予期するのも同じである。

以上は、非自己固有な理解において何かが道具的に存在することの時間的な解釈である。では、自己固有な理解と非自己固有な理解との違いはどこにあるのか。両者を明確にするポイントとして、非自己固有な理解においては予期と現在化が〈すでにあった状態〉(既在) を置き去りにしてしまうという点がある。

窓ガラスに補強用テープを貼るなど現在の道具との交渉に没頭しながら、台風が来たらどうなるのかを予期するという場合、では、〈今〉でも〈先〉でもない〈後ろ〉はどういうふうに経験されるのだろうか。台風が来たらどうしようと思いながら、窓ガラス、補強用テープ、踏み台に使う椅子などを取り集めてこれらとの交渉に没頭するとき、例えば、テープは窓ガラスのもとで、椅子は足を乗せることにおいて適所を得る。現存在は、補強された窓ガラスに守られて安全を確保した自己を予期しつつ、椅子に乗って手にテープをもち、テープを貼るという仕方で存在者たちを現在化している。テープの使用に従事しているこの時、足を乗せている椅子やテープが貼られている窓などの道具連関を現存在は「保持していない」(SZ: 353, 359) とハイデガーは言う。この「保持している」ことが〈後ろ〉という方向が経験される仕方である。

テープに意識を集中している〈今〉に対し、テープとともに窓ガラスがあり、椅子があり、という状態はすでにあった。重要なのは、〈すでにあった状態〉のこの「保持」(記憶はその一つの形態である) は「忘却」の可能性と隣り合わせだということだ。「道具世界に〈夢中に〉〈本当に〉仕事に着手して働くために、自己は自らを忘却しなければならない」(SZ: 354)。予期と現在化は自らの由来を〈後ろ〉に置き去りにするのだ。このことは次のように説明されうる。

まず、「何かをそれがあったところから近づけつつ現在化することにおいて、現在化はそれがあったところを忘却しつつ、現在化自身へと自己喪失する」(SZ: 369)。窓にテープを貼っている時、現在化は、テープをもってきて、椅子を近寄せ、窓に近づくなどして、これらの存在者を現在化している。しかし、補強作業中、どこから窓に近づいたのか、どこから椅子やテープをもってきたのかなどに注意が向いていては、作業は滞るため、むしろこれらは忘却されていなければならない。これは、現在化が何を保持することで成り立っているかが忘却され、目下の状態にのみ目が奪われることである。どうやって今の状態があるのかを忘却することは、「今」に対して、椅子を近寄せたり窓に近づいたりした「あのとき」を「いまはもはやない」ものとして忘却することである（SZ: 406）。このように、自己固有でない予期と現在化は、済んだことを次々に置き去りにして忘却していくのであり、それゆえに、私たちには、テープをもとにあったところに戻そうとしても思い出せないとか、あるいは一生懸命思い出すということが頻繁に起こる。

他方、このように〈すでにあった状態〉を忘れてしまうということがないのが、自己固有な理解（先駆）とセットになった「取り戻し」の特徴だった。自分がどうありうるかが問われているとき、ずっとわかっていたことが自己固有な重要な事実として顕在化する。自分が誰の子どもであるか、何を勉強してこなかったか、何について自分は詳しいか。こうした被投的事実は、それが自分の実存可能性にとってもつ意味が問題である限り、「もう済んだことだ」というふうにして忘れたりはできないものだ。自分がどう存在しうるかという問いにおいて、まさしく全然済んでいないこととして、忘却不可能な重大な事実として顕在化するものである。

事物的存在の時間性——現在化の優勢

さらに、予期と現在化の連動は、〈後ろ〉が切り離され忘却されるという点で自己固有な理解の時間性と異なるだけではない。到来という〈先〉が起点になる、という自己固有な時間性の特徴が失われる点も重要だ。世界主導で自己固有でないとは言っても、どう存在しうるかを予期する限り、実存との関わりは保たれていた。ところが、日常的な存在者との関わりのなかでは、実存の役割が失われてしまうことさえある、とハイデガーは論じる。

現在化の極端なケースとして、存在者をあるがままに眺める場合を考えることができる。つまり、見るために見ようとする場合であり、ハイデガーはこの態度を「好奇心」と名づける。見るために見る場合、見ることは別の目的へと向けられておらず、見ること自体を目的としている。こうしたふるまいの典型としては、「知的好奇心」という言葉があるように、理論的な学問のことを考えることができよう。しかし、ハイデガーが問題にするのはむしろ、「〈見ること〉へと向かう、日常性に特有な存在傾向」(SZ: 170) であり、この傾向の時間的な特徴である。

好奇心は完全に非自己固有な仕方で到来的であり、これはしかも、好奇心が可能性を予期せずに、可能性をただかろうじて現実的なものとして貪欲に熱望するだけ、というふうにしてなのである。(SZ: 347)

自己固有な実存可能性ばかりか、世界主導であれ自己のあり方を予期することにも関わらずに、見ることへと向かうのが好奇心である。これは、時間的に言えば、「現在化が現在のために現在化する」（SZ: 347）ということだ。存在者を現在化することは、〈先〉を予期するといった実存の時間的脈略で働くことを拒んで、自己目的化することがある。

台風で近所の川が氾濫したときの自分を予期し、窓ガラスを補強したり、家財道具を高い場所に移したりしている場面を考えよう。台風のうなるような音のなか、川が今どうなっているかが気になって仕方がない。何度も川まで見に行ったり、風が強くて外に出るのが危険となると、定点カメラから観測される川の状態をインターネットで食い入るように見たりしている。存在者との交渉に忙しくしているというより、むしろ、そうした動きは止まり、川の状態を見ることに没頭している状態だ。ほとんど、見るために見ようとする状態になっているわけだ。

とはいえ、自己目的的となったこの現在化もその〈先〉と完全に無関係になったわけではない。川の水位が予想したよりも急激には上がらないのを見て、いつ頃川が氾濫するか、あるいは結局はしないのかをハラハラしながら予測してもいるからである。可能性は、ある状態が現実化するという点からのみ、関心の的になっている。

現実がどうなるかに関心が絞られるとき、この先自分がどう存在しうるかの予期さえもはや関連性が弱くなる（そうでないならば、落ち着かなく動き回っているはずだ）。「予期はいわば自己放棄される」（SZ: 347）。このとき、到来中心という実存の時間性の特徴は後退する。むしろ、時間性は現在化中心になりつつある。

ハイデガーによれば、好奇心は、存在者を道具的に見ることから離れて、「休息しつつ引きとどまりつつ〈世界〉を外見においてのみ見る可能性」(SZ: 172)を気遣う。外見の典型は長さ、重さ、大きさなどの事物的性質であり、見るために見ようとするとき、私たちは、事物的性質において存在者について情報を得ようとしている。先の例で言えば、川についての情報をその水の量の点から得ようとしていたのである。このように、私たちの日常においてその関心の中心が自己固有な存在可能性よりも、存在者を現在化することへと偏っていくことは、存在者が事物的に存在することに関する私たちの時間的解釈にも関わっている。

実存の時間性(二)――瞬間

以上のように、現在中心へと傾く非自己固有な時間性においては、予期と現在化がセットで連動することに伴ってすでに存在した状態が忘却されるだけでなく、さらに、現在化が自己目的化することで予期とも切り離されうる。つまり、時間性の要素がバラバラに切り離されうる。

他方、自己固有な時間性において現在は、先駆と取り戻しから分離されることはありえない。だから、自己固有な理解においてこそ、時間の三つの相が相互に照らし合いながら働く、という時間性の本来の姿が見出されるのである。

決意性の先駆にはある現在が属しており、この現在にしたがって何らかの決意が状況を開示

> する。決意性においては、現在が、身近に配慮されているものへの気散じから連れ戻されるだけでなく、到来と既在のうちに保たれている。自己固有な時間性のうちに保たれており、それゆえ自己固有な現在を私たちは瞬間（Augenblick）と名づける。（SZ: 338）

自己固有な自己理解において、先駆と取り戻しと結びついた現在は特に「瞬間」と呼ばれているが、これは現在のどういうありようだろうか。具体例で考えていこう。

長年大工として働いてきた人物が、建築デザイナーとしての自分の可能性を問うている。この人物が建築デザイナーでありうるという可能性を真に自分自身の可能性として理解しようとするなら、これまでデザインを勉強してこなかったこと、大工として一定の建築物に精通していること、養わなくてはいけない子どもがいることなどが重要な関連性をもった被投的事実として際立ってくる。さて、自分は建築デザイナーでありうるかを問うているこの人物は、その環境世界のなかでさまざまな存在者と出会っている。机の上には、試しに書いてみた建物の図面がある。いくつかの種類のペンもある。その隣には、図面を立体的な模型にするための紙も用意してある。途中まで作ったが上手くいかないまま置きっぱなしの模型もある。目を隣の作業台に転じると、これまで大工として建てた時に何度も眺めた図面があり、それらの家が完成したときの写真もある。これまでは図面通りに家を作ってきたが、今は図面を描いており、そのための参考にかつて使った図面を見ているのだ。

この人物が、さまざまなものを手許に引き寄せ、あるいは視野に収めるとき、それらの存在者は現在そこに現れている。しかし、注意して欲しいのは、これらの存在者は、家の完成を予期してその出来事の実現のために釘やハンマーを取り集めたり、台風を予期して身を守るために補強用テープを手許に引き寄せるといった、予期―現在化ないし目的―手段的な図式に沿って、今ここに存在しているのではないということだ。図面を試みに描いてみても何の役にも立たないかもしれない。きっとその拙い図面を元にして家が完成することはないだろう（ということのほうがむしろ予想される）。だがそれは結局、問題ではない。なぜなら、問題は「自分が建築デザイナーでありうるか」であり、この図面が個別の出来事を実現することではなく、自己固有な実存可能性へと自らを企投することだからである。このことは、かつて自分が建てた家の元になった図面やそれらの家の完成写真のことを考えればよりはっきりする。これらは個別の出来事の実現のために持ち出されているのではない。建築デザイナーでありうるかという問いにとって顕著な事実として、これまで大工として家を建ててきた経験があり、この経験が自己固有な可能性の理解にとって意味をもつからである。

台風が来そうだから補強用テープを探すという場合には、誰にとっても同じように補強用テープはある目的のための手段としての意味をもつだろう。しかし、この人物の仕事場において、過去の家の完成写真や作りかけの模型がなしている連関は、この人物がどうありうるかとどうすでにあるかという観点なしには崩れてしまう。この観点をもてない他人には、この人物と同じようにこれらの存在者が現在化することもないはずだ。

この大工が転身を図ろうとしておらず、大工のままであっても、単に既定のプラン通りに家を建てる場合——これなら別の大工でもよい——と、自分にはどういう家が建てられるか、これまでの経験を活かして大工としてどうありうるかという可能性が主眼にある場合では、違いがある。後者においては、大工としての自己固有な可能性が問題になっている。その際、いつもの仕事道具であっても、存在者の連関はこの人物にこそ開示される行為の状況として顕現している。

瞬間は、実存を状況のなかへともたらし、自己固有な〈現〉を開示する。(SZ: 347)

瞬間がその人に出現させる「状況」は、世人の「一般的情勢」(SZ: 300)と対比されている。一般的情勢は、各自に固有な実存には関わらず、誰にとっても同じように現れる。他方、その人に固有なこれまでがあり、これからがあってはじめて瞬間がある。その瞬間に出現した状況のなかで人は行為している(先の例であれば、図面と格闘したり、いつもの道具で試行錯誤したりしている)。先駆と取り戻しと分離できない仕方で、目下の状況が行為の瞬間として現れている。その瞬間には——語の印象とは異なり——慌ただしさから解放され、じっくりと物事に取り組める落ち着きがある。これが自己固有な仕方で存在者と出会うということであり、真に時間が与えられるということなのだ。このような時間は、空談によって何ごとも次々に自明なことにしてしまう世人の公共生活のスピードに対して、ゆっくりしている。

遂行しているのでも真の意味で挫折しているのでもあえて黙って物事に身を入れて取り組んでいる現存在の時間は、〈もっと早く生きる〉空談の時間とは異なっており、公共的に見れば、本質的にもっと遅い〔……〕。(SZ: 174)

『存在と時間』の最終局面へ

以上のように、現存在の時間的解釈からわかるのは、現存在の存在は到来中心に時間化されるが、道具的存在者や事物的存在者の存在の時間化において到来の中心性は後退し、現在中心に傾くということだった。現存在の存在は、自らの可能性へと先駆することに導かれて、すでに存在している自己を取り戻し、瞬間において開示される状況の内で行為する、というふうに、時間の三つの相が相互浸透しながら時間化されうる。他方、道具的存在者は、たいていは、予期された自分の未来の状態に役立つ何かとして現在化されるという仕方で存在する。現存在の目的のための手段として現在化される限り、予期はなお実存的関心との関わりを保っているが、この場合にはすでに存在している状態の忘却が生じるなど、時間性は変容している。存在者を事物的存在者として眺めやる時には、現存在の予期からも切り離され、現在化が独り歩きし始める。

こうした時間性の議論によって、現存在の存在は、道具的存在者や事物的存在者の存在が理解されるのとは異なる仕方で理解され、むしろ相互の関連性が問われ、分析されていることは明らかだろう。無理やりこれらをごちゃ混ぜにすると私たちの存在理解にエラーが生じる局面にハイデガーは何度も光を当てていた。例えば、第三章で見たように、現存在の存在を、移りゆくさまざまな体験に常に居合わせる「自我」として考えることは、事物的存在性への一つの時間的解釈である「恒常性」でもって現存在の存在を把握してしまっている。自我としての現存在の把握はまさに現存在を事物的でないものとして特徴づけようとするものに見えるが、時間性の観点をとることで、この特徴づけは自らの意図とは裏腹に、現存在の事物化に陥っていることが明らかになる。あるいは、第八章で見たように、自己に固有な死の可能性を理解することは、未来の自分の状態を予期するという、道具的存在者の現在化に適したやり方では失敗する。元より、存在しうるという現存在に特有な実存の可能性は、未来に起こりうるという空虚な論理的可能性とは一致しないのだが、そのことは、到来という時間の相の探究によって明らかにされたのである。

現存在の存在を時間性の観点から解釈するという『存在と時間』既刊部の成果は、このように、現存在の存在とそれ以外の存在者の存在は同じようには理解されないことを、時間性という共通の土俵に乗せることで明らかにしたことだ。重要なのは、存在者の存在は多様に語られるのであって、伝統的慣例のように事物的存在性に一元化してはならないということ、このことを、ハイデガーが、さまざまな存在理解を統一する地平を時間性だと仮定し、この地平のもとで存在の多義性と統一の問題を展開してみせることで明確にした、ということだ。『存在と時間』の名の下に、存在の意味への問いを問うことを実演したのである。

さて、それにしてもなぜ、私たちは一般に、何かが存在すると言えば、事物的に存在することだと思いなし、私たち自身の存在はしかし事物とは違うと言おうとする時でさえ事物的存在性へと結局は定位してしまうのか。『存在と時間』において、現存在の存在を時間性の観点から解釈することは、西洋存在論の歴史を破壊することと表裏一体であったはずだ。存在の意味への問いを仕上げるという狙いにとっても、事物的存在性への一面支配の根を時間性の観点から解明し、その支配の不当性を暴くことは重要である。『存在と時間』の狙いはどこまで果たされたか、という問いは、この側面からもアプローチされうる。

事物的存在性の優勢を時間性の観点からどう解釈するのか。『存在と時間』の冒頭ですでにその方向性は示されていた。第一章で触れたように、古代ギリシャにおいて存在は現前性として把握されていたとハイデガーは見なしていたが、その際、こう付け加えていた。

> 存在者はその存在において〈現前性〉として把握されている。ということは、存在者は、〈現在〉という特定の時間の様態を考慮して理解されている。（SZ: 25）

ハイデガーの大胆な見通しでは、古代ギリシャですでに現在を中心に存在を解釈する傾向は生じ、その傾向は、現代の私たちにも紆余曲折を経ながら受け継がれている。存在は、第一に事物的存在性として理解される傾向がある。たしかに、私たちも、目に見えて何かがありありとそこにあることを何かが存在することの範型としていることは明らかだろう。そしてこの傾向は、道具を使用したりあるいは好奇心に突き動かされたりする日常のなかで私たちが時間性を現在中心に捉えることに基づいている。これがハイデガーの見立てだ。

現在中心主義に基づいて、何かが存在するということは事物的に存在することだ、とする傾向が、現存在に特有な存在の時間性への視線を遮断し、存在が多様な意味で語られることを可能にするはずの時間への問いを封じ込め、結局は、存在の意味への問いを沈黙させている。そうだとすれば、残された課題は二つある。第一に、どのようにして私たちは、現在中心の時間性だけを時間の唯一のモデルかのように見なすことになるのか。また、現在中心の時間性はなぜかくも支配的なのか。第二に、こうした現存在の抜き去りがたい傾向が、西洋哲学の歴史の原点ですでに理論に影響を与えており、また、逆に、そうした理論に現代の時間理解もが影響を受けているということ――。こうしたことを明らかにする必要がある。『存在と時間』既刊部の最終章はこの課題にあてられている。

日常的行為の時間性――〈いま〉〈あのとき〉〈そのとき〉

ハイデガーは『存在と時間』最終章（第七十八―八十三節）で、私たちの時間の理解がいかにして現在中心に傾くのかを、日常的行為の分析を通じて説明している。先に、非自己固有な理解において時間性は、予期―現在化―保持（忘却）という様相を示すことを見た。私たちは、これらの作用に特有な時間的表現をもち、絶えず使っている。

「そのとき」――これが起こるはずだ、「その前に」あれが片づいていないといけない、「いま」――「あのとき」失敗して取り逃がしたことが取り返されるべきだ。（SZ: 406）

先の例を再び持ち出すなら、台風に巻き込まれた時の自分の状態を予期し、家を補強しているときには、台風が起こるはずの「そのとき」までに、「その前に」窓にテープを貼ったり家財道具を二階に運んだりすることが片づいていないとならない。「あのとき」補強用テープは物置に入っていたが、どこか別のところに置いたようだ。肝心なときに見あたらないとは困った、「いま」見つけ出さなくては、などと自らの行為を時間的に分節化しているのである。

「そのとき（dann）」「いま（jetzt）」「あのとき（damals）」という表現は、ドイツ語で一連の行為や状態について述べるときの基礎的な副詞である。「まず今は食事をして、それから出かけよう（Jetzt essen wir erst einmal, dann gehen wir aus.）」「あのときはハイデガーには興味がなかったが、今は彼の本を読むのが好きだ（Damals war ich nicht an Heidegger interessiert, aber jetzt lese ich seine Bücher sehr gern.）」などと使う。日本語でも、自分たちの行為や状態について語るとき、時間に関する副詞を添えたり、時制を変化させたりして語るのが常だ。「食事をする、出かける」ではなく、「まず今は食事をして、それから出かけよう」、あるいは「ハイデガーは特に好きじゃない、彼の本を読むのが好きだ」ではなく、「あのときは好きじゃなかったが、今は彼の本を読むのが好きだ」と時間的な順序を明確にしなくては、意味がわからない。

ハイデガーによると、このように時間的な順序をつけるとき、私たちはすでに現在中心の時間理解に傾いている。「そのとき」と言うときには「いまはまだない」ということ、「あのとき」と言うときには「いまはもはやない」ということが含意されているからだ。

「そのとき」と「あのときには」は、「いまは」という観点からともに理解されているのであり、つまり、現在化が特有の重みをもっているのだ。(SZ: 406-407)

現在化とは、手許に引き寄せたり、ありありと眺めたりする仕方で、存在者を現れさせることであった。たしかに、「そのとき」台風が来るという場合、「いまは」まだ台風は来ておらずその兆候しか見えていないということであろう。「あのとき」テープは物置にあったというのは、「いまは」見当たらないということだろう。あるいは、「いまは」ハイデガーの本が手許にあるが、「あのとき」にはハイデガーが書いたものとは関わりがなかった。このように、「そのとき」「いま」「あのとき」という馴染みの表現による時間の分節化は、「いまはまだ」「いま」「いまはもう」というふうに「いまは・いまは」(SZ: 407)と表現することと同等である。このことは、私たちの第一の関心が、自分がどう存在しうるかではなく、自分ではない存在者が現にどうあるかに傾くことが、時間性を到来中心ではなく現在中心に組織されたものへと変容させることを物語っている。

時間自体を配慮する

以上は日常生活のなかで自ずと作動している時間理解だと言えるが、私たちの時間との関わりはこれでは尽きない。というのも、私たちは、世界の存在者を配慮的に気遣うだけでなく、時間自体を配慮的に気遣ってもいるからである。要は、時間自体を「〜するための時間」として主題的に扱うのである。「そのとき」は「〜するであろうそのとき」として、「あのとき」は「〜したあのとき」として、「いま」も「〜するいま」として、それ自体、特定されたり、調べられたり、長さを測られたりする対象になる。

〈いま〉〈あのとき〉〈そのとき〉のこうした一見自明な関連構造を私たちは日付可能性と名づける。（SZ: 407）

私たちは、単に、〈あのとき〉〈いま〉〈そのとき〉というように、行為や出来事を順序づけて理解するだけではない。あれをしたのは「いつ」だったか、「いつ」までにそれがなされるべきか、などと、その「とき」が「いつ」であるかということ自体を主題化する。ハイデガーが「日付可能性」と呼んでいるように、そのときがいつであるかを言い表す典型的なあり方は、何月何日の何時頃などと、カレンダーや時計に従って言うことだろう。台風が明後日の午後にはやってきそうだ、家は九月末には完成する予定だ、前に大雨が降ったのは七月十四日の夜中だった、などである。とはいえ、時計やカレンダーは世界とともに最初から存在したわけではなく、また、日付可能性は時計やカレンダーの存在を必須としているわけでもない。

　時計やカレンダーを用いて日時を特定することや、そもそも時計やカレンダーを制作することがともに依拠しているのは、（地球の一点から見た）天体の運行である。ハイデガーは、「夜が明けるそのときには」という理解でもって現存在が自分に時間を与えるという例を挙げている（SZ: 412）。夜が明けるときには太陽の光と熱を使うことができるから、そのうちに仕事をしよう。ということは、日がある間に仕事を終えなくてはならない、日が暮れたら仕事は終わり、といったふうに、太陽の動きを考慮して「一日」が分割され、計算に入れられる。「天文学的暦法的時間計算」（SZ: 411）は一般に日時計と呼ばれる比較的単純なかたちでもなされうる。しかし、一日を二十四等分した「時間」や、それを六十等分した「分」などへとより詳細に分割し、時計によって正確に計測することもできる。

　ハイデガーはさらに、「いつ」を特定する日付可能性が、現存在が共同存在であること、ともに世界の内で生活し行為することと深く関わっていることを指摘する。家の完成がいつになるかをそれ自体で特定する必要があるのは、この出来事の実現のために何をすべきかを大工が理解するためだけではない。完成した家に住む予定の人たちもこの時がいつになるかを気にしている。家を建てる人と家に住む人がともに、この出来事に向かって何を今するべきかを知るために、完成の予定を決める必要がある。夜が明けたら仕事をする、太陽が高く昇った頃には休んで食事をする、などと取り決めることは、人々が一緒に行為し、生活するための最小限の条件だろう。

ハイデガーはこのように共有される時間を「公共化された時間」(SZ: 414) と呼ぶ。時間が公共的に共有可能であるのは、各自が抱いている時間意識といったものを相互の心を覗き込んで認識し合うといった活動に由来するのではない。むしろ、私たちがともに自然のなかに投げ出されており、太陽の運行とその光や熱に依存して生きている、ということに由来する。「現存在の被投性が、公共的に時間が〈与えられている〉ことの根拠である」(SZ: 412)。

私たちの共同生活の自然への依存性は、原初的な生活だけに当てはまることではない。しかし、生活が高度に文明化されればそれに特有な形態をとるだろう。時計の使用によって、今が何をするべきときなのかは一層厳密に定められる。それによって、仕事の時間は、どんどん細かく厳密に定められる。家の工期だけでなく、就労時間も秒単位で測定可能になる。仕事だけでなく学校も、あるいは、電車・バスや店も含めて、公共生活はどこでも、細かく時間的に規定されている。その時間に合わせて人々が合流し、また去っていく。私たちの生活は時間によって社会化されており、時間を守れるようになることがすなわち社会的な存在になることでさえある。

時計の時間と哲学的時間論

私たちは、もはや太陽のことなど考えずに、時計を見ることだけで時間を認識する。時計を見るたびに、今は何をするべき時間だ、とか、何々をするべき〈そのとき〉までまだ時間がある、といったことを配慮している。先に見たように、「いまはまだ」「いま」「いまはもう」というふうに私たちは「いまは・いまは」と、現在化とその変化の連続として時間を理解している。

この「いま」には「伸び拡がり」(SZ: 409) がある。「いま食事をしている」と言う時には、何十分かの伸び拡がりがあるし、「いま家を建てている」とか「いま失業中」と言えば、何カ月(あるいは何年)にもわたりうる。けれども、私たちは「今」というものを、まさにこの今の時点とでもいうべき瞬時へと切り詰めてイメージするところがある。このイメージの普及には時計の存在が一役買っているだろう。「時計の何時かが〈どの時間か〉である」(SZ: 415) というのが当たり前の私たちが行き着くのは、時間とは、またたく間に過ぎ去る「今」がパールネックレスのようにつながった何かだという理解だ。つまり、「今・連続が何らかの仕方で事物的に存在しているものとして把握される」(SZ: 423)。

時計の秒針の動きを追ったり、デジタル時計が毎秒を映し出すのを見たりすることなしに、瞬時に現れては消え去る今の継起を具体的にイメージすることは困難だろう。あるいは、時計を見ることが時間を知ることであることを意味するようになると、時間とはこうした今・連続のことに決まっており、それ以外のものではありえないように思えてきさえする。ハイデガーによれば、この「今・時間」（SZ: 412）が哲学においても通俗的な時間解釈として通用してきた。

〔時計使用における〕時間は、動いていく針を現在化し、数えながら追跡することのうちで、自らを示す数えられたものであり、しかも、その現在化は、それ以前とそれ以後とにしたがって地平的に開かれた保持と予期との脱自的統一において、時間化する。しかしこれは、アリストテレスが時間について与えている定義を、実存論的‐存在論的に解釈したものにほかならない。（SZ: 421）

同じページに引用されているアリストテレスによる定義とは以下のものである。

なぜなら、時間とはそれ、すなわち「より先・より後」にもとづく運動変化の数のことだからである。*

私たちは、時計の針を追うという仕方で時間を読み取る。時計の針は、例えば、以前はまだ4

＊ アリストテレス『自然学』（アリストテレス全集 四）内山勝利訳、岩波書店、二〇一七年、224頁。

を指していたが、今は5を指しており、この後には6を指すだろうといったふうに、保持と予期と結びついて針の位置を現在化する。何分経ったかということは、針が前後との関係でどれだけ動いたかを数えることである。この時計使用の時間理解は、しかし、（時計使用が一般的ではなかった頃の）アリストテレスの時間の定義によく符合している。今・連続の事物的存在へと時間の概念を切り詰める発想は、なるほど時計使用によって強固になるとはいえ、その発想は時計の制作と使用が一般化する前に準備されていた。こうした意味で、「時間の概念についての後世の論究はどれも、原則的にアリストテレスの定義に依拠している」（SZ: 421）とハイデガーは言い、その一例としてヘーゲルの時間概念を再構成している。

存在の意味とは何かを問うためには、存在が多様な仕方で語られることにたじろぎ、それを統一するものは何かが謎にならなくてはならない。この問いの目覚めを妨げていたのは、時間性を現在中心にのみ捉え、結局、存在を事物的存在性へと還元する傾向だった。この問いの意味を明らかにするという『存在と時間』の狙いには、この問いの意味を曇らせているのは何かを明確にすることが含まれる。刊行された『存在と時間』の最終章が取り組んだ、時間自体の配慮、公共化、時計使用などについての議論は、存在の意味への問いを遮る要因が、私たちの生活自体にいかに強力に埋め込まれているかを描き出している。私たちがともに行為し生活すること、自然のなかへ被投されていることが、すでに時間を今・連続へと還元する傾向を含んでいる。

それだけではない。存在の意味への問いが生きていたまさにアリストテレスにおいてすでに、今・連続へと時間概念を切り詰める発想の根が生じており、その後、存在の意味を理解するための時間性への問いという試みは阻まれることになった。こうしてみれば、存在の意味をあらためて問う意味の重大さは明らかだろう。そして、『存在と時間』は現存在の時間性の分析によってその問い方を示した。私たちの存在と、私たち以外の存在者の存在とを時間性の観点から明らかにすることは哲学の課題である――このことが「私たち」に理解されたなら、それが存在の意味への問いの理解を呼び覚ます『存在と時間』の成果なのである。

＊

本章での議論をまとめよう。結局、未完の『存在と時間』は何を成し遂げたのか。この問いには、現存在の存在の意味を「時間性」において明らかにするという「当座の目標」を果たすなかで存在の意味への問いとはどういうものかを明確にする、というこの本の「狙い」の点から迫ることができる。存在の意味への問いを理解するには、存在が事物的存在性へと切り詰められ、また「現在」を中心に把握されることが常態化した現状を打破し、存在は多様に語られるにもかかわらずやはり統一されているという状況から出発しなければならない。そこで、『存在と時間』は、実存、道具的存在性、事物的存在性の違いを損なうことなく、それぞれの連関を現在中心には集約されない時間性の構造から考察した。それによって、存在の意味を事物的存在性に還元する発想の歪みをあらわにし、存在の意味への問いの問い方を具体的に実演した。

現存在の存在の時間的解釈からわかるのは、現存在の存在は到来中心に時間化されるが、道具的存在者の存在や事物的存在者の存在の時間化において到来の中心性は後退し、現在化中心になる、ということである。こうした時間性の議論によって、現存在の存在は、道具的存在者や事物的存在者の存在が理解されるのとは異なる仕方で理解され、むしろ相互の関連性が問われ、分析できることが明らかにされている。そして、無理やりこれらをごちゃ混ぜにするために私たちの存在理解にエラーが生じる局面に、『存在と時間』は何度も光を当てていた。

さらに、『存在と時間』は、事物的存在性と現在中心的な時間観の優勢に対する突っ込んだ解釈も提示している。まず、「そのとき」「いま」「あのとき」などの時を表す副詞を用いるなかで、私たちは過去や未来を「いまはもはやない」とか「いまはまだない」という「いま」の欠如として理解し、それゆえ、時間全体を「いま」の出現と消滅としてイメージする。さらに私たちは、時間自体を配慮的に気遣い、「いつ」何をするのかを典型的には時計を用いて特定するが、そこには時計の針がどれだけ進んだかが時間だという解釈が含まれている。この時計使用において、瞬時に現れては消える「今」の連続という時間イメージは決定的になるが、この時間解釈は、時間を「運動の数」として捉えるアリストテレスの発想の延長線上にある。つまり、古代ギリシャにおいて存在の意味への問いが問われたその時から、時間性は今・連続へと切り詰められ始め、ついに、存在することの理解の地平としての時間性への問いは窒息させられるに至ったのである。

おわりに

本書は、『存在と時間』についてよく抱かれる疑問や、理解しがたい主張をハイデガーがしていると思われがちな点をピックアップし、その疑問に答えるという仕方で、結果的に、『存在と時間』の全体をだいたいカバーするという方法をとった。『存在と時間』は多様な読み方を許すテキストであり（だからこそ多方面に影響を及ぼしてきた）、『存在と時間』とは〇〇の本だ、と一つのフレーズに還元する必要などない。大学のキャンパスのように、複数の入り口からさまざまな歩き方ができ、自分なりに歩きながら思考を深められるのが、『存在と時間』の魅力だ。本書ではその一つの道案内を試みた。紙幅の都合上、案内を断念した道もあるが、読者が自分で『存在と時間』を開いたとき、知らない道に出てもそんなに迷わないくらいにはすでに歩いたと思う。本書とともに『存在と時間』の内部を歩き回ることで、この書に――はじめて、あるいはあらためて――「入門」した読者の皆さんからの反応を楽しみにしている。

本書で取り上げたような疑問は、『存在と時間』を読み始めた頃から私自身が抱き、『存在と時間』を一緒に読んできた先生たちや研究仲間たちと多かれ少なかれ共有していたものである。だが、特に頭のなかに鳴り響いていたのは、私が『存在と時間』について講義したときに、言葉を選んで一生懸命質問してくれた学生たちの声である。

二〇一四年から二〇一五年にかけて、慶應義塾大学文学部で『存在と時間』の講義を担当できたことの意味は大きかった。また、二〇一二年から二〇一六年まで、中島義道氏が運営する哲学塾カントで『存在と時間』を毎月読み続けたことも同様である。二〇一九年度には、明治大学文学部での講義「現代の思想」と東京大学教養学部での講義「現代思想」で、この本の草稿をもとにした講義をすることができた。熱心に参加してくれた学生たちにまずは感謝したい。

古荘真敬さん（東京大学）と文景楠さん（東北学院大学）は、本書のもとになった原稿に貴重なコメントを寄せてくださった。お二人とは大学院に進学した時分に知り合い、もう二十年以上の付き合いになる。古荘さんは当時、研究室の助手をしており、ハイデガー研究を志して大学院に入学したばかりの私のために、勤務後の夕方からハイデガーを原著で読む会を開いてくれた先輩である。文さんは当時学部生だったがハイデガーを読む大学院のゼミにも出席していた、傑出して優秀な後輩である。長年にわたる哲学的交流に加えて、今回も助けていただいた。いつも本当にありがとうございます。

本書が生まれた最初のきっかけは、二〇一八年四月、あるシンポジウムの後に、NHK出版の倉園哲さんから呼び止められたことだった。そのシンポジウムとは、私の所属する明治大学文学部に新しく哲学専攻を設置したことを記念したシンポジウムで、私自身は、その数週間前に一年間の在外研究から日本に戻ってきたばかり、さあ新鮮な気持ちで素敵な哲学専攻を作るぞ、と気負っていたときだ。ちょうどそのタイミングで『存在と時間』についての入門書を書きませんか、と打診されたわけだから、張り切って取りかかったものの、その年の秋に二人目の子どもが生まれたり、作りたての専攻を軌道に乗せるための課題が次々と生じたり、さらに二〇二〇年には新型コロナウイルスの影響で大学での対応に追われたり、と、あまりにも多くのことが押し寄せ、執筆は難航した。倉園さんからの期待に応えたいという一心が、最後まで書き終えることを可能にしたとしか言いようがない。心から感謝申し上げます。

倉園さんとの打ち合わせは、たいてい古田徹也さんを交えて三人で飲みながら、だった。そもそも、古田さんが新潟大学在籍時に企画した私の講演での原稿を活字にしたもの(『現代思想』二〇一八年二月臨時増刊号)を読んだことで、倉園さんは私のことを知ったらしい。かつてよく「池田さん、共著は多いけど、単著がなかなか出ませんね」と言っていた古田さんの旺盛な執筆活動は大きな刺激になった。彼なしに本書は生まれなかった。本当にどうもありがとう。

『存在と時間』について、ハイデガーの言葉を単に繰り返したり組み合わせたりしてわかった気になるのではなく、本当に腑に落ちるまで自分と相手に理解できる言葉へとパラフレーズしなくてはいけない。本書の根本的な動機はこれである。その相手とはもちろん、『存在と時間』についての私の解釈を聞いたり読んだりしてくれた人たちのすべてなのだが、なかでも特別な人がいる。大学を卒業すると同時にハイデガーのドイツ語版全集百二巻の全巻購読を申し込んでこれを読んで生きていくというめちゃくちゃな決断をした私を、「本当にこれ全部読むの?」と真っ当な疑問を呈しながらも、常に応援してくれた母美穂子。少しでも彼女に届く言葉になれば、というのが執筆の力の最大の源泉だ。本書を母に捧げる。

最後に、「はじめに」の冒頭でとりあげた一九三三年秋のラジオ講演「なぜわれらは田舎に留まるか」について一つの情報を追加したい。

このラジオ講演は翌年三月に国民社会主義《ナチズム》機関紙『デア・アレマンネ』に掲載された。一九三三年と言えば、ハイデガーが四月にフライブルク大学学長に就任し、五月にナチス思想を学問論的に擁護する就任講演「ドイツ大学の自己主張」を行った年であり、その翌年三月とは、あと一カ月で早くも学長を辞任するという頃である。このラジオ講演は問題的なテキストなのだ。

『存在と時間』の読者は、ハイデガーのナチへの関与が、その思想に内在するものなのか、それとも外在的な理由によるものなのか、気に病んできた。議論は尽きないし、結論を出すつもりはない。ただ、私は、『存在と時間』の哲学のなかに人種差別を批判するための論点が含まれていると思うし、仮にナチへの関与が思想内在的なのだとしても、「いや、あなたの哲学自体のなかにその思想を覆す要素がありますよ」とハイデガーに指摘することで、その思想を内側から瓦解させることが最大のハイデガー批判になるのではないかと思っている。本書の各所にもその意味での批判を散りばめておいた。

二〇二一年七月

池田　喬

© Sato Rui

池田 喬（いけだ・たかし）

1977年、東京都生まれ。東京大学文学部卒業、同大大学院人文社会系研究科博士課程修了。博士（文学）。現在、明治大学准教授。ハイデガー『存在と時間』の読解を出発点に、「知覚」「行為」「自己」などの観点から、現象学を中心とした現代哲学・倫理学を研究する。著書に『ハイデガー　存在と行為――『存在と時間』の解釈と展開』（創文社→講談社、オンデマンド）、共編著に『生きることに責任はあるのか――現象学的倫理学への試み』（弘前大学出版会）、『始まりのハイデガー』（晃洋書房）、『映画で考える生命環境倫理学』（勁草書房）、訳書にハイデガー『現象学の根本問題』（虫明茂氏との共訳、創文社→東京大学出版会、オンデマンド）など。

NHK *BOOKS* 1270

ハイデガー『存在と時間』を解き明かす

2021年 9 月25日　第1刷発行
2021年12月25日　第3刷発行

著　者　**池田 喬**

発行者　**土井成紀**
発行所　**NHK出版**
東京都渋谷区宇田川町41-1　郵便番号150-8081
電話 0570-009-321（問い合わせ）　0570-000-321（注文）
ホームページ　https://www.nhk-book.co.jp
振替　00110-1-49701
装幀者　**水戸部 功**
印　刷　**三秀舎・近代美術**
製　本　**三森製本所**

Printed in Japan　ISBN978-4-14-091270-6 C1310

NHK BOOKS

※在庫品切れの際はご容赦下さい。